Wahnsinnskarriere

Wolfgang Schur
Günter Weick

Wahnsinnskarriere

Wie Karrieremacher tricksen,
was sie opfern,
wie sie aufsteigen

Eichborn

Wolfgang Schur, geboren 1961, Geologe und Marketingexperte, trat 1989 in den Marketingbereich eines amerikanischen Unternehmens ein und durchlief innerhalb der darauffolgenden Jahre eine rasante Karriere vom Verkäufer über Vertriebsleiter bis zum Gesamtverantwortlichen für den Geschäftsbereich »Electronic Commerce« in Zentral- und Osteuropa. Seit 1997 ist er Partner der Unternehmensberatungsgesellschaft *SofTrust Consulting.*
Günter Weick, geboren 1958, Diplomkaufmann, hat eine Karriere im Softwarevertrieb eines internationalen amerikanischen Unternehmens hinter sich, als Großkundenbetreuer, Critical Account Manager, Vertriebsleiter, Marketingleiter und Bereichsleiter auf europäischer Ebene. Er baute mehrere neue Geschäftsbereiche auf und schloß andere. 1996 gründete er bei Frankfurt die Unternehmensberatung *SofTrust Consulting,* in der er heute noch Partner ist.

2. Auflage 2005

Umschlaggestaltung: Moni Port
Lektorat: Ulrich Callenberg
Satz: Fuldaer Verlagsanstalt GmbH, Fulda
Druck und Bindung: Werner Söderström OY, Finnland
ISBN 3-8218-5605-X

Verlagsverzeichnis schickt gern:
Eichborn Verlag, Kaiserstraße 66, D-60329 Frankfurt am Main
www.eichborn.de

Inhalt

Prolog: Ein Trainee will nach oben

An dem Mann stimmte einfach alles. Perfekt sitzender Anzug. Die rechte Hand lässig in der Hosentasche, der Burberry hing über den Schultern. Schuhe, denen man schon von weitem – er stand auf dem Bahnsteig gegenüber – die Edelmarke ansah. Aber am meisten beeindruckte mich seine Ausstrahlung. Sein selbstsicherer Blick, seine Haltung, seine gelassene Art sich zu bewegen, das alles signalisierte Überlegenheit und Erfolg.

Ich beobachtete, wie er seinen Begleiter, der ständig geschäftig auf ihn einredete, ab und zu mit einem kurzen Blick und einem Nicken bedachte, um dann wieder über ihn hinweg in die Ferne zu schauen. Dieser Mann mußte wichtig sein. »Nicht mehr lange«, murmelte ich vor mich hin, »und ich bin auch so weit.«

Der soeben einfahrende Zug verdeckte mir die Sicht auf den Mann und unterbrach so meine Beobachtungen. Ich mußte mich wieder mit mir selbst beschäftigen. Mir wurde plötzlich die Februarkälte bewußt, die mir durch den dünnen Stoff meines Sommeranzugs die Beine heraufkroch. Ich fror ganz erbärmlich. Meine Ledersohlen waren vom Schneematsch durchnäßt. »Verdammt nochmal! Hätte ich bloß etwas Warmes angezogen! Ich hätte mich locker später noch im Zug umziehen können!« Ich machte mir im Geiste eine Notiz: »Bei Sauwetter die guten Sachen erst im Zug anziehen.« Ich nahm mir vor, das später in mein Time/system einzutragen. Speziell für solche Kleinigkeiten, die einem das Leben ungemein erleichtern konnten, hatte ich ein Kapitel angelegt. Das funktionierte wie ein Spickzettel in der Schule: Ich würde das nie wieder nachlesen, aber das akkurate Eintragen sorgte dafür, daß ich den Gedanken nie wieder vergaß. Ich war zufrieden mit mir. Wer selbst im Kleinen so strukturiert arbeitet, der hat immer alles voll im Griff. Beste Voraussetzungen für eine steile Karriere. Dachte ich mir. Das war zwar völliger Unsinn, aber woher sollte ich es denn damals auch besser wissen?

Seit nunmehr zwei Monaten war ich Trainee bei Information Services Group. Ein Frischling sozusagen. Ihnen sagt der Name ISG nichts? Na, das ist aber eine Bildungslücke! ISG war schon damals weltweit *der* Systemintegrator schlechthin. Als Generalunternehmer entwickelte und erstellte dieses Unternehmen für große Kunden maßgeschneiderte Computerlösungen. Die Aufträge lagen häufig im Bereich dreistelliger Millionenbeträge mit üppigen Gewinnmargen. Insgesamt beschäftigte ISG zum Zeitpunkt meines Einstiegs über vierzehntausend Mitarbeiter. Die meisten davon im heimischen US-Markt, doch immerhin auch zweitausenddreihundert in Deutschland. Wir wuchsen mit mehr als fünfundzwanzig Prozent pro Jahr und konnten uns die Aufträge aussuchen. Kleinere Wettbewerber wie ABS und Bangers Consulting mußten sich mit den Projekten begnügen, die wir aus Kapazitätsgründen nicht abarbeiten konnten oder aufgrund der geringen Gewinnerwartung nicht haben wollten. Sie können sich sicher vorstellen, daß die Bewerber bei ISG Schlange standen. Als der Recruiter von ISG auf unserer Universität das Traineeprogramm vorstellte, war der Hörsaal so voll wie selten bei einer Vorlesung. Aber das war kein sonderliches Problem für mich – ich brachte ja auch beste Voraussetzungen mit.

Schon als Kind machten mir meine Eltern klar, daß viel harte Arbeit nötig ist, um es einmal richtig gut zu haben. Ich erinnere mich, daß mein Vater bei Spaziergängen oft den Arm um mich legte und mit mir ein Gespräch »unter Männern« führte. »Na, kleiner Mann«, fragte er mich dann, »wie läuft das Geschäft?« Mit »Geschäft« meinte er dann immer die Schule. Er liebte es, die Schule als meinen »Beruf« zu bezeichnen. Und da ich nicht auf den Kopf gefallen war und ziemlich gute Noten hatte, konnte ich ihm meistens gute Nachrichten bringen. Ich mochte das zufriedene Lächeln, das er dann immer auf den Lippen hatte.

Als ich endlich mein Abitur hatte, stand es außer Frage, daß ich studieren würde. Ich entschied mich für Wirtschaftsinformatik. Ich hatte kurz damit geliebäugelt, Medizin zu studieren, weil alle mit einem Notenschnitt von 1,0 das taten, nahm aber davon Abstand. Schließlich wollte ich ja einmal in der Chefetage eines großen Unternehmens landen. Die wirklich wichtigen Entscheidungen treffen. Das große Rad drehen. Bewundert werden. Große Verantwortung tragen. Einer großen Sache meinen Stempel aufdrücken.

Mein Studium hatte ich mit Bravour absolviert, davon zwei Semester in den USA. Und die Semesterferien hatte ich stets für Praktika genutzt. Deshalb war ich ehrlich gesagt auch nicht sonderlich überrascht, daß ich fast auf jedes Bewerbungsschreiben eine Einladung zum Gespräch bekam. Aber als ISG mich benachrichtigte, daß ich in ihr Traineeprogramm aufgenommen würde, sagte ich sofort alles andere ab. Glauben Sie mir, meine Kommilitonen beneideten mich um dieses Angebot!

Die vergangene Woche hatte ich mit den anderen Trainees meines Jahrgangs in einem noblen Hotel in Hamburg verbracht. ISG meinte es ernst mit der Karriereplanung der jungen Mitarbeiter und hatte uns deshalb eigens für dieses Thema einen einwöchigen Lehrgang spendiert. Wir wußten nun alles, was für eine glänzende Laufbahn bei ISG wichtig war. Man hatte uns auf die Unternehmensleitlinien verpflichtet und uns beigebracht, wie man mit Engagement und Loyalität Schritt für Schritt seinen Weg an die Spitze macht. Nur kurz war in mir während eines Vortrages Unglauben aufgeflackert, als ich mich in der Runde der dreißig Trainees umschaute – »wie sollen denn dreißig Leute gleichzeitig an die Spitze kommen?« – um dann wieder der Begeisterung über meine vielversprechende Zukunft Platz zu machen. Jedenfalls war ich voll motiviert für die nächsten Wochen in Frankfurt. Dort würde man uns auf den Einsatz in unserem ersten Projekt vorbereiten.

»Verehrte Fahrgäste, auf Gleis 12 fährt ein der InterCityExpress Heinrich Heine nach München über Hannover, Frankfurt und Stuttgart ...« Mein Zug. Gelassen beobachtete ich das Gedrängel weiter hinten am Bahnsteig, dort wo die Wagen der zweiten Klasse hielten. Hier vorne, bei der ersten Klasse, ging es schon erheblich zivilisierter zu. Ein paar gut gekleidete Herren mit ihren Aktenkoffern aus Leder stiegen aus. Die verspiegelten Fenster des Wagens warfen mein Bild gestochen scharf zurück, und ich konnte wieder einmal nicht umhin, in aller Bescheidenheit zu registrieren, daß ich gut aussehe. Knapp einsneunzig groß mit athletischer Figur falle ich überall auf. Ich war knapp fünfundzwanzig. Mein akkurater Kurzhaarschnitt war neu, ebenso die dunklen Anzüge, die Hemden und auch die Krawatten. In Hamburg hatte ich eine Brille mit feinem Silberrand gekauft, die – wie ich zufrieden feststellte – die kurzen Haare besonders gut zur Geltung brachte. Ich sah mich offengestanden ganz gerne so im Spiegel. Ich meinte, den Erfolg, den ich künftig ohne Zweifel haben würde, bereits sehen zu können.

Mein Platz lag in einem der kleinen Abteile, worauf ich bei der Reservierung Wert gelegt hatte, da man dort gewöhnlich besser arbeiten kann als in einem der Großraumwagen. Von einem älteren Herrn auf dem Fensterplatz abgesehen war das Abteil leer. Gemäß Reservierungsschild an der Tür reiste er von Flensburg kommend bis nach Stuttgart, was mich etwas enttäuschte, denn ich hätte das Abteil gerne für mich alleine gehabt. Der Mann erwiderte meinen Gruß freundlich. Dabei bemerkte ich, daß er auf den zweiten Blick jünger war, als ich aufgrund der weißen Haare zunächst gedacht hatte. So zwischen fünfundfünfzig und sechzig schätzte ich ihn letztendlich ein. Er steckte in einem konservativen dreiteiligen Nadelstreifenanzug englischer Provenienz, der sich in punkto Eleganz nicht im mindesten mit meinem flotten Italiener messen konnte. Auf dem Sitz neben ihm lag zusammengefaltet das Handelsblatt. Etwas in seiner Haltung rührte mich seltsam an. Er schien entspannt und vollkommen zurückgezogen und gleichzeitig sehr aufmerksam zu sein. Ich kümmerte mich nicht weiter um ihn, sondern ließ die Schlösser meines Büffellederkoffers hochschnappen. Zunächst holte ich das Handy heraus und legte es neben mich. Dann stellte ich den Laptop auf den Klapptisch und startete ihn. Als sich der Zug langsam in Bewegung setzte, hatte ich bereits das Spreadsheet geöffnet, an dem ich bis Frankfurt arbeiten wollte. Ich hoffte, es bis zum nächsten Morgen fertig zu haben. Während ich die langen Zahlenkolonnen in die Zellen des Arbeitsblattes hämmerte, merkte ich, wie mich der Grauhaarige beobachtete. Ein wenig später sprach er mich an. »Haben Sie geschäftlich mit Computern zu tun?« fragte er.

»Ja«, nickte ich und hoffte, er würde es damit bewenden lassen. Ließ er aber nicht. Er stellte eine Frage nach der anderen, und bald fand ich mich, den Computer zur Seite geschoben, dabei, wie ich ihm alles über mich, unser Unternehmen und unsere Projekte erzählte. Er war ein guter und aktiver Zuhörer und ließ mich nicht im mindesten fühlen, was er von dem innerhalb der vergangenen zwei Monate von den ISG-Instruktoren in meinem Gehirn plazierten und von mir eifrig wiedergegebenen Gefasel hielt. Meine Begeisterung schien ihm zu gefallen, denn er lächelte gelegentlich leise vor sich hin. Vor allem dann, wenn ich besonders euphorisch darüber sprach, welche Meisterleistungen und Wundertaten ISG in den letzten Jahren vollbracht hatte. »Aha«, sagte er immer wieder. »Sehr interessant.«

Hannover lag bereits weit hinter uns, als er mir eine fast unverschämte Frage stellte: »Und Sie möchten nun bei ISG ein guter Programmierer werden?« Ich und Programmierer! Ich schüttelte heftig den Kopf. Wie er nur darauf kam! Ich mit meinem Notendurchschnitt und meinen Sprachkenntnissen!

»Nein. Ich werde Manager!« Noch voll motiviert vom Karrieretraining setzte ich hinzu: »In zwanzig Jahren schmeiße ich den gesamten deutschen Laden.«

Er sah mich interessiert an. »Aha. Und wie wollen Sie das anstellen?«

Ich lehnte mich lässig in meinem gepolsterten Sitz zurück. Da kannte ich mich aus. »Nun, zunächst muß ich das Traineeprogramm gut hinter mich bringen. Das ist in etwas über einem Jahr der Fall. Dann muß ich mich in ein Spezialthema einarbeiten. Ich muß einige Projekte erfolgreich abschließen. Mich dabei als Teamplayer etablieren. Danach so langsam mehr in die kaufmännische Verantwortung für das eine oder andere Projekt hineinwachsen. Immer größere Projekte. Anschließend die stellvertretende Verantwortung für einen Geschäftsbereich, gefolgt von der Gesamtverantwortung. Zu diesem Zeitpunkt nochmals eine Postgraduate-Ausbildung – wahrscheinlich in Wirtschaftsrecht, das ist noch nicht unbedingt meine starke Seite – und dann mitten ins Zentrum. Bingo!« Ich sagte das, als wäre es die normalste Sache der Welt.

Er sah mich mit großen Augen an, und ich war mir nicht sicher, ob sein ernster Blick ironisch gemeint war. »Ist das alles?«

Klar, der Alte hatte keine Ahnung. »Nein, natürlich nicht. Jede Menge Arbeit. Lange Arbeitstage. Immer das Interesse des Unternehmens im Auge haben. Aber das versteht sich ja von selbst.«

»So, tut es das?«

So allmählich ärgerte ich mich über den kleinen weißhaarigen Mann mit seinen ruhigen blaßblauen Augen. »Ja, das weiß doch jeder.« Insgeheim erwartete ich eine Gegenrede, doch er lächelte nur leicht und wechselte das Thema.

»Wenn Sie Manager werden wollen, weshalb arbeiten Sie dann am Computer?«

Alter Narr! Der Mann lebte wahrscheinlich noch in der Welt der Tabelliermaschinen, der blauen Durchschlagblätter und der mechanischen

Schreibmaschinen. Ich wußte zunächst nicht, wie ich so viel Ignoranz begegnen sollte. »Das muß man, wenn man heute weiterkommen will! Ohne Computerkenntnisse ist man verloren.«

Jetzt schüttelte der Weißhaarige entschieden den Kopf. »Also wissen Sie, von Computern verstehe ich offen gestanden nichts. Aber wenn es um die Karriere geht, da kenne ich mich aus. Und glauben Sie mir, da gibt es, was Computer betrifft, eine absolut zwingende Regel. Ein absolutes Muß.«

»Und wie lautet diese Regel?«

»Arbeite nie selbst mit einem Computer!«

Regel 1: Arbeite nie selbst mit einem Computer!

All die schneidigen Jungakademiker, die mit ihren teueren Laptops die Abflughallen der Flughäfen bevölkern und sich dabei fühlen, als gehöre Ihnen die Welt, teilen ein gemeinsames Schicksal: Was die Karriere angeht, werden die Arbeitskollegen ohne Computer sie weit hinter sich lassen.

Rechner und Karriere vertragen sich in etwa so gut wie Feuer und Wasser. Das ist der Grund, weshalb sich *Executive Information Systeme* (EIS) oder *Management Information Systeme* (MIS), also alle jene Computeranwendungen, die sich primär an Manager als Anwender richten, trotz riesiger Investitionen bis heute nie richtig durchsetzen konnten. Viele Untersuchungen zeigen, daß Führungskräfte eine Abneigung gegen die Arbeit an der Tastatur haben, wobei das Maß der Ablehnung und die Hierarchiestufe direkt miteinander korrelieren: Je höher der Manager in der Hierarchie steht, desto größer ist seine Abneigung.

Gerne wird diese Tatsache mit der Erklärung abgetan, die alten, technikfeindlichen Manager verstünden einfach nicht, was Computer für Ihre tägliche Arbeit zu leisten vermögen. Das ist ebenso falsch wie der daraus abgeleitete Schluß, daß es sich bei der Ablehnung des Computers durch das obere Management lediglich um ein Generationenproblem handle, das sich mit der natürlichen Ablösung der alten Herren von selbst erledigen werde. Vielmehr ist es so, daß erfolgreiche Manager sehr wohl wissen – oder zumindest instinktiv fühlen – was die PC-Benutzung für Ihre Karriere bedeutet. Und deshalb lassen sie tunlichst die Finger von den Tastaturen. Und weil dies nicht nur für alte sondern auch junge Manager gilt, wird sich die Akzeptanz von PCs im Topmanagement durch den Generationenwechsel voraussichtlich nicht wesentlich ändern.

Wirklich erfolgreiche Manager kennen den Wert, den Rechner haben – für Ihre Mitarbeiter. PCs sind phantastische und leistungsfähige Werkzeuge, wenn es darum geht, Schriftstücke zu schreiben, Präsentationen zu gestalten, komplizierte Tabellen aufzubauen oder riesige Datenbestände zu erfassen und auszuwerten. Das sind alles *manuelle* Tätigkeiten, die Sekretärinnen, Graphikern, Controllern – mit anderen Worten: Sachbearbeitern! – gut zu Gesicht stehen. Mit den Aufgaben eines Managers haben diese Beschäftigungen nichts gemein. Ambitionierte Jungmanager, die trotzdem glauben, darin lägen die Kernaufgaben eines Managers, sollten sie ruhig weiter ausüben. Sie werden sie auf immer und ewig ausführen und darüber nie nach oben kommen. Tatsache ist: Es gibt keine einzige »Manager«-Anwendung, die nicht mit Papier, einem freien Kopf und Delegation besser und schneller bewältigt werden kann als mit einem PC.

Die Arbeit mit PCs stiehlt Zeit

Je mehr man sich in die PC-Technik verliebt, desto mehr Zeit läßt man sich von dem Instrument stehlen. Einer, der weiß, wie man Treiber installiert, Drucker zum Laufen bekommt, Backups durchführt, Tonerpatronen austauscht, Dokumente formatiert, und dies auch selbst tut, verschwendet Zeit und Energie, die er besser für wichtigere, seine Karriere fördernde Tätigkeiten verwenden sollte.

Was sagen Sie? Es handelt sich doch nur um einige Minuten pro Tag?

Irrtum!

Notieren Sie doch einmal den dafür betriebenen Aufwand, und Sie werden überrascht sein, auf wieviel sich das Ganze addiert. Hunderte von Stunden arbeiten Sie überhaupt nicht mit den Anwendungsprogrammen, sondern sind nur damit beschäftigt, das System ordentlich am Laufen zu halten.

Unmengen von Zeit am PC werden auch für »kosmetische Maßnahmen« verschwendet. Da werden einem Dokument verschiedene Schrifttypen zugeordnet, Felder mit schillernden Farben hinterlegt, Graphiken eingefügt und vieles mehr. Alles Dinge, die nichts mit der eigentlichen Aufgabe zu tun haben und einen von der mühseligen Aufgabe, Karriere zu machen, wirkungsvoll abhalten.

Echte Arbeit mit dem Programm macht häufig den kleinsten Teil der am Computer verbrachten Zeit aus. Doch selbst damit wird sich ein karrierebewußter Manager niemals befassen. Eine Idee ist allemal viel schneller diktiert, skizziert oder einem Mitarbeiter erklärt als am PC in die richtige Form gebracht. Und während die Sachbearbeiter die Entwürfe professionell aufarbeiten, kann sich der (zukünftige) Manager wieder auf das konzentrieren, was seiner Karriere nutzt. Natürlich wird das erste Ergebnis der delegierten Aufgabe nicht ganz den eigenen Vorstellungen entsprechen. Aber nach ein oder zwei Iterationsstufen, in denen der Karrierist von den Sachbearbeitern alle jene Fehler ausbügeln läßt, die durch Mißverständnisse zwingend zustande kommen, wird er ein wesentlich besseres Ergebnis in Händen halten, als er, der Halblaie, es selbst hätte produzieren können. Schließlich handelt es sich bei den Assistenten, Sekretärinnen, Graphikern und Zahlenkünstlern um Profis, die täglich viele Stunden mit ihrem Computerhandwerkszeug arbeiten und es deshalb um Längen besser beherrschen, als es einem ehrgeizigen Jungmanager jemals möglich wäre. Und mit jedem weiteren Auftrag funktioniert die Zusammenarbeit besser, weil die Sachbearbeiter wissen, was ihr Auftraggeber möchte. Nur diese Arbeitsteilung versetzt Sie in die Lage, selbst unter absolutem Zeitdruck hervorragende Ergebnisse zu präsentieren. Es ist völliger Unsinn, gegen derart professionell erstellte Unterlagen mit eigenen Amateurversuchen anzutreten. Der häufig vorgebrachte Einwand, die anderen Möchtegernmanager machten ihre Präsentationen ja auch selbst, gilt nicht. Sie müssen sich an den Besten messen. Wenn Ihre internen Konkurrenten in der Amateurliga spielen wollen, dann sollen Sie das gerne tun. Um so leichter können Sie sich von Ihnen abheben.

Es gibt nur zwei Ausnahmen, in denen ein Manager einen PC anfassen sollte. Einmal, wenn er – vielleicht sogar durch Zeitzonen von seinem Büro getrennt – viel unterwegs ist und mittels e-mail mit seiner Sekretärin (und nur mit dieser!) besser in Kontakt bleiben kann als zum Beispiel per Telefon und Fax. Ähnlich steht es mit jenen Situationen, in denen der Manager noch nicht genügend Gefühl für eine Aufgabenstellung hat und deshalb an einem Modell »ein wenig mit den Zahlen spielen« möchte, um dieses Gefühl zu bekommen. Er wird sich von einem Mitarbeiter die komplette Tabelle aufbauen lassen und dann in What-if-Analysen den Effekt von Zahlenänderungen auf das ganze Modell beobachten. Er wird aber weder das Spreadsheet selbst aufbauen, noch mit irgend jemandem, außer seiner Sekretärin, seinen direkten Vorgesetzten und – wenn unbedingt nötig – direkten Untergebenen e-mails austauschen. Wenn Berichte über amerikanische Manager wahr sind, die täglich 200-300 Mails erhalten und diese auch persönlich abarbeiten, dann ist eines klar: Zeit für ihre Karriere können diese Damen und Herren nicht mehr haben. Für andere wichtige Dinge auch nicht. Meist werden sie wesentlich länger arbeiten müssen als andere Kollegen und gleichzeitig weniger bewegen. Besser ist es, man läßt seine e-mails von jemand anderem bearbeiten. Zumindest aber vorselektieren.

Der PC stiehlt Freiräume und macht abhängig

Je mehr der Manager das Primat des Rechners anerkennt, desto weniger Zeit hat er für sich selbst, seine Familie und vor allem für seine primäre Funktion, nämlich Karriere zu machen. Ein Manager, der bereits vor dem Frühstück in das e-mail-System schaut, ist nicht mehr Herr des Prozesses, sondern dessen Diener – unabhängig davon, wie toll und wichtig er sich dabei fühlt. Fremdtaktung ist die schlechteste Voraussetzung für eine Karriere – wer will schon jemanden am Ruder eines wichtigen Unternehmensbereiches sitzen haben, der selbst von einer kleinen brummenden Kiste gesteuert wird? Fremdtaktung führt nur zu unnötiger Hektik, viel Streß und damit zu einem frühen Herzinfarkt oder zumindest zu einem schnellen Burn-out-Syndrom.

Auch auf karriereorientierte Manager übt das Spielzeug PC seine Faszination aus – schließlich sind auch sie nur Menschen. Aber anders als der Unbedarfte weiß der Karriereorientierte um die Gefahren, die daraus erwachsen, und wird, um erst gar nicht in Versuchung zu kommen, jede intime Kenntnis des PCs meiden. Er wird sich von PCs ebenso fern halten wie von anderen süchtig machenden Drogen wie Alkohol, Nikotin und Medikamenten. Er weiß, daß PC-User die gleichen Symptome zeigen wie andere Abhängige: Sie leugnen das Problem und rechtfertigen ihre Abhängigkeit mit tausend guten Gründen. Und sie behaupten natürlich, jederzeit damit aufhören zu können. Aber seien Sie sich sicher: In einigen Jahren wird es nicht wenige begabte Menschen in Ihrem ganz persönlichen Umfeld geben, die eines Morgens aufwachen und feststellen müssen, daß andere in der Zeit, die sie mit ihren Computern vertrödelten, die Karrieren machten, die sie sich selbst vorgenommen hatten.

Manager am PC vernichten Geld

Manager, die selbst am PC arbeiten, vernichten Geld. Sie sind erheblich teurer als ihre Sekretärinnen, tun aber das Gleiche – nur langsamer und schlechter. Eigentlich gehört jeder hochbezahlte Manager, der eigenhändig einen Brief in einen PC tippt, sofort entlassen. (Eine interessante Alternative wäre, ihn »wertschöpfungsabhängig« zu bezahlen. Wenn er schon herumspielen und seine Karriere wegwerfen möchte, dann würde er zumindest nicht das Geld des Unternehmens aus dem Fenster werfen). Rechtsanwälte und Berater sind – sie mögen mir das verzeihen – im Grunde genommen auch nichts anderes als hochqualifizierte Sachbearbeiter und genießen deshalb – was den Einsatz von Computern angeht – eine gewisse Narrenfreiheit. Doch ich würde jeden von ihnen, den ich dabei erwischte, wie er für einen Stundenlohn von 200 Euro mit zwei Fingern auf der Tastatur herumklimpert, sofort im hohen Bogen hinauswerfen oder ihm für diese Zeit lediglich den Stundensatz einer Schreibkraft bezahlen. Einem Managementtrainee, der sich bezüglich Leistung primär mit einer Schreibkraft vergleichen lassen möchte, werde ich dazu Gelegenheit geben – allerdings nur zu deren Gehalt und sein gesamtes restliches Berufsleben lang. Einem Menschen, der nicht einmal erkennt, daß für sein höheres Gehalt eine andere Leistung erwartet wird als von einer Schreibkraft, kann ich beim besten Willen nicht helfen. Eines aber ist sicher:

Solch einem Menschen darf nie die Verantwortung für große Investitionen anvertraut werden. So wie er seine kostbare Zeit gedankenlos für Hilfstätigkeiten verschwendet, würde er nämlich das gute Geld der Firma für marode Unternehmungen zum Fenster hinauswerfen. Und das wird ein Unternehmen nicht zulassen. Soll er doch weiter tippen! Am besten in einem anderen Unternehmen!

PCs erzeugen Delegationsunfähigkeit

Nichts zeigt die mangelnde Fähigkeit zur Führung und zur Delegation so deutlich, wie ein intensiv selbst genutzter PC. Es ist offensichtlich, daß es sich bei seinem fleißig tippenden Benutzer um jemanden handelt, der entweder (a) nicht die Macht hat, eine andere Person für sich arbeiten zu lassen (mit anderen Worten: ein armes unbedeutendes Würstchen ist), (b) glaubt, einzig und alleine er könne die Arbeit richtig erledigen (was auf mangelndes Vertrauen und ein gestörtes Realitätsbewußtsein schließen läßt), (c) fest glaubt, daß er nicht mehr wert ist als eine Hilfskraft (was selbst bei wohlwollender Betrachtung kein sehr großes Selbstbewußtsein vermuten läßt), (d) nicht darüber nachdenkt, was er eigentlich tut (was von einer Führungskraft aber verlangt wird) und/oder (e) nicht die notwendige Phantasie und Kenntnis hat, sich eine sinnvollere Beschäftigung mit höherer Wertschöpfung zu suchen.

Wenn das alles aber bereits bei so trivialen Arbeiten wie der Erfassung und Formatierung von Texten, Graphiken und Zahlen zutrifft, wie soll ein solcher Mensch dann in der Lage sein, sich bei komplexeren und riskanteren Geschäften der Unterstützung anderer zu versichern? Woher soll er die Routine haben, Aufgaben so zu beschreiben, daß sie von anderen richtig verstanden werden? Wo soll das Vertrauen in die Fähigkeiten der Kollegen herkommen und woher die Erfahrung, wen man wann und wie kontrollieren muß? Wie soll der Mensch zwischen zentralen, selbst zu übernehmenden Aufgaben und delegierbaren Arbeiten unterscheiden können?

Tippen Sie sich deshalb nicht selbst ins führungstechnische Abseits! Denken Sie daran: Wer es nicht einmal schafft, simple PC-Arbeiten zu delegieren, scheidet für jede Managementposition aus. Um so mehr erstaunt es, daß es in den Abflughallen der internationalen Flughäfen so viele Herren in dunklen Anzügen gibt, die sich mit dem Laptop auf dem Schoß als Schreibkräfte outen. (Oder sollte es sich dabei wirklich nur um Sachbearbeiter und Berater handeln, die für eine 20-Euro-Arbeit eine 200-Euro-Rechnung schreiben?). Hinsichtlich einer Sache können Sie sich jedoch ganz sicher sein: Keiner der eleganten Herren mit dem Laptop auf dem Schoß wird ein wirklich hoch angesiedelter Manager sein. Die wissen mit Ihrer Zeit nämlich Besseres anzufangen. Wenn man schon zum Warten am Flughafen verdammt ist, dann sollte man die Zeit wenigstens zum Lesen nutzen. Wer im Leben mehr vor hat als zu tippen, der sollte sich in den Zwangspausen den Informationsvorsprung verschaffen, der ihn später von den Sachbearbeitern abhebt.

PCs demontieren die eigene Machtposition

Die eigenhändige Benutzung eines Computers hat noch weitere negative Auswirkungen. Indem ein Manager die Chance vergibt, einen anderen Menschen mit einer Aufgabe zu betreuen, die dieser gut erledigen kann, verpaßt er die Gelegenheit, ein Machtverhältnis aufzubauen oder ein bereits bestehendes Machtverhältnis zu zementieren. Es ist im wirklichen Leben nun einmal so, daß Hierarchien – vor allem die wichtigen informellen – dadurch entstehen, daß die einen Anforderungen stellen und die anderen stillschweigend akzeptieren, daß sie diese erfüllen müssen.

Auch Lob schafft »Ausgebende« (oder: »Gönner«) und »Abhängige« . Dieses Geben und Empfangen von Anerkennung definiert Hierarchien. Doch jemanden loben kann nur derjenige, der diesem auch die Chance gibt, etwas für ihn zu tun! Gerade für den Neueinsteiger, der noch keine formalen Berichtsstrukturen unter sich hat, ist es sehr einfach, sich derart einen Pool von Leuten zu schaffen, die ganz natürlich akzeptieren, daß sie für ihn und nach seiner Anweisung arbeiten. Jeder, der Ambitionen auf eine weitere berufliche Entwicklung hat und trotzdem selbst am PC arbeitet, vergibt sich also eine einmalige Chance, sich innerhalb des sozialen Gefüges eine herausragende Stellung zu verschaffen.

Viel schlimmer noch: Der arme Mensch erreicht gerade das Gegenteil. Er muß sich mit denen vergleichen lassen, die ihm eigentlich bei seiner Karriere nützlich sein sollen. Er erledigt nämlich Arbeiten, die diese Mitarbeiter sehr gut beurteilen können, denn schließlich handelt es sich um deren täglich Brot. Seien Sie sicher, daß jede Sekretärin mehr von Briefgestaltung versteht, als Sie jemals lernen werden. Und der Zeichensetzungsfehler, der Ihnen entging, wird ihr sofort ins Auge springen. Es ist auch nicht verwunderlich, daß Ihre Arbeit schlechter ist – schließlich können Sie gar nicht die gleiche Qualität liefern wie die Sekretärin, die einen wesentlichen Teil ihres Arbeitstages nur mit diesen Aufgaben verbringt. Doch das sieht die Dame nicht. Sie sieht nur Ihre stümperhafte Arbeit. Der Schluß, daß es um die Qualität Ihrer eigentlichen Arbeit – die sich der Beurteilung der Sekretärin normalerweise weitgehend entzieht – auch nicht sehr weit her sein kann, liegt sehr nahe und wird in den meisten Fällen von ihr und den anderen Mitarbeitern auch genau so gezogen werden. »Wenn der nicht einmal einen fehlerfreien Text schreiben kann, dann möchte ich nicht wissen, welche Böcke er in seinem eigentlichen Job schießt!« wird es heißen.

Um es nur noch zu verschlimmern, erwarten viele PC-Anhänger auch noch Lob für ihr dilettantisches Tun!!! Es gibt (Möchtegern-)Manager, die darauf brennen, von der Dame im Schreibbüro gesagt zu bekommen: »Donnerwetter! Das hätten wir auch nicht besser machen können.« Damit dreht sich die »Lobpyramide« um. Die Mitarbeiter verschaffen dem Möchtegern-Manager (Möchtegern, weil er es nicht weit bringen wird) eine Befriedigung, die wahrscheinlich dazu führt, daß er sich künftig noch mehr und intensiver mit Dingen beschäftigt, die mit den Aufgaben einer Führungskraft nichts zu tun haben. Aber selbst wenn er nicht von sich aus in die falsche Richtung steuern würde: bei seinen Mitarbeitern ist er auf alle Fälle unten durch. Wer auf das Lob von Untergebenen wartet, wird zur Lachnummer für Kollegen und zum Versager für die Unternehmensleitung.

Wer nicht selbst delegiert, dem wird delegiert

Demütigend wird die Sache für den fleißigen PC-Nutzer endgültig dann, wenn ihm seine Kollegen PC-Tätigkeiten delegieren. Das fängt in der Regel ganz harmlos mit der Bitte an, »doch mal schnell zu schauen, was da nicht funktioniert«, und endet damit, daß man für seine Kollegen ganze Präsentationen und Spreadsheets aufbaut. Und wenn einen der ehemalige Teamgefährte dann endgültig überholt, dann ist man immerhin als Hilfskraft beim neuen Chef bereits bestens etabliert. Das ist auch die Garantie dafür, daß einen die anderen Kollegen ebenfalls überholen werden, schließlich wird man in seiner neuen Funktion kräftig auf Trab gehalten werden. Und wenn dann irgendwann offensichtlich wird, daß man im Vergleich mit den Informatikern vom Help-Desk doch nicht mithalten kann, ist man diese Stellung auch noch los.

»Gut so!« sagen Sie?

Nein! Denn den Sprung zum Manager wird man, zumindest in diesem Unternehmen, nicht mehr schaffen. Es haftet einem das Image des Stümpers an. Der einzige Ausweg: Nichts wie weg aus diesem Unternehmen.

Neben dem PC gibt es weitere *Gadgets*, die gemeinhin als Statussymbole gelten, die aber vom ambitionierten Karrieristen sehr vorsichtig und gezielt eingesetzt werden sollten. Die Rede ist von Mobiltelefonen und Pagern. Es besteht kein Zweifel daran, daß die Möglichkeit, unabhängig von einem Büro telefonisch Kontakte pflegen und Projekte vorantreiben zu können, sehr wünschenswert ist. Dagegen ist permanente Erreichbarkeit ein Fluch. Wer eines dieser mobilen Dinger mit sich herumschleppt und den Kardinalfehler begeht, seine Rufnummer allgemein bekannt zu machen, verhält sich wie ein Mensch, der ein Modellflugzeug startet und dann an die umstehenden Passanten wahllos und massenhaft Funksteuerungen dafür verteilt. Genau so zielgerichtet wie der Kurs dieses Flugzeugs wird dann auch der Karriereweg des angehenden Managers aussehen.

Leute, die jederzeit erreichbar sind, können nicht wichtig sein. Sagen Sie ihrem Gesprächspartner doch einfach: »Rufen Sie diese Nummer an. Meine Sekretärin wird dafür sorgen, daß mich Ihre Nachricht jederzeit schnell erreicht.« Das ist professionell. Und bei der Sekretärin haben Sie künftig einen Stein im Brett. Sie fühlt sich wichtig. »Nein, die Handy-Nummer von Herrn Müller darf ich leider nicht weitergeben!« wird sie ins Telefon säuseln und stolz darauf sein, die einzige im ganzen Unternehmen zu sein, die diese Nummer kennt. Sie wird es genießen, entscheiden zu dürfen, wann sie Sie mit welcher Nachricht belästigt, und sie wird viele Anfragen sofort für Sie erledigen.

Fazit: Lassen Sie im Unternehmen so weit als irgendwie möglich die Finger vom PC! Wenn Sie nicht von Ihrem Spielzeug lassen können, spielen Sie zu Hause. Ihre Modelleisenbahn und Ihre Badeente bringen Sie doch auch nicht mit ins Büro!

Ich gebe zu, daß ich einigermaßen verdattert war. Das Ganze klang ganz logisch, und ich fühlte mich zudem ertappt, denn ich verbrachte wirklich viele Stunden am PC. Aber deshalb abhängig zu sein ...? Nein, das konnte man wirklich nicht sagen! Oder etwa doch? Ich erinnerte mich plötzlich an die Situationen, in denen ich an der Tastatur vollkommen die Zeit vergessen hatte.

»Das deckt sich aber nicht mit dem modernen Managerbild«, meinte ich, nur um etwas zu sagen.

»Wer behauptet denn das?«

»Nun, unser Trainer. Und bisher jeder Chef, bei dem ich hospitierte.«

»Ah ja. Und dann haben diese Chefs Ihnen wohl PC-Arbeiten aufs Auge gedrückt?«

»Ja.«

»Und nachher haben sie Sie ordentlich gelobt?«

»Ja.«

»Und Sie haben sich gefreut und versucht, beim nächsten Mal noch besser zu sein?«

»Natürlich.«

»Na also! Muß ich mehr dazu sagen?«

Er mußte nicht. Trotzdem war ich noch lange nicht mit mir selbst im reinen.

»Aber ich kann doch nicht einfach alles vergessen, was ich weiß. Schließlich bin ich Informatiker und – ob Sie es glauben oder nicht – ich kenne mich mit den Büroanwendungen wirklich viel besser aus als unsere Sekretärinnen.«

Mein Gegenüber legte ein Bein über das andere und zog nachdenklich an der Pfeife. Er schien nachzudenken, ob ich in Anbetracht meiner Sturheit überhaupt einen Kommentar verdiente. Zu meinem großen Glück entschied er sich dafür, Gnade vor Recht walten zu lassen.

»Wenn Sie Karriere machen wollen, müssen Sie beinahe alles vergessen, was Sie wissen.«

»Weshalb?«

»Es ist die zweite Grundregel für Karrieristen: Verlerne absichtlich, was Du weißt.«

Regel 2: Verlerne absichtlich, was du weißt!

Fachwissen ist eines der größten Hindernisse für eine schnelle und nachhaltige Karriere. Der Glaube, man könne sich durch detailliertes Spezialwissen für eine Beförderung empfehlen, ist ebenso weit verbreitet wie realitätsfremd. Dieser Irrglaube ist vor allem bei Mitarbeitern ohne akademische Ausbildung vertreten, die meinen, sich durch Fachwissen, Einsatzfreude und hohen Arbeitseinsatz gegenüber den Kollegen mit Diplom profilieren zu können. Damit vergeben Sie sich der – in Deutschland ohnehin seltenen – Chance, wirklich an diesen vorbeizuziehen.

Fachwissen hat in etwa die gleiche Wirkung wie Mehrkomponentenkleber: Es hält den Träger felsenfest auf seinem Stuhl fest. Je profunder das Wissen, desto intensiver die Haftkraft. Welcher Abteilungsleiter mit gesundem Menschenverstand wird so wahnsinnig sein, seinen besten Mann gehen zu lassen und dadurch die Arbeitsleistung der Abteilung – und damit natürlich auch sein eigenes Weiterkommen – zu gefährden? Er wird peinlich bemüht sein, den ungeschliffenen Diamanten hinter riesigen Bergen von Arbeit vor den Augen anderer versteckt zu halten. Im Ernstfall, wenn der Name seines Stars trotzdem für eine Versetzung in die Diskussion kommt, wird er den Mann ordentlich loben und dann seine Fachkenntnis gegen ihn verwenden. »Wirklich ein ausgezeichneter Mann!« wird er sagen. »Der Allerbeste, was *Spezialwissen* angeht, darüber hinaus leider an wenig mehr interessiert und auch nicht sehr breit einsetzbar.«

Die einzige reelle Chance, sich mit dem Ruf eines Spezialisten innerhalb des Unternehmens weiterzuentwickeln, ist die, den eigenen Chef zu beerben. – Sei es, weil er altersbedingt ausscheidet (in den meisten Fällen eine äußerst langfristige Perspektive für den ersten Karriereschritt), weil er befördert wird (auch schlecht, weil man damit seine eigene Karriere von einem Seilschaftsführer abhängig macht) oder weil man ihn aktiv »abschießt« (was einiges für sich hat, aber auch Gefahren birgt, die ein Karrierist nur in bestimmten Ausnahmefällen einzugehen bereit sein sollte). Am besten, Ihr Chef stirbt. Denn solange er lebt, wird er Ihr Fachwissen loben. Das Lob wird Ihnen wie eine Vorstrafe anhaften und Sie beim Weiterkommen behindern.

Querbeförderungen verschließen sich Spezialisten weitgehend. Zum einen sind Spezialisten als solche kaum über die Grenzen ihrer Abteilung bekannt.

Zum anderen stellt sich stets die Frage »Wenn wir ihn befördern, wissen wir genau, wieviel wir verlieren (nämlich sehr viel!), aber wir haben keine Ahnung, wieviel wir auf der anderen Seite gewinnen können.« Und gerade auf der »Gewinnseite« haben Spezialisten ihre Probleme, sie strengen sich derart an, auf ihrem Fachgebiet gut zu sein, daß sie all die anderen Dinge, die für ihre Karriere wichtig sind, sträflich vernachlässigen.

Wie wir schon gesehen haben, gehören PC-Kenntnisse zu solchem karrierehindernden Spezialwissen. So mancher ambitionierte Einsteiger, ja so mancher junge Abteilungsleiter bildet sich viel darauf ein, wenn sich die Abteilungssekretärin mit einem PC-Problem an ihn wendet.

Aber Vorsicht. Das ist nicht ihr Aufgabengebiet. Die einzig richtige Antwort in solchen Situationen lautet: »Tut mir leid. Ich kann Ihnen dabei leider nicht helfen.«

Besonders geschickte Karrieristen empfehlen der Sekretärin noch: »Versuchen sie es doch einmal bei Herrn Hilfsbereit. Ich glaube, der kennt sich damit ziemlich gut aus.« Wobei Herr Hilfsbereit natürlich derjenige ist, der als der direkte Wettbewerber um den nächsten Karrieresprung angesehen wird. Soll sich der doch selbst ein Bein stellen!

Überlebensnotwendig wird das »bewußte Vergessen« vor allem immer dann, wenn man eine neue Aufgabe auf einer höheren Hierarchiestufe übernimmt. Denn eines ist hundertprozentig sicher: Der Erfolg auf der neuen Ebene wird von vielem abhängen, aber garantiert nicht von den Dingen, die Ihren Erfolg auf dem vorherigen Job ausmachten! Wer eine neue Stelle antritt, muß deshalb als allererstes eine Bestandsaufnahme machen. Eine Bestandsaufnahme darüber, welches Wissen und welche Fähigkeiten notwendig sind, um im neuen Umfeld erfolgreich zu werden. Gleichzeitig muß er eine ebenso kritische Bestandsaufnahme jener Fähigkeiten vornehmen, die er im neuen Job *nicht* (mehr) haben darf. Alles dabei identifizierte Wissen hat er schleunigst über Bord zu werfen.

Gibt es eine Regel, welche Fähigkeiten dies sind?

Ja!

Die einfachste Faustregel lautet: Vergiß alles, worin du bisher besonders gut warst.

Ein Beispiel gefällig?

Hier ist es: In einem Softwarehaus wurde ein Softwareentwickler zum Entwicklungsleiter befördert. Am Tag nach seiner Beförderung – er war jetzt offiziell Entwicklungsleiter – bat ihn ein früherer Kollege und jetziger Mitarbeiter, ein bestimmtes Programm, mit dem er als Entwickler oft gearbeitet hatte, zu starten. Der frischgebackene Entwicklungsleiter sah ihn kopfschüttelnd an und sagte: »Tut mir leid. Ich kann dir nicht helfen. Ich habe nämlich nicht die mindeste Ahnung, wie das geht.« Das gab natürlich zunächst einmal befremdete Blicke. Aber es sprach sich schnell herum, und er wurde niemals wieder gebeten, etwas zu tun, was nicht in seinen Aufgabenbereich gehörte.

Der Mann wußte, daß er, aufgrund der deutlich zugenommenen »Breite« an Verantwortung, niemals wieder in allen Bereichen die gleiche »Tiefe« wie in seinem vorherigen (viel enger definierten) Job erreichen konnte. Diese Erkenntnis ist so trivial, daß man eigentlich davon ausgehen müßte, daß sie jeder beherzigen würde. Das Gegenteil ist der Fall. Viele Manager glauben auch heute noch, sie müßten in jedem einzelnen Gebiet ihres Verantwortungsbereichs ein besserer Fachmann sein, als der dafür zuständige Mitarbeiter. Damit haben sie das Ende ihrer Karriere bereits nach der ersten Beförderung erreicht. Ihre Chefs werden sich entscheiden, solche Supergurus dort zu behalten, wo sie nun sind, und dadurch von ihrem ungeheuren Wissen profitieren.

Aber muß man denn wirklich die »Tiefe« des eigenen Fachwissens gezielt reduzieren? Die Antwort ist: ja! Die Aufgabe eines Managers ist nicht, Detailwissen zu haben. Seine Aufgabe ist es, eine funktionsfähige und motivierte Mannschaft aufzubauen und anzuführen, die dieses Detailwissen bereitstellt – und zwar in allen Bereichen gleich gut und gleich motiviert.

Nur die wenigsten frisch Beförderten erkennen, welch negativen Einfluß das in der Vergangenheit erlangte (tiefe) Wissen bei der täglichen Arbeit auf das Team haben kann. Dies mußte zum Beispiel der bisherige Leiter der Betriebsbuchhaltung eines großen Unternehmens am eigenen Leib schmerzhaft erfahren. Er war zum Leiter der gesamten Buchhaltung befördert worden und glaubte sich für seine neue Aufgabe bestens gerüstet. Alle Abteilungsleiter warteten natürlich gespannt darauf, wie sich ihr ehemaliger Kollege in seiner Funktion als Chef verhalten würde. Sie beobachteten jeden seiner Schritte mit Argusaugen. Und sie sahen das Chaos. Er beging den elementaren Fehler, sein exzellentes Betriebsbuchhaltungswissen nicht zu vergessen. Im Gegenteil, er interessierte sich weiterhin bevorzugt für diese Aufgabenstellung und wurde von seinem Nachfolger (und jetzigen Untergebenen) auch (notgedrungen) um Mitwirkung bei jeder wichtigen Entscheidung gebeten.

Das Ergebnis waren demotivierte Mitarbeiter auf der ganzen Linie: Die Mitarbeiter in der Betriebsbuchhaltung (inklusive des Abteilungsleiters, der die nächste Gelegenheit ergriff, um die Firma zu wechseln) waren frustriert, weil ihnen »der Alte« in Detailfragen hineinredete, alle Entscheidungen selbst traf und ihnen darüber hinaus auch noch den kleinsten Fehler nachweisen konnte. Sie fanden, er »hätte auch gleich hierbleiben können«. Die anderen Buchhaltungsabteilungen waren ebenfalls demotiviert. Und zwar deshalb, weil ihr neuer Oberchef ganz offensichtlich eine Lieblingsabteilung hatte, die er hätschelte und pflegte, während er sie und ihre Belange gleichzeitig sträflich vernachlässigte. Er hatte sich nicht einmal tief genug in ihre Themen eingearbeitet, um ihre Leistung beurteilen und die wirklich wichtigen Entscheidungen fällen zu können. Er sagte zu diesen Abteilungsleitern immer: »Das wissen Sie besser als ich, meine Herren.« Während er in der Betriebsbuchhaltung Centbeträgen hinterherlief, mußten seine anderen Abteilungsleiter »Millionen«-Entscheidungen selbst treffen. Schlimmer noch: Was sie auch taten, sie kamen immer damit durch. Es gibt nicht viel, das demotivierender ist, als die Erkenntnis, daß selbst die gröbsten Fehler vom Chef nicht erkannt werden. Die Abteilungsleiter empfanden sich von einer Niete geführt und fanden, daß ihr neuer Chef wirklich besser dort geblieben wäre, wo er hergekommen war. Während der Unglücksrabe viel Zeit und Detailliebe an den einen Bereich verschwendete, vergammelten die anderen Bereiche. So etwas läßt sich nicht lange verbergen. Der Mann wurde von der Unternehmensleitung zwar nicht gefeuert, aber seine Karriere war fortan zu Ende.

Hätte er bewußt sein angestammtes Spezialgebiet »vergessen« und sich gleichzeitig mit aller Energie auf die neuen Bereiche gestürzt, wäre das nicht passiert.

Merken Sie sich: Das »Vergessen« ist zwingend notwendig, um sich die Zeit für all das wichtige Neue frei zu schaufeln. Gleichzeitig macht man dadurch seinem Nachfolger klar, daß er nun auch selbst Entscheidungen zu fällen und diese zu verantworten hat. Er darf gar nicht auf die Idee kommen, er könnte Entscheidungen rückdelegieren.

Natürlich ist das hier beschriebene »Vergessen« kein Verlust von Know-how. Es ist vielmehr eine mentale Selbstdisziplinierung. Man entscheidet sich dafür, etwas einfach nicht mehr wissen zu wollen. Dadurch, daß man das früher einmal erworbene Wissen nicht ständig zur Schau stellt, verschwindet es in der Wahrnehmung des Umfeldes, als sei es nie dagewesen. Aber es ist natürlich noch da. Deshalb ist dieses Vergessen für die neue Aufgabe auch vollkommen risikolos.

Wie gut ein Vorgesetzter sein »Vergessen« im Griff hat, zeigt sich immer dann, wenn er ein Problem erkennt und auch die Lösung kennt. Nur ein Stümper wird das Problem herausposaunen und die Lösung aus dem Hut ziehen. Ein Karrierebewußter wird dagegen sagen: »Ich habe den Eindruck, da stimmt die Schlüsselnummer nicht. Überprüfen Sie das doch einmal und korrigieren sie es gegebenenfalls.« Das und nichts anderes wird er sagen. Selbst wenn er sich hundertprozentig sicher ist, daß die Nummer nicht stimmt und er zehnmal weiß, daß die richtige Nummer »0815/4711« lautet. Schließlich ist es der Job der anderen, das Problem zu erkennen und zu beseitigen. Dafür soll ihnen auch das Erfolgserlebnis gegönnt werden. Wenn die Leute zurückkommen und sagen: »Wir haben den Fehler gefunden. Die Schlüsselnummer müßte 0815/4711 lauten«, freuen sich diese erfahrenen Manager still. Laut sagen sie: »Da sieht man einmal, wie schnell man vergißt. Früher hätte ich das wahrscheinlich sofort erkannt.« Und dabei schütteln sie traurig den Kopf. Die anderen haben ihr Erfolgserlebnis, aber sie wissen auch, daß Fehler nicht unbemerkt bleiben. Sie werden ihre Arbeit entsprechend einrichten.

Fazit: Wenn Sie Karriere machen wollen, sind Sie gut beraten, Ihr altes Fachwissen zu vergessen oder zumindest zu verstecken. Sonst steht es Ihnen im Wege und bereitet Ihrer weiteren beruflichen Entwicklung ein vorzeitiges Ende. Dies ist besonders dann wichtig, wenn Sie als besonders qualifizierter Spezialist in einer Disziplin gelten und zudem wirkliches Interesse an der Aufgabenstellung haben. Das absichtliche Vergessen ist nicht einfach, denn der Mensch (vor allem der oberlehrerhafte Deutsche) neigt dazu, seine Fähigkeiten zur Schau zu stellen. Der schwache Trost: Wenn Sie der Versuchung, mit Ihrem Fachwissen zu brillieren, nicht widerstehen können, bekommen Sie Ihr ganzes restliches Berufsleben die Gelegenheit zur Selbstdarstellung – auf dem Posten, auf dem Sie jetzt bereits sitzen.

»Mein Gott«, seufzte ich innerlich, »hört der denn noch einmal auf mit seinen Ratschlägen?« Ich war mehr als froh, als die Durchsage kam: »Verehrte Fahrgäste: in wenigen Minuten erreichen wir Frankfurt Hauptbahnhof!« »Nichts wie weg hier«, dachte ich. Schnell stand ich auf und zog hektisch den prallen Kleidersack von der Ablage.

»Ach«, unterbrach mich der Alte, »würden Sie mir einen Gefallen tun?« Das auch noch. »Richten Sie doch bitte einem Herrn Kuhn herzliche Grüße aus. Er arbeitet auch bei ISG. Tun Sie das für mich?«

»Ja, ja, mache ich.« Ich wollte raus aus dem Zug. »Auf Wiedersehen ... und danke für die Ratschläge«, verabschiedete ich mich, einen ironischen Unterton in der Stimme, von dem Alten. Ich war schon auf dem Gang, als mir einfiel, daß ich gar nicht wußte, von wem ich diesen Herrn Kuhn grüßen sollte. Ich kehrte nochmals ins Abteil zurück und fragte den Mann nach seinem Namen. »Weiser«, sagte er, »Gregor Weiser!« Als ich seinen fragenden Blick bemerkte, sagte ich: »Entschuldigen Sie. Aber ich heiße Wille. Thomas Wille, um genau zu sein.«

Der Alte drückte mir seine Karte in die Hand. »Auf Wiedersehen.«

Was Weiser da erzählt hatte, klang ja nicht unlogisch. Aber wenn man bei ISG weiterkommen will, dann muß man sich eben auch nach den ISG-Regeln richten. Und die hießen nun einmal, daß man als Trainee jede Woche einen Bericht abgeben mußte. Und den hatte ich nun nicht fertiggestellt. Ich nahm mir vor, in Zukunft konsequenter zu sein. Die Fahrt zum Büro war sehr kurz, was der Taxifahrer mit einer Schimpftirade quittierte. Immerhin hatte ich so noch eine halbe Stunde Zeit, meinen Bericht abzuschließen. Ich wollte die letzten Quartalszahlen noch als Tabelle im Text plazieren. Das würde professionell aussehen. In unserer Zentrale angekommen nahm ich in der kleinen Sitzgruppe Platz, auf der man in ISG-Manier Kunden immer ein bißchen warten ließ, bevor man sie an der Pforte abholte. Damit sollte ihnen der Eindruck vermittelt werden, eine Audienz gewährt zu bekommen. Die Kunst war, sie nicht zu kurz und nicht zu lange warten zu lassen. Es gab Daumenwerte, die sich nach den Positionen des Besuchers und des Besuchten richteten. »Toll, was man hier alles lernt«, freute ich mich. All das ging mir durch den Kopf, während ich wieder meinen Laptop auspackte und das Spreadsheet lud.

»Benutze niemals einen Computer«, hörte ich in Gedanken den Alten sagen. »Welch ein Unsinn«, dachte ich mir, »wie zum Teufel soll ich denn als kleiner Trainee sonst meine Arbeit machen?«

»Guten Morgen, Herr Kuhn!« Der übertrieben laute Gruß des Pförtners schreckte mich aus meinen Gedanken auf. Kuhn – das war doch der Mann, den ich grüßen sollte! Den Laptop balancierend sprang ich auf und fing Herrn Kuhn noch vor dem Aufzug ab. Er war wohl in etwa so alt wie der Mann im Zug. Aber er wirkte bei weitem nicht so ruhig. Er schien es sehr eilig zu haben. »Herr Kuhn?« sprach ich ihn an.

Sein knappes »ja« verriet keine große Begeisterung. Mit einem Blick, kürzer als ein Augenzwinkern, musterte er mich. »Was ist?«

»Ich ... ich soll Sie von Herrn Weiser grüßen ...« stammelte ich, den Laptop mit beiden Händen vor den Bauch haltend, zur Verteidigung gegen das eiskalte »na und?«, das jetzt zwangsläufig kommen mußte. Ich Dummkopf! Statt zu arbeiten machte ich mich für den Alten jetzt auch noch zum Idioten! Doch Kuhn wandte sich mir interessiert zu. »Herr Weiser, sagten Sie?«

»Ja, ich habe ihn heute im ICE getroffen.«

»Das gibt's doch nicht, der Weiser!« rief Kuhn aus. »Kommen Sie mit und erzählen Sie!«

»Ich ... wollte eigentlich noch unsere Quartalsergebnisse hier eingeben«, erwiderte ich, ein wenig stolz, daß auch ich etwas Wichtiges zu erledigen hatte. »Ich muß das heute abgeben.«

»Und für was, glauben Sie, leisten wir uns hier den Luxus eines Schreibdienstes?«, wischte Kuhn meinen Einwand beiseite. Ungeduldig nahm er mir den Laptop ab und stellte ihn auf die Empfangstheke. »Zum Schreibdienst, Quartalszahlen ergänzen« wies er den Pförtner an. »Kommen Sie.« Er schob mich in den Aufzug.

Am nächsten Morgen war ich unterwegs zum Bürofachhandel um die Ecke. Ich war ausgezeichneter Stimmung. Das Gespräch mit Kuhn am Vortag hatte über eine Stunde gedauert. Er war Geschäftsführer Vertrieb bei ISG Deutschland. Er schien den Alten einmal gut gekannt zu haben. Jedenfalls wollte er genau wissen, wie Weiser jetzt aussah, wie wir uns kennengelernt hatten und was er erzählt hatte. Ich ließ die Belehrungen, die ich vom Alten erhalten hatte, in meinem Bericht aus, da ich Angst hatte, mich vor Kuhn zu blamieren – sei es, weil die Belehrungen albern waren, oder weil ich die Regeln von vornherein hätte kennen sollen – ich war mir diesbezüglich total unsicher.

Kuhns Büro hatte mir imponiert. Elegant, hell, aufgeräumt. Und da war noch etwas, das mir aufgefallen war. Als das Gespräch sich dem Ende neigte, wagte ich zu fragen: »Sie haben überhaupt keinen PC?«

»Oh«, sagte Kuhn, überrascht über meine Frage, »ich habe einen Laptop von der Firma. Das allerneuste Ding. Farbmonitor und der schnellste Prozessor. Mein Sohn ist ganz begeistert davon. Aber ich weiß nicht so recht, was ich mit dem Ding soll. Warum fragen Sie?«

»Fiel mir nur gerade auf«, sagte ich, »aber jetzt muß ich gehen, mein Meeting hat schon begonnen.«

»Ein Diktaphon suche ich«, sprach ich den Verkäufer im Bürofachgeschäft an. »Für dieses Kassettensystem.« Ich legte das Muster auf den Tisch, das mir die Schreibkraft in die Hand gedrückt hatte, als ich meinen Laptop beim Schreibdienst abgeholt hatte. Mit vorwurfsvollem Unterton hatte sie mir erklärt, ein Band mit klaren Anweisungen hätte ihr die Arbeit erheblich erleichtert.

»Ah, wahrscheinlich ISG?« bemerkte der Verkäufer mit Blick auf die Kassette. Mit dem Lächeln des Onkels, der seinem Patenkind zur Kommunion die erste teure Armbanduhr über das Handgelenk streift, reichte er mir ein kleines, funkelndes Gerät.

Da lag es in meiner Hand. Klein, blitzend und angenehm schwer. Ausdruck der Macht. Wer diktiert, hat Macht. Wer sich etwas diktieren läßt, gehorcht. Der Diktator. Das Diktat des Mächtigen. Mit einem Schlag wurden mir die Zusammenhänge zwischen der Art und Weise, einen Text aufs Papier zu bringen und der Demonstration von Machtverhältnissen bewußt. Und ich Idiot hatte meinen Laptop für ein Statussymbol gehalten! Ein Gerät, auf dem man selbst tippt! Lächerlich! Mit dem Lächeln des Siegers legte ich einen 50-Euro-Schein auf den Tisch.

Einige Wochen später steckte ich bereits in meinem ersten richtigen Projekt. Ich war hungrig darauf gewesen, endlich »an die Front« zu kommen. Ich würde drei Monate an dem Projekt mitarbeiten, bevor das

Traineeprogramm wieder Theorie vorsah. Ich genoß die Zeit. Auch München, der Standort meines ersten Einsatzes, gefiel mir. Ich schaffte es recht schnell, als vollwertiger Mitarbeiter anerkannt zu werden. Und ich mußte eingestehen, daß die Tips des Alten eine ganze Menge zu meinem Erfolg beitrugen. Mich von Schreibarbeiten freizuhalten, brachte mir Zeit für wichtige Dinge. Und so war ich auch beim Kunden beliebt, da ich öfter einmal mit ihm Kaffee trinken konnte, während meine ahnungslosen Kollegen Stunden über Stunden an ihren Computern verbrachten, um irgendeinen Bericht noch ein bißchen schöner zu formatieren. Nur eine einzige besprochene Diktaphon-Kassette hatte ich mit der Hauspost zum Schreibdienst nach Frankfurt geschickt. Dann fragte mich eine der Sekretärinnen im Münchener Büro (die mich für wichtiger als die anderen Kollegen hielt, weil ich immerhin den Schreibdienst in Anspruch nahm), ob das nicht ein bißchen umständlich wäre. Von da an hatte ich auch in München Unterstützung.

Der Projektleiter war jedenfalls zufrieden mit mir. Er bot mir an, neben meinem Traineeprogramm weiterhin in seinem Projekt zu arbeiten. Und noch ein Angebot lag mir vor: Aus Frankfurt hatte mich ein Distriktleiter angerufen. In Frankfurt wäre eine Position als Junior-Vertriebsbeauftragter zu besetzen. Er hätte gehört, daß ich ein recht kommunikativer Mensch wäre; ich solle doch einmal bei ihm vorbeischauen. Aber als Vertriebsmann hätte ich mein Traineeprogramm nicht zu Ende führen können. Das hätte sicher meiner Karriere geschadet. Damit war die Sache für mich gestorben.

Ein Angebot hatte ich jedenfalls in der Tasche! Noch am selben Abend rief ich Anna, meine Freundin an, um ihr davon zu berichten. Das Telefon war in den letzten Monaten unser Hauptkommunikationsmittel geworden. Nur an den Wochenenden sahen wir uns. Nun – an den meisten, um ehrlich zu sein. Aber nach meinem Traineeprogramm wollten wir ohnehin heiraten und gemeinsam eine Wohnung nehmen. Vielleicht würden wir ja nach München ziehen, wenn das Projekt nur langfristig genug angelegt war. Doch sie war an diesem Tag nicht so recht zu begeistern. Aber mit irgend jemandem mußte ich über meinen Erfolg reden. Da fiel mir der Alte ein. Die Visitenkarte hatte ich in meinem Terminkalender. Und tatsächlich erreichte ich ihn.

»Guten Abend, ich weiß nicht ob Sie sich noch an mich erinnern ... Wir haben uns vor einiger Zeit im Zug kennengelernt. Sie hatten mir einige Tips für meinen Job gegeben ...« Ich machte eine kurze Pause, um auf Antwort zu warten.

Nach ein paar Augenblicken antwortete er. »Ja, ich erinnere mich. Sie sind der ehrgeizige junge Mann mit dem Laptop. Richtig?«

»Ja, der *war* ich«, antwortete ich. »Aber mittlerweile ohne Laptop.«

»Oh, dann haben Sie meinen Rat wohl ernst genommen?« Er klang befriedigt. »Haben Ihnen meine Tips etwas gebracht?«

»Und ob«, berichtete ich stolz, »ich bin der erste Trainee meines Jahrgangs, der ein Angebot von einem Projektmanager in der Tasche hat.«

»Gratuliere. Dann steigen Sie jetzt also richtig ein?« So richtig begeistert klang er nicht. Aber er war ja auch alt. Das entschuldigte manches.

»Ja«, antwortete ich bestimmt. »Und wenn ich mit dem Traineeprogramm fertig bin, dann gehe ich vielleicht nach München. Ich habe nämlich einen sehr guten Draht zu dem Kunden dort.«

»Ach, dann gehen Sie in den Vertrieb?«

Seine Frage überraschte mich. »Wie kommen Sie darauf?« fragte ich.

Er atmete tief durch. »Junger Mann, Sie haben doch sicher schon einmal gehört, daß gute Kundenbeziehungen vor allem im Vertrieb wichtig sind.«

»Ja, ja, das habe ich. Aber ich muß an meine Karriere denken. Zuerst einmal muß ich mein Traineeprogramm abschließen. Mich hat letzte Woche sogar jemand gefragt, ob ich nicht in den Vertrieb wolle. Aber jetzt, wo sich meine Projektlaufbahn so gut anläßt ...«

»Sie haben die Vertriebsposition natürlich abgelehnt«, seufzte der Alte.

»Klar«, sagte ich. »Erstens ist das nicht mein Fachgebiet, zweitens könnte ich mein Traineeprogramm nicht beenden, und drittens weiß ich nicht, ob der Vertrieb etwas für mich wäre.«

»Wo wäre denn der Standort für die Vertriebstätigkeit gewesen?« Er hatte schon wieder diesen neugierigen Unterton in der Stimme, an den ich mich aus unserem Treffen im Zug noch gut erinnerte.

»In Frankfurt«, antwortete ich.

»Im Zentrum der Macht«, ergänzte er. »Sie wissen, wie wichtig es ist, im Zentrum der Macht zu sein? Wenn Sie Karriere machen wollen, dann ist das der einzige Ort, an dem Sie sich aufhalten sollten.«

Regel 3: Bewege dich im Zentrum der Macht – Sei dort, wo die Musik spielt, und nicht dort, wo gearbeitet wird

Es nützt nichts, einen Weltrekord zu laufen, wenn niemand da ist, der ihn beobachtet. Es nützt ebensowenig, wenn er auf einem fünftklassigen Sportfest per Hand gestoppt wird. Niemand wird Notiz davon nehmen. Sich mühsam aus der Provinz hochzuarbeiten, bringt nichts. Wenn solch ein Leichtathlet dann endlich mit der *Crème de la crème* starten darf, kann er seinen Leistungszenit bereits überschritten haben. Dagegen reicht einem anderen (der sich in ein internationales Sportfest mit elektronischer Zeitmessung mogelte) eine einzige Klasseleistung aus, um es zu Ruhm und Reichtum zu bringen.

In großen Unternehmen ist es ähnlich. Nur viel brutaler! Leute, die in der Provinz arbeiten, haben es schwer. Sie sind viel zu weit von den wirklichen Entscheidungsträgern entfernt, um wahrgenommen zu werden. Und das ist schlecht, denn anders als in unserem Beispiel von der Leichtathletik wird ein »Shining Star« im Wirtschaftsleben von seinen direkten Vorgesetzten nicht voller Stolz in den Brennpunkt des Interesses gestellt. Im Gegenteil. Die »Provinzregierungen« in Form der lokalen Geschäftsführer werden versuchen, sich den Schatz so lange als möglich zu sichern: einmal um von ihm zu profitieren, und zum anderen, um ihn unter Kontrolle zu halten – schließlich könnte der Verlust des ausgezeichneten Mitarbeiters ihre eigene Entwicklung gefährden. Deshalb muß der Karrierebewußte stets versuchen, in einer Funktion (und an einem Standort!) zu arbeiten, in der er mit möglichst hohen Vertretern der Hierarchie Kontakt bekommen kann.

Karrieristen sollten darum ihr Berufsleben niemals freiwillig in einer Zweigniederlassung starten. In der Firmenzentrale ist die potentielle Kontaktbasis wesentlich tiefer und breiter. Sie reicht über viele Ebenen vom Abteilungsleiter über Hauptabteilungsleiter, Bereichsleiter, Direktoren bis zum Vorstand. Zudem gibt es Referentenpositionen, die es in der Provinz nicht gibt. Die Chance, in diesem großen Pool eine freie Führungsposition zu ergattern, ist um ein Vielfaches höher als in der Provinz. Zumal man nicht übersehen darf, daß die Zentrale nicht nur die Positionen im eigenen Haus besetzt, sondern auch bei der Besetzung der offenen Managementpositionen in den Zweigniederlassungen ein wichtiges Wort mitredet. Wenn Sie einem Vorstand gefallen, wird er ohne Mühe irgendwo in seinem großen Reich eine prestigeträchtige Position für Sie finden. Der Werksleiter in der Provinz dagegen wird – bei aller ehrlichen Sympathie zu Ihnen – wenig machen können.

Neben dem größeren Potential an Führungspositionen hat die Arbeit in der Zentrale weitere Vorteile. Hier können die über die Jahre hinweg in persönliche Beziehungen getätigten Investitionen bei einer Beförderung reiche Früchte tragen. Gleichgültig, in welche der zahlreichen Führungspositionen ein in der Zentrale »aufgewachsener« Manager aufsteigt: Er kann jederzeit auf die aktive Unterstützung seiner in wichtigen Positionen sitzenden Freunde rechnen. Sie tragen ihm Informationen zu und sind verläßliche Verbündete in kritischen Situationen. Selbst wenn er aus Karrieregründen für einige Zeit mal in die Fremde muß – zum Beispiel als Werksleiter –, steht ihm das in der Zentrale aufgebaute persönliche Netzwerk weiter zur Verfügung. Seine Freunde denken an ihn und setzen sich für ihn ein, wenn es wichtig ist. Anders sieht es bei dem Nachwuchs aus der Provinz aus. Wenn so einer nach langen Jahren endlich den Sprung in die »oberen Ränge« – und damit in die Zentrale – schafft, kann er seine Kontakte, Sponsoren und Förderer in der Provinz vergessen. Sie haben in der neuen Umgebung kein Gewicht mehr. Die Halbgötter der »Kreisklasse« können in der »Bundesliga« nichts für ihn bewegen. Um im Bild des Sports zu bleiben: Selbst der Zeugwart eines Bundesligavereins hat mehr Einfluß auf die Bundesligaspiele, als alle Vereinspräsidenten und Trainer der Kreis- und Bezirksklassen Deutschlands zusammen.

Deshalb muß ein Mann aus der Provinz in der Zentrale ganz von vorn beginnen. Er muß sich in der Zentrale ein Beziehungsgeflecht aufbauen, während seine internen Konkurrenten bereits über große verschworene Netzwerke verfügen. Wer wird wohl im Vorteil sein?

Es ist also eminent wichtig, möglichst nahe an den hohen Entscheidungsträgern zu sitzen und diesen sichtbar zu werden. Je sichtbarer man in einem bestimmten Job ist – bzw. je sichtbarer man werden kann – desto höher ist die Stelle aus Karriereüberlegungen heraus zu bewerten. Es hat schon viele Vorstandsassistenten gegeben, die von ihren Chefs innerhalb weniger Jahre auf Direktorenposten gehoben wurden. Häufig war ihre einzige nachgewiesene Qualifikation der Umstand, daß ihr Gesicht dem Vorstand als das eines ihm loyalen Taschenträgers vertraut war.

Die Möglichkeit, mit den »Chefs seines Chefs« zusammenzutreffen, reicht allein nicht aus. Man muß auch von ihnen wahrgenommen werden. Und das ist in den bevölkerten Zentralen gar nicht so einfach. In vielen deutschen Unternehmen gibt es darüber hinaus noch die Regel, daß man aus der Sorge heraus, der eigene direkte Vorgesetzte könnte sich übergangen fühlen, niemals dessen Chef ansprechen darf. Manchmal gibt es diesbezüglich sogar regelrechte Organisationsanweisungen. In manchen Unternehmen geht das so weit, daß einigen ausgewählten Mitarbeitern – ähnlich einer Prokura – das »Vorspracherecht« verliehen wird. Das erlaubt ihnen dann ganz offiziell, sozusagen mit Brief und Siegel, den Chef ihres Bosses anzusprechen, ohne diesen vorher um Erlaubnis fragen zu müssen. (Soviel zur Flexibilität und Offenheit deutscher Unternehmen).

Wenn Sie Karriere machen wollen, halten Sie sich tunlichst nicht an solche Rede- und Kontaktverbote! Vielleicht müssen Sie etwas vorsichtiger sein. Aber niemals sollten Sie sich davon abhalten lassen, das Wort an die Machtträger zu richten. Schon ein regelmäßiger morgendlicher Gruß auf dem Gang oder in der Toilette – natürlich mit dem richtigen Namen – tut Wunder. Irgendwann fragt sich der Manager mit Sicherheit einmal »Wer ist dieser freundliche Bengel, der meinen Namen nicht nur kennt, sondern ihn auch noch ausspricht?« (Mancher Karriereaspirant hat alleine aus diesem Grund schon viele Stunden auf der Vorstandstoilette verbracht.) Eine andere Möglichkeit ist, wichtigen Leuten eine Frage zu stellen. Grundsätzlich sollten Sie keine einzige Gelegenheit für eine intelligente Frage auslassen. Das kann auf

Mitarbeitertagungen, auf dem Flur oder beim Pinkeln sein. Wichtig ist nur, daß Sie aus dem Meer der Anonymität auftauchen und als Person positiv wahrgenommen werden. Ihre Frage muß leicht beantwortbar sein. Wenn er die Frage nicht beantworten kann oder von Ihnen zu einer ihm unangenehmen Antwort gezwungen wird, wird sich der wichtige Mann Ihr Gesicht ebenfalls merken. Allerdings in einer anderen Kategorie.

Die hohe Sichtbarkeit ist einer der beiden Vorteile, die bei der täglichen Arbeit mit hochrangigen Managern entstehen. Der andere ist die gewonnene Erfahrung im persönlichen Umgang mit wichtigen Menschen. Nur im täglichen Umgang erlebt man nämlich die Atmosphäre der Macht und begreift, wie in ihr gearbeitet wird. Man lernt die Spielregeln und kann sie nach einiger Zeit selbst ganz selbstverständlich anwenden. Das Resultat: man wird locker. Ein »High Potential« aus der Provinz dagegen hat in der Regel so viel Respekt vor den – aus seiner Sicht – beinahe gottgleichen Vorständen, daß er verkrampft und gehemmt wirkt, wenn er wirklich einmal einen von ihnen trifft. Er wird weder so locker noch so mutig sein, wie er sein sollte, um bei dem hohen Tier einen Eindruck zu hinterlassen. Das kann dann bereits die verpaßte Chance seines Lebens gewesen sein.

Es gibt nur zwei Situationen, in denen man in einer Untereinheit eines Unternehmens bleiben kann, ohne seine Karriere ernsthaft zu gefährden. Erstens: Die Untereinheit ist in sich selbst so groß, daß man nahezu grenzenlose Karrierepfade hat. Wer bei Mercedes arbeitet, muß nicht unbedingt zu Daimler Benz wechseln. Aber auch hier gilt die Regel, daß eine Stelle mit hoher Sichtbarkeit beim oberen Management anzustreben ist.

Es kann aber auch sinnvoll sein, in einer Untereinheit zu bleiben, wenn man mit dem Leiter dieser Untereinheit engen Kontakt hat und sich von ihm gefördert fühlt. Die Betonung liegt auf »dem Leiter«. Ein Gruppen- oder Abteilungsleiter reicht nicht aus! Viele Einsteiger »versauern« in entfernten Abteilungen, weil sie diesen simplen Rat nicht beherzigen. Sie klammern sich an die »Zeugwarte der Kreisklassenvereine« und hoffen, daß ihre Arbeit »irgendwann, von irgend jemand« schon einmal bemerkt und honoriert werden wird. Sie glauben, gute Leistungen würden automatisch mit Karriere belohnt. Sie meinen, es reiche aus, wenn ihr direkter Vorgesetzter ihre gute Arbeit sieht. Um es ganz klar zu sagen: Keine dieser naiven Vorstellungen trifft zu! So bequem es sein mag, daran zu glauben, so fatal sind die Auswirkungen für die Karriere.

Wenn Sie bisher nur mit Ihrem Gruppenleiter oder Abteilungsleiter sprechen, sollten Sie entweder (1) dafür sorgen, daß Sie umgehend von den darüberliegenden Managementebenen wahrgenommen werden oder (2) schnell den Wechsel zu einer anderen Stelle suchen, in der Sie näher an der wirklichen Macht sitzen. Denken Sie daran: nur ein einziges Mal einem wirklich wichtigen Mann aufzufallen bringt mehr, als tausendmal von unwichtigen Leuten (die sich zu allem Überfluß auch noch Sorgen um ihren eigenen Job machen müssen) positiv bemerkt zu werden.

Um sich Chancen auf höchste Positionen zu wahren, ist neben der rein »geographischen Nähe« auch die »emotionale« beziehungsweise die »fachliche« Nähe zum Machtzentrum des Unternehmens notwendig. Was bedeutet das? In nahezu jedem Unternehmen gibt es ungeschriebene Gesetze, die ein Weiterkommen begünstigen oder blockieren. Das kann soweit gehen, daß nur ein Vertreter mit der »richtigen« Konfessionszugehörigkeit oder dem »richtigen« Geschlecht die höchsten Positionen besetzen darf. Wenn Sie in solch einem Unternehmen arbeiten und der falschen Konfession oder dem falschen Geschlecht angehören, bleibt Ihnen nichts anderes übrig, als möglichst bald den Arbeitgeber zu wechseln (Konvertierung und Geschlechtsumwandlung wollen wir in diesem Fall als Lösungsoptionen einmal ausschließen.) Aber vielleicht muß ja auch nur der »richtige« Sport ausgeübt werden, und Golfspielen kann man wirklich lernen. Es könnte auch sein, daß man »ein Jahr in den USA gearbeitet« haben muß – nicht weil das von der Personalabteilung so gesagt wird, sondern weil das nahezu alle Vorstände, Direktoren und Hauptabteilungsleiter wirklich auch selbst getan haben – und auch das kann nicht schaden.

Viel häufiger als eine geschlechts- oder konfessionsgebundene Besetzung wird man in den Unternehmen eine »funktionsgebundene« Besetzung der zentralen Positionen finden. In nahezu jedem Unternehmen existiert eine klare »Hackordnung« der Funktionen. Es gibt wichtige und weniger wichtige. Leistungsträger und Kostenträger. Beobachten Sie, welche Qualifikationen in Ihrem Unternehmen den Ton angeben und die entscheidenden Jobs besetzen.

Beachten Sie nicht, wie das Unternehmen nach außen kommuniziert, sondern beobachten Sie, wie es sich wirklich verhält und wer die wichtigen Stellen besetzt. Es gibt haufenweise Unternehmen, die behaupten, innovativ und technikorientiert zu sein. Bei näherer Betrachtung sitzen dort aber ausschließlich Buchhalter oder Juristen in den entscheidenden Machtpositionen. Techniker finden sich erst in der zweiten oder gar erst auf der dritten Ebene. Wenn Sie in diesem Unternehmen ein Techniker sind, haben Sie ein Problem. (Wahrscheinlich haben Sie auch ein Problem, wenn Sie Aktien dieses Unternehmens besitzen, aber das gehört nicht hierher). Natürlich können Sie versuchen, Firmengeschichte zu schreiben. Die Überschrift »Erster Techniker seit fünfzig Jahren im Vorstand der ...« macht sich sicher gut. Aber die Wahrscheinlichkeiten stehen gegen Sie. Und weshalb sollten Sie sich den Kopf an einer Mauer einrennen, wenn es Alternativen gibt?

Aber nicht nur die höheren Positionen sind Ihnen in solch einem Unternehmen verschlossen. Auch die Anzahl potentieller mächtiger Mentoren ist verschwindend gering. Da jeder Mensch dazu tendiert, Leute mit dem eigenen Profil zu protegieren, wird sich der Vorstand einer kaufmannsgeführten Unternehmung mit Sicherheit eher für einen Diplomkaufmann als für einen Ingenieur für die Position eines Geschäftsführers einer Tochtergesellschaft aussprechen. (Und womöglich eher als Gesellschaft für seine Tochter, aber das gehört auch nicht hierher).

Wenn Sie in einem Unternehmen sind, in dem Ihre jetzige Tätigkeit nur den Rang einer »Hilfswissenschaft« oder eines »Kostenträgers« besitzt, bleiben Ihnen wieder nur zwei Möglichkeiten, wenn Sie sich nicht mit einem Karriereende in der dritten oder zweiten Ebene zufrieden geben wollen:

1. Wechseln Sie umgehend in die Kernkompetenz des Unternehmens! Falls Sie dies nicht können oder nicht möchten – schließlich will nicht jeder noch ein Zweitstudium anhängen – bleibt nur der zweite Weg:
2. Verlassen Sie das Unternehmen und wechseln Sie zu einem Unternehmen, bei dem Ihr Wissen die Kernkompetenz darstellt. Der Wechsel sollte möglichst sofort geschehen.

Die einzige legitime Ausnahme ist, daß Sie innerhalb Ihres jetzigen Unternehmens eine unverhältnismäßig schnelle Karriere (bis dorthin, wo es nicht mehr weiter geht) erwarten und gleichzeitig eine Branche sehen, in der Ihr Know-how gefragt ist. Dann arbeiten Sie allerdings nicht nur für die Karriere in ihrem jetzigen Unternehmen, sondern auch bereits daran, Ihre Chancen in anderen Unternehmen zu fördern, indem Sie umgehend mit Ihrer Zielbranche in Kontakt treten und dort ein Netzwerk aufzubauen beginnen.

Fazit: Es gibt tausend Tips, wie man in einem Unternehmen schnell Karriere macht. Der Rat, sich im »geographischen« Zentrum der Macht aufzuhalten, ist einer der zentralen. Wenn Ihnen das nicht reicht, müssen Sie aktiv werden und versuchen, sich in das »emotionale Zentrum« zu begeben. Nötigenfalls bei einem anderen Unternehmen.

»Das ist ja alles schön und gut«, fiel ich dem Alten ins Wort. »Aber für mich spricht es doch gerade dagegen, in den Vertrieb zu gehen! ISG ist ein Unternehmen, das DV-Integrationsprojekte durchführt. Unsere Kernkompetenz ist das Consulting.« Weiser hatte sich selbst widersprochen. Ich war ein wenig stolz darauf, ihn dabei erwischt zu haben.

»Ach ja?« Er klang ganz und gar nicht wie jemand, der sich ertappt fühlt. »Seien Sie vorsichtig. Sie müssen schon ein wenig genauer hinsehen. Aus welcher Laufbahn kommt denn Ihr deutscher Geschäftsführer?«

»Nun, der kommt aus dem Vertrieb«, gab ich zu. »Aber das ist wahrscheinlich eine Ausnahme.« Obwohl ... beide Geschäftsführer der deutschen ISG GmbH waren ehemalige Vertriebsleute. »Ihre ganze Machtzentrum-Theorie stimmt nicht«, stellte ich fest. »Unser gesamtes Topmanagement kommt aus einer Laufbahn, die nicht der Kernkompetenz von ISG entspricht.«

»Falsche Schlußfolgerung, junger Mann«, erwiderte der Alte. »Betrachten Sie einmal ganz nüchtern Ihr Unternehmen: Die Beratungsmethoden, die Tools, die Konzepte, alles was Sie hier einsetzen, kommt aus den USA, aus Ihrem Headquarter. Es würde mich nicht wundern, wenn dort auch wirklich Leute aus der Fachlaufbahn an der Spitze stehen würden. Aber hier in der deutschen Niederlassung ist das Hauptziel, diese Konzepte und Tools möglichst gewinnbringend an den Mann zu bringen. Daß das ganze auch noch umgesetzt werden muß, ist schon klar. Dafür braucht ISG Arbeiter, man nennt sie bei euch Consultants. Aber die Musik spielt hier ganz klar im Vertrieb. Richtig?«

Wie ich das haßte, bei diesen Diskussionen am Ende stets klein beigeben zu müssen. »Na gut, Sie haben recht. Nur hilft mir das nicht weiter. Denn unsere Personalabteilung hat strikte Richtlinien, nach denen Karriere bei ISG möglich ist. Und dazu gehört eines garantiert nicht: Ein

Traineeprogramm vorzeitig abbrechen. Und wenn schon die Personalabteilung so etwas sagt ...«

Er unterbrach mich. »Ein Wort noch zum Thema Personalabteilung, mein Freund. Dazu gibt es eine kurze, präzise Regel.«

Regel 4: Verlasse dich niemals auf die Personalabteilung

Wer sich auf die Karriereförderung der Personalabteilung verläßt, ist verlassen.

Die Personalabteilung ist wahrscheinlich (wenn überhaupt) die einzige Abteilung im ganzen Haus, die an die »mustergültige Karriere« glaubt. Sie wird einen neu eingestellten Mitarbeiter »Managementnachwuchs« oder »High Potential« nennen, ihn durch langwierige Traineeprogramme schleusen, zu Auslandsaufenthalten schicken, Entwicklungsassessments unterziehen und ihm dabei immer sagen, daß er »das Geschäft von der Pike auf lernen muß«, »noch zu jung für die Verantwortung« sei und im Augenblick »dafür qualifiziert werde, in einigen Jahren wichtige Positionen zu besetzen«. Die Personalabteilung wird stets für den langsamen, soliden und sicheren Aufstieg sprechen. Das ist alles richtig und gut.

Der einzige Nachteil dabei: Während sich die Trainees blauäugig auf die kommenden Herausforderungen vorbereiten, machen andere am Traineeprogramm vorbei Karriere und besetzen jene Stellen, die die Leute im Traineeprogramm später gerne gehabt hätten. Die Personalabteilung wird den armen Trainees dann mitteilen müssen, daß sie nun »leider zu alt seien, da sowohl der Hauptabteilungsleiter als auch der Direktor jünger seien als sie«.

Was immer Ihnen der seriöse Herr mit der angenehmen Stimme beim Einstellungsgespräch über die Wichtigkeit der Personalabteilung erzählte: Tatsache ist, daß in deutschen Unternehmen die Personalarbeit in der Hackordnung ganz weit unten steht. (Was für viele Unternehmen ein Drama ist, denn gerade in einer sich rapide wandelnden Informations- und Know-how-Gesellschaft sollte das Management der »Ressource«-Mitarbeiter eine zentrale Stellung einnehmen – tut es aber leider nicht!) Entsprechend sieht die Besetzung der Top-Positionen im Personalwesen aus. Personalleiter sind oft Fossilien aus einer vergangenen Zeit. Verglichen mit ihnen sind selbst die Mitarbeiter im Finanzbereich dynamisch und innovativ. Vergessen Sie die Sonntagsreden von Personalleuten, die davon handeln, man wünsche sich »Querdenker«, »Leute mit anderen, interessanten Lebensläufen«, »neue Ideen« und so weiter. Deutsche Personalchefs werden solche Leute im Leben nicht einstellen. Wann immer die Fachabteilung wirklich einmal einen untypischen Mitarbeiter oder Manager mit neuen Ideen einstellen will, wird sich der Personalleiter dagegen stemmen.

Um eines klarzustellen: Die Fachabteilungen unterlaufen nicht willentlich und bösartig die Anstrengungen der Personalabteilung. Aber sie befinden sich häufig in einer Situation, in der plötzlich eine überraschend vakant gewordene Position zu besetzen ist. Was soll denn der arme Hauptabteilungsleiter, dem der Abteilungsleiter davongelaufen ist, tun? Die Stelle mit einem hochqualifizierten Mitarbeiter besetzen, der in den vergangenen zwei Jahren in dieser Abteilung bewiesen hat, was er kann? Oder auf einen Trainee warten, der erst in sechs Monaten mit seinem Programm fertig ist, keine Erfahrung in dem Themengebiet hat und den er darüber hinaus auch nicht richtig kennt? Diese Entscheidung ist sehr schnell getroffen! Die Fachabteilungen lösen Probleme, wenn sie da sind – und eine Beförderung ist in ihren Augen nichts anderes als eine Problemlösung. Sie haben nicht die Zeit, darauf zu warten, daß der Plan der Personalabteilung und die Wirklichkeit des Alltags einmal zusammenfallen. Natürlich versuchen sich die Personalabteilungen für ihre Schutzbefohlenen einzusetzen. Aber welche Argumente haben sie denn, wenn der Hauptabteilungsleiter sagt: »Ich bin hier mitten im Umbau. Wenn das Projekt nicht bis zum 31.12. erfolgreich beendet ist, kostet uns das zwei Millionen. Wollen Sie persönlich die Garantie dafür übernehmen, daß es dieser Grünschnabel wirklich schafft?« Der Personalleiter wird sich hüten. Zähneknirschend muß er also zusehen, wie eine Managementstelle nach der anderen mit Leuten besetzt wird, die nicht im Traineeprogramm (oder wie man auch immer den offiziellen Karriereweg in dem Unternehmen nennt) waren.

Fazit: Die Angebote der Personalabteilung für den sogenannten Führungsnachwuchs sind gut und schön. Selektieren Sie sich all das heraus, was Sie für sich als nützlich empfinden. Aber verfallen Sie nie dem Irrglauben, die Personalabteilung wäre für Ihre Karriere verantwortlich. Das sind alleine Sie. Wenn Sie ein Angebot von einer Fachabteilung bekommen, sollten Sie es deshalb sehr genau prüfen. Denn nur die Fachbereiche sprechen Beförderungen aus. Nicht die Personalabteilung. Die erledigt lediglich den damit zusammenhängenden Papierkram.

Nun nahm mir der Alte auch noch den letzten Strohhalm. »Aber wem kann ich denn dann überhaupt noch glauben, wenn nicht einmal mehr der Personalabteilung?« stieß ich verzweifelt hervor.

»Niemandem.« Die Antwort gefiel mir zwar überhaupt nicht, aber sie ließ an Klarheit nichts zu wünschen übrig.

»Aha.« Mir fiel nichts mehr ein. Sendepause. Da der Alte auch keine Anstalten machte, das Gespräch wieder zu beleben, hingen wir wohl einige Minuten sprachlos in der Leitung. Dann riß ich mich zusammen und fragte: »Und was nun?«

»Schlafen Sie eine Nacht darüber.« Er klang fast fürsorglich. »Lassen Sie sich noch einmal durch den Kopf gehen, was ich Ihnen heute gesagt habe, und entscheiden Sie morgen, ob Sie nicht doch einmal mit dem Vertriebsmann in Frankfurt sprechen wollen.« Er machte eine kurze Pause. »Sie wollen doch Karriere machen, oder?«

»Ja«, antwortete ich bestimmt.

»Gut«, sagte er. »Wir hören voneinander. Gute Nacht.« Er legte auf. Ich fiel in einen unruhigen Schlaf.

Der nächste Tag begann früh. Um 8 Uhr morgens traf sich mein Projektteam zum wöchentlichen Statusmeeting. Ich sah kaum aus den Augen, so müde war ich. In meinen Träumen war ich dem Rat des Alten gefolgt und hatte die Personalabteilung ignoriert. Zur Strafe hatte der Personalleiter die gesamte Belegschaft zu einer Versammlung einberufen, nur um mich vor aller Augen mit Schimpf und Schande aus der Firma zu jagen. Schrecklich.

Der Projektleiter hatte gute Nachrichten. Bei dem Projekt ging es um die Einführung eines Management-Informationssystems. Und nach langen Diskussionen mit der DV-Abteilung hatte sich der Kunde davon überzeugen lassen, daß er eine speziell für ihn entwickelte Benutzeroberfläche für das System brauchte. Für uns bedeutete das mehr Consulting-Umsatz und eine interessante Aufgabe. Für mich persönlich hieß es, daß ich mir wirklich überlegen konnte, nach München zu ziehen. Das Projekt war für mindestens ein weiteres Jahr gesichert. Endlich konnte ich mein Versprechen Anna gegenüber einlösen. Ich hatte ihr versichert, daß wir gemeinsam eine Wohnung nehmen würden, sobald sich für mich ein etwas konstanterer Arbeitsort abzeichnen würde. Ein gemeinsamer Stützpunkt in München. Eine Wohnung, in der wir uns öfter sehen würden als nur am Wochenende. Ich freute mich darauf, Anna die gute Nachricht zu überbringen.

Die Tür zum Besprechungsraum flog auf und riß mich jäh aus meinen Tagträumen. »Kommando zurück! Wir machen alles anders!« Der für den Kunden zuständige Vertriebsbeauftragte stand im Raum und gab mit seinen Armen Stopsignale, als gelte es, eine Lokomotive aufzuhalten. Zehn Augenpaare starrten ihn fragend an. »Gerade hat die Geschäftsleitung unterschrieben. Der Kunde kauft 300 Lizenzen ManagementView Plus. Das ist Standard-Software für die Benutzeroberfläche.

»Aber ...« Der Projektleiter versuchte ihn zu unterbrechen.

»Nichts für ungut«, grinste der Verkäufer. »Ihr habt auf einem Nebenkriegsschauplatz gekämpft. Aber ihr habt einen super Job gemacht. Während sich die Fachabteilung hier mit Make or Buy beschäftigt hat, konnte ich in aller Ruhe und ohne großen Wettbewerbsdruck abschließen. Der Umsatz ist fast der gleiche wie bei der Neuentwicklung. Nur haben wir auf ManagementView Plus 50% Marge. Nicht nur die 30%, bei denen wir im Schnitt bei Entwicklungsprojekten herumkrebsen.« Während er sprach, blätterte er in seinem Terminkalender. »Heute habe ich keine Zeit mehr. Ich schlage vor, wir sehen uns morgen ... nicht zu früh … sagen wir um 10 Uhr. Ändern Sie bis dahin doch schon einmal die Projektpläne entsprechend ab.« Und weg war er.

Neun Augenpaare starrten immer noch fragend, diesmal auf den Projektleiter. Aus dessen Gesicht war die Farbe gewichen. »Na gut«, preßte er nach einer Weile zwischen den Zähnen hervor, »dann laßt uns mal den Projektplan überarbeiten.«

Am nächsten Morgen saß ich im ICE nach Frankfurt. Das Ereignis am Vortag hatte mir die Augen geöffnet. Im Kopf spielte ich verschiedene mögliche Gesprächsverläufe durch. Ich formulierte Antworten auf all die Fragen, die zu erwarten waren. Zugegebenermaßen ist das ganz schön knapp, sich erst auf der Fahrt zu einem Bewerbungsgespräch darauf vorzubereiten. Aber wer rechnet denn schon damit, von heute auf morgen einen Termin bei einem Distriktleiter zu bekommen? Fünf Minuten nach dem Showdown auf dem Projektmeeting vom Vortag hatte ich den Besprechungsraum verlassen und in Frankfurt angerufen. Der Sekretärin des Distriktleiters hatte ich erzählt, ich wäre die nächsten Tage in Frankfurt und würde gerne das Angebot zu einem Gespräch mit ihrem Chef wahrnehmen. Eine Minute später hatte ich einen Termin für den nächsten Tag gehabt. Ich grübelte. Sollte ich einfach ganz ehrlich sein und zugeben, daß ich mir in der Vertriebslaufbahn bessere Karrierechancen ausmachte? Ich ertappte mich dabei, wie ich überlegte, was wohl der Alte dazu sagen würde. Ich kam zu dem Schluß, daß er mich ob dieser Ehrlichkeit schlichtweg für zu naiv für diese Welt erklären würde. Also wählte ich eine andere Strategie. Ich überlegte mir, was Ralf Sonntag, der Distriktleiter, wohl erzählen würde, wenn er mit seinem Beruf angeben wollte. Mir fielen Dinge ein, wie »da sein, wo das Business wirklich gemacht wird«, »in schwierigen Verhandlungen die eigene Überzeugung durchsetzen«, »in größeren Dimensionen denken, als die detailverliebten Techniker«, letztlich »der wahre Motor des Unternehmens sein«. Und weil mich diese Dinge faszinierten, deshalb wollte ich in den Vertrieb. Der wahre Grund wäre letztlich, daß ich so sein wollte wie er. Vertrieb hat viel mit Schauspiel zu tun, so viel hatte ich schon mitbekommen, und das Bewerbungsgespräch würde meine erste Vorstellung sein.

Ein paar Stunden später hatte ich den Posten.

Diesmal hatte ich wirklich das Gefühl, dem Alten Dank zu schulden.

Ohne unser Telefonat am Abend vorher hätte ich nie die Konsequenzen aus dem Ereignis beim Projektmeeting gezogen. Ich wäre als Projektmanager geendet, von einem Magengeschwür gezeichnet und hilflos höheren Entscheidungen ausgeliefert. So malte ich es mir zumindest aus. Nun dagegen gehörte ich zu den Samurais dieses Wirtschaftssystems. Edle Kämpfer, oft auf sich allein gestellt, die Kaste, die dafür sorgt, daß die anderen Mitarbeiter in Lohn und Brot stehen. Diejenigen, die das Geld bringen. Nun, jedenfalls hatte ich keine Probleme, mich mit meinem neuen Beruf zu identifizieren. Ein höheres Gehalt, ein Firmenwagen und ein Büro für mich allein in Frankfurt halfen da sicher ein wenig nach. Ich rief den Alten an, um ihm zu berichten.

»Na, das ging aber schnell«, grüßte er mich.

»Ja, ich hatte ein Erlebnis, das Ihre Theorie vom Zentrum der Macht bei ISG bestätigt hat. Ich bin jetzt im Vertrieb.« Ich war stolz darauf, so schnell gehandelt zu haben.

»Sehr gut!« Er klang für seine Verhältnisse richtig euphorisch. »Sie sind auf dem richtigen Weg. Das Spiel beginnt jetzt.« Er überlegte kurz. »Ich werde für eine Weile verreisen«, sagte er dann, »aber ich möchte Ihnen vorher noch einen kleinen Tip geben, der jetzt für Sie besonders wichtig wird.«

Darauf hatte ich ehrlich gesagt gehofft. »Ich bin ganz Ohr«, antwortete ich.

Regel 5: Sei gut mit Menschen

Seien Sie gut mit Menschen! Seien Sie gut mit Menschen!! Seien Sie gut mit Menschen!!!

Diese Regel ist für jeden, der Karriere machen möchte, so wichtig, daß man sie nicht häufig genug wiederholen kann. Wer glaubt, sie nicht verinnerlichen zu können, sollte die Lektüre an dieser Stelle abbrechen, ein Bier trinken gehen und das Buch als »kaum gebraucht« weiterverkaufen. Warum? Einfach deshalb, weil Karriere immer etwas mit Hierarchien zu tun hat, mit Hierarchiestufen, auf denen man Menschen über sich, neben sich und unter sich hat. Womit wir wieder bei der Regel sind: Sei gut mit Menschen. (Wobei man das auf keinen Fall mit »sei gut *zu* Menschen« verwechseln darf). Nur, wer mit ihnen umzugehen versteht, wird weiterkommen.

Je mehr Ebenen und je mehr Menschen man in einem Unternehmen unter sich hat, desto wichtiger und mächtiger ist man. Deshalb kämpfen Manager bei Jahresplanungen viel intensiver um die Anzahl ihrer Personalstellen – auf gut neudeutsch »Headcount« – als beispielsweise um das Finanzbudget. Sie wissen, daß eine bestimmte Personalausstattung zwangsläufig den entsprechenden Etat nach sich zieht.

Wer in Deutschland Karriere machen will, muß Manager werden. Glauben Sie nicht, auch »Fachkarrieren« seien möglich. Im Endeffekt werden solche Leute hoch bezahlte Spezialisten, die wenig Einfluß auf das politische Umfeld haben. Das merken sie spätestens dann, wenn die wirklichen Entscheidungsträger feststellen, daß sie »eigentlich viel zu teuer« sind und ihre Arbeit »auch von zwei billigen und ehrgeizigen Jungs von der Uni« gemacht werden könnte. Also muß man Manager werden. Und Manager haben nur eine einzige Aufgabe: Sie müssen managen!

Managen hat viel weniger mit Planen, Steuern und Kontrollieren zu tun, als uns die Managementtheorie einreden will – das sind alles Tätigkeiten, die auch an einen Stab, notfalls sogar an die Sekretärin delegiert werden können. Managen hat vielmehr etwas mit der Motivierung von Menschen zu tun. Dazu muß ein Manager in der Lage sein, mit Menschen umzugehen. So wie ein Controller »gut mit Zahlen« und ein Mechaniker »gut mit Maschinen« sein muß, so muß ein Manager »gut mit Menschen« sein. Vollkommen zurecht wird darauf hingewiesen, daß dies das einzige – wirklich das einzige!

– Ausschlußkriterium für einen Manager ist. Ein Manager, der »kein Gefühl für Menschen« hat, wird es ebenso weit bringen, wie ein Zimmermann, der »kein Gefühl fürs Holz« besitzt, oder ein Buchhalter, dem das »Gefühl für Zahlen und absolute Korrektheit« abgeht.

Manager werden nicht für das eingestellt, was sie selbst mit ihrer eigenen Arbeitskraft und ihrem eigenen Wissen bewirken, sondern für das, was sie mit Hilfe ihrer Mitarbeiter bewegen. Jemand, der andere Menschen nicht dazu bringen kann, das zu tun, was er für richtig hält, ist als Manager vollkommen fehl am Platz. Er ist besser in einer Stabsabteilung oder als Sachbearbeiter aufgehoben. Vor zwanzig Jahren hätte solch ein fachlich hervorragender Mitarbeiter vielleicht noch die Karriereleiter hochsteigen können. Damals war den deutschen Mitarbeitern die Hierarchiegläubigkeit regelrecht ins Rückenmark eingepflanzt. Doch die Zeiten sind vorbei, in denen jemand allein »per Visitenkarte« Autorität hatte. Die heutigen Büros und Werkshallen sind zunehmend von hochqualifizierten Mitarbeitern bevölkert. Die sind durchaus in der Lage, selbständig zu denken, und nehmen sich unverschämterweise heraus, dies auch zu tun. Schlimmer noch: Sie werden von modernen Managementkonzepten wie »flache Hierarchien«, »Verlagerung von Entscheidungen nach unten« etc. sowie solchem Teufelszeug wie »Job Enrichment« oder dem schrecklichen Bild des eigenständigen »Knowledge Workers« sogar in ihrer aufrührerischen Grundhaltung unterstützt. Wer sich bei solchen Leuten nicht durchsetzen kann – nicht per Visitenkarte, sondern als Person (oder besser: als Persönlichkeit) –, wird nicht nur fachlich, sondern auch persönlich Schiffbruch erleiden und bald die Federn der Couch eines Psychiaters platt drücken. Nur wer den Zugang zu diesen Menschen (den Mitarbeitern, nicht den Psychiatern) hat, kommt weiter.

Gerade in Ihrem allerersten Job (besser schon viel früher!) sollten Sie sich vordringlich darauf konzentrieren, »so richtig gut mit Leuten« zu werden. Man muß das nämlich üben und kann also gar nicht früh genug damit anfangen. Und außerdem werden Sie es später nie wieder so einfach haben, in kurzer Zeit derart viele wertvolle Kontakte zu knüpfen. Man ist neu, man ist jung, und man ist voller Ideen. Und man ist einer von vielen, denen es ähnlich geht. Man wird von den anderen im Augenblick noch weniger als Wettbewerber um eine Führungsposition, denn als ein Schicksalsgenosse oder als der unbedarfte Neue angesehen.

Clevere Leute knüpfen in den ersten Monaten ihrer Berufstätigkeit ein Netzwerk von Bekanntschaften, das ihnen über viele Jahre hinweg ermöglicht, den internen Wettbewerbern stets einen Schritt voraus zu sein. Das Netzwerk, das man sich in seiner »Zeit als gemeiner Soldat« schafft, ist so tragfähig wie kaum ein anderes. Die Duzfreunde der ersten Monate sind extrem treu, und je weiter man selbst aufsteigt, desto treuer werden sie. Sie sonnen sich im Lichte des Erfolgreichen. Sie erzählen jedem mit Begeisterung, daß sie damals gemeinsam mit »Klaus« (Wolfgang, Inge, Günter etc.) im Unternehmen angefangen haben und genießen die daraus resultierende erstaunte Rückfrage »Wie? Sie kennen Herrn/Frau Schmidt, (Meier, etc) persönlich?« Das sind dann die Leute, die man jederzeit anrufen kann, um an allen formalen Prozessen vorbei tatsächliche Sachverhalte herauszubekommen. Es sind diese Leute, die einem vertrauliche Informationen zuspielen. Sie berichten einem auch dann noch ehrlich über die wirkliche Stimmungslage an der Basis, wenn man selbst schon so weit abgehoben ist, daß man Gefahr läuft, vor lauter Jasagern den Boden unter den Füßen zu verlieren.

Daraus ergibt sich zwingend folgende Einsicht: Es gibt per se keine unwichtigen Menschen! Jeder – von der Putzfrau über den Pförtner bis zum Vorstand – kann für Sie irgendwann einmal wichtig werden. Das gleiche gilt auch für Menschen außerhalb des Unternehmens. Wer sagt Ihnen denn, daß der zufällige Mitreisende im Zug nicht der Vorstand eines Unternehmens ist, das im Augenblick genau so einen Mann wie Sie sucht? Woher wollen Sie wissen, daß Ihnen der Mitesser an der Würstchenbude keine wichtige Information geben kann? Nahezu jeder Topmanager kann Geschichten erzählen, bei denen er über ganz seltsame Wege Dinge erfuhr, die ihm sehr weitergeholfen haben. Viele Unternehmen sind nur deshalb groß geworden, weil einer »zufällig« (eben nicht!), etwas von einem Fremden aufschnappte.

Beziehen Sie möglichst viele Menschen in Ihr Netzwerk ein. Gleichgültig auf welcher Ebene und in welcher Funktion: Die Menge zählt! Und natürlich die Anzahl der Interaktionen! Wenn Sie Ihr karriererelevantes Netzwerk einem »Qualitätscheck« unterziehen wollen, brauchen Sie sich nur folgende drei Fragen zu beantworten:

1. Wie hoch ist der Anteil der Kollegen aus *anderen* Fachabteilungen und von *anderen* Standorten in meinem Bekanntenkreis?

2. Wie hoch ist der Anteil der berufsrelevanten *externen* Kontakte (Lieferanten, Kunden, Konkurrenten, Verbände, etc. etc.)?
3. Wie stark werde ich von den Kontakten als wichtig, liebens- oder bewundernswert erlebt?

Wenn sich die Kontakte außerhalb Ihrer eigenen Abteilung nicht auf mindestens sechzig Prozent addieren, haben Sie ein ernstes Qualitätsproblem. Ähnlich ist es, wenn Sie zwar die Menschen kennen, sich diese aber beim besten Willen nicht an Sie erinnern können. Wichtig: Die Hierarchiestufe der Kontakte ist für die Qualität des ersten Netzwerks weniger relevant als die Vertrautheit. Nehmen Sie deshalb nur die Namen solcher Leute auf, mit denen Sie auf gutem Fuß stehen. Seien Sie dabei kritisch. Beschränken Sie die Liste z.B. nur auf diejenigen, mit denen Sie sich duzen; oder auf diejenigen, mit denen Sie regelmäßig essen gehen; oder auf diejenigen, mit denen Sie mindestens alle zwei Wochen telefonieren (und dabei auch über Privates reden). Wenn Ihre Bekannten gut sind, werden sie über die Jahre hinweg ebenfalls aufsteigen. Aber auch wenn sie selbst keine Karriere machen sollten, so sind sie um so dankbarere Mitstreiter für die »große« (nämlich Ihre) Sache.

Wer ein Netzwerk aufbaut und es aktiv am Leben erhält, empfiehlt sich dem Management ganz von alleine für eine Position mit Personalführung. Gleichzeitig übt er dabei Praktiken ein, die ihm in seiner ersten Position mit Personalverantwortung das Überleben ermöglichen. Und er schafft sich eine Hausmacht, die ihn stützt und deckt, wenn es zu Beginn oder zwischendurch einmal nicht so gut läuft.

Es dürfte nun klar sein, daß es für einen Manager wichtig ist, »gut mit Menschen zu sein«. Wesentlich schwieriger ist die Frage zu beantworten: Wie ist man es? Die Antworten dazu sind so vielfältig wie das Leben. Aber bestimmte Verhaltensformen sind gemeinhin erfolgversprechender als andere.

Die erste Regel lautet: *Interessant sein!* Ihre Kollegen sind nicht anders als Sie selbst: sie möchten gerne mit interessanten Leuten zusammen sein und hassen Langweiler wie die Pest. Also seien Sie interessant! Natürlich können Sie dazu ein verwegenes Auto fahren, verrückte Krawatten und einen Ring in der Nase tragen. Viel wichtiger ist aber, daß Sie gut erzählen können und das auch ausführlich tun. Gewöhnen Sie sich eine emotionale Sprechweise an. Reden Sie mit Händen und Füßen. Lassen Sie die anderen an Ihrem Leben teilnehmen. Erzählen Sie von Ihrer Arbeit. Von Ihren Kontakten. Von Ihren Problemen. Schneiden Sie nicht auf, aber überzeichnen Sie immer etwas. Sie können Dialekte nachmachen? Super! Das ist die halbe Miete! Jeder, der schauspielern kann, hat einen riesigen Vorsprung. Die Leute wollen unterhalten werden, und es ist Ihre Aufgabe, daß sie auf ihre Kosten kommen. Sie wollen von diesen Leuten etwas und müssen dafür etwas geben. Nichts ist tödlicher im Umgang mit Menschen als ruhig und unauffällig zu sein. Sollten Sie unglücklicherweise zu den Menschen gehören, die einfach nicht aus ihrer (introvertierten) Haut heraus können, haben Sie – was die wirklichen Top-Positionen angeht – die schlechtesten Karten, die man sich vorstellen kann.

Regel Nr. 2: *Sichtbar sein!* Auch das ist sehr, sehr bedeutsam. Tatsache ist: Man nimmt nur denjenigen wichtig, den man wahrnimmt. Vielleicht haben Sie schon einmal die Situation erlebt, in der jemand ein Büro oder ein Lokal betrat und fragte, ob ein gewisser Herr X dagewesen sei, und keiner zu sagen wußte, ob ja oder ob nein? Die Schlußfolgerung: Dieser Herr X war für die Anwesenden unwichtig. Es spielte keine Rolle, ob er da war oder nicht. Ja, es war sogar vollkommen belanglos, ob es ihn überhaupt gab. Wenn solch ein Herr X morgen stirbt, kann sich niemand mehr an sein Gesicht erinnern. Und niemand kann ihn vergessen, weil ihn eigentlich überhaupt niemand jemals zur Kenntnis genommen hat. Deshalb: Wenn Sie einen Raum betreten, dann stellen Sie sicher, daß man Sie wahrnimmt. Schütteln Sie Hände. Wenn es sein muß: brüllen Sie. Aber sorgen Sie dafür, daß man Sie bemerkt!

Ein in der Politik sehr erfahrener Mann beschrieb einmal eine Vorbereitungssitzung für den Wahlkampf eines amerikanischen Präsidentschaftskandidaten. Die Sitzung war bereits im vollen Gange, als sich leise die Tür öffnete. Der Kandidat betrat den Raum auf leisen Sohlen und setzte sich im Hintergrund still auf einen Stuhl. Denjenigen, die ihn eintreten sahen, bedeutete er mit einer Handbewegung, er wolle die Sitzung nicht stören. Der erfahrene Mann (ich würde ihn gerne beim Namen nennen, wenn er mir nur wieder einfiele) bemerkte dazu spontan: »Dieser Mann wird nie im Leben Präsident.« Und wirklich, der Kandidat fiel bei den Wahlen durch.

Es ist viel besser, negativ aufzufallen, als überhaupt nicht. Im englischen Sprachraum gibt es ein Sprichwort, das dies gut veranschaulicht. »The squeaky wheel gets the grease.«

Regel Nr. 3: *Erfüllen Sie die Bedürfnisse Ihrer Mitmenschen!* Die Aussage, »dieser Mensch ist mir sympathisch«, ist eigentlich nichts anderes, als eine Umschreibung für »dieser Mensch erfüllt meine Bedürfnisse sehr gut«. Wer Karriere machen will, braucht die ausgefeilten Modelle und Bedürfnishierarchien der Soziologen nicht zu kennen. Er braucht sich nur zu fragen: Was mag ich gerne? Was hasse ich?

Solange Sie kein Zombie oder ein Wesen vom anderen Stern sind, werden Sie sich bezüglich der meisten Bedürfnisse nicht wesentlich von Ihren Mitmenschen unterscheiden. Tun Sie also das, was Sie gerne selbst an sich erfahren und lassen Sie das bleiben, was Sie nicht mögen:

1. Erkennen Sie den anderen als Menschen an. Das bedeutet, Sie haben seinen Namen zu kennen und ihn auch zu benutzen. Untersuchungen zeigen, daß das meistgeliebte Wort der Menschen der eigene Name ist! Verabschieden Sie sich deshalb von »Du« oder »Sie« und nennen Sie das Kind beim Namen. Grüßen Sie den anderen, wenn Sie ihn sehen! Erinnern Sie sich daran, daß seine Frau einen Englischkurs besucht und fragen Sie ihn danach. Schicken Sie ihm zum Geburtstag ein e-mail. Reden Sie mit ihm länger als drei Sätze! Hören Sie ihm zu, wenn er ihnen etwas erzählt! Haben Sie auch vor Berührungen keine Angst.
2. Zeigen Sie sich selbst als Mensch. Seien Sie kein Neutrum, das nur aus Arbeit besteht. Erzählen Sie von sich und Ihrer Familie. Zeigen Sie Gefühle. Leute mit gelegentlichen cholerischen Anfällen sind wesentlich beliebter als Phlegmatiker, das sollte Ihnen zu denken geben.
3. Lassen Sie den anderen Erfolgserlebnisse zukommen. Sprechen Sie wann immer möglich Anerkennung aus und tun Sie es möglichst vor vielen Leuten. Wenn Sie einer höheren Hierarchieebene angehören oder bekannt sind, kommt schon alleine ihre Begrüßung mit dem Namen einer Auszeichnung gleich. Mit der Namensnennung nehmen Sie den so Angesprochenen offiziell in den Kreis der Insider auf. Stellen Sie ihn anderen vor. Oder noch viel simpler: Gehen Sie gelegentlich mit ihm ein Bier oder einen Kaffee trinken! Oder: Fragen Sie ihn einfach einmal nach seiner Meinung zu einem Thema! Sie erhalten eine zusätzliche Sicht und einen motivierten Kollegen. Der oben genannte Präsidentschaftskandidat hat all das vernachlässigt. In seinem Bemühen, die Sitzung nicht zu stören, hat er allen Teilnehmern die Anerkennung verwehrt, die sie als seine Helfer verdient

hatten. Wenn er wie ein Stier in die Versammlung hereingeplatzt wäre, Hände geschüttelt und dabei gedonnert hätte, »wie verdammt wichtig der Job ist, den Sie da gerade machen« und nach drei Minuten wieder verschwunden wäre, hätte er viel mehr Motivation bei seinen Leuten erreicht.

4. Erweisen Sie gelegentlich kleine Gefälligkeitsdienste. Kleine Geschenke erhalten bekanntlich die Freundschaft. Wenn Sie einen Rat geben oder eine hilfreiche Information weiterreichen können, sollten Sie es tun. Der geringe Aufwand lohnt sich!
5. Hören Sie zu! Dies ist die schwierigste Regel, denn es ist schwer, gleichzeitig »Power«-Mensch und aufmerksamer, stiller Zuhörer zu sein. Aber Sie müssen es schaffen. Geben Sie den Menschen, die Ihnen etwas erzählen, den Eindruck, daß Sie ehrlich an ihren Informationen und Einsichten interessiert sind. Schauen Sie nicht ständig auf die Uhr und unterbrechen Sie sie nicht. Wenn ein dynamischer Mensch wie Sie einem anderen aufmerksam zuhört, hat das ein besonderes Gewicht. Aber wichtiger noch als die Außenwirkung: Sie brauchen Informationen aus erster Hand so dringend wie die Luft zum Atmen. Wenn Sie nicht bereit sind zuzuhören, dann fehlt Ihnen eine wichtige Säule für Ihre Karriere: Information.

Regel Nr. 4: *Seien Sie positiv!* Es wurde schon unendlich viel über das positive Denken geschrieben, und das meiste davon stimmt. Lassen Sie sich nicht nach unten ziehen. Lamentieren Sie nicht stundenlang darüber, was alles schlecht ist, sondern reden Sie mit den Leuten darüber, wie man etwas besser machen kann. Sprudeln Sie vor neuen Ideen! Schimpfen Sie dagegen möglichst wenig über das Schlechte! Vor allem nicht über das in anderen Bereichen. Weshalb? Weil es gut sein kann, daß Sie demnächst dafür verantwortlich sein werden und dann feststellen müssen, daß an dem Zustand aus Sachzwängen nichts geändert werden kann.

Ein englisches Sprichwort lautet: »Lead, follow or get out of the way.« Genau das sollten Sie tun. Gehen Sie mit neuen Ideen in Führung. Unterstützen Sie andere bei guten Ideen. Rumnörgeln gilt dagegen nicht. Lassen Sie die anderen in ihr Unglück rennen, wenn Sie wollen, aber seien Sie niemals negativ. Die meisten Menschen gehen lieber mit Optimisten um als mit Pessimisten.

Regel Nr. 5: *Pflegen Sie Ihre Beziehungen.* Kaum eine Beziehung verträgt Vernachlässigung. Wer sich jahrelang nicht um einen Menschen gekümmert hat, wird sich schwer tun, diesen plötzlich um einen größeren Gefallen zu bitten. Halten Sie deshalb Ihre Beziehungen »betriebsbereit«. Das ist nicht besonders schwer oder aufwendig. Wichtig sind zwei Dinge: Die Kontaktaufnahme muß vom anderen wahrgenommen werden, und es darf sich vordergründig nicht um ein konkretes geschäftliches Anliegen handeln. Also etwa eine persönliche Begrüßung und einige gewechselte Worte am Rande einer Besprechung, die Gratulation zum Geburtstag oder eine gelegentliche gemeinsame Tasse Kaffee. All das reicht aus, um die Beziehung weiter »unter Strom« zu halten.

Ein klein wenig schwieriger ist die Kontaktpflege, wenn man seine Kontakte kaum noch persönlich trifft. Hier muß etwas Arbeit investiert werden. Rufen Sie regelmäßig an (z.B. vom Auto aus, vom Bahnhof), melden Sie sich, wenn Sie »zufällig in der Stadt sind« (Selbst wenn sie sich dann nicht auf die Tasse Kaffee oder zum Abendessen treffen können, zeigt es, daß Sie daran gedacht haben), schicken Sie Zeitungsausschnitte, die Sie für Ihren Kontakt als wichtig erachten. Zwei solcher Kurzkontakte pro Jahr reichen vollständig aus. Nur in den wenigsten Fällen braucht man ein persönliches Treffen oder so »große« Aktionen, wie zum Beispiel eine Einladung zu einem Gartenfest (was aber eine schöne Sache ist. Man kann eine Tradition daraus machen und zahlreiche Kontakte auf einmal pflegen). Die Amerikaner haben einen schönen Brauch, der ebenfalls sehr hilfreich ist: Man sendet dort zum Jahreswechsel allen Bekannten, mit denen man sich während des Jahres kaum getroffen hat eine »Jahresübersicht«. In dieser Übersicht ist auf zwei Seiten beschrieben, was sich im letzten Jahr geschäftlich und privat getan hat (natürlich nur soweit, wie es der jeweiligen Beziehung zukommt). Während diese Übersicht aus dem Computer stammt, adressiert eine kleine persönliche Notiz den Empfänger direkt. Ein Vermerk wie »Auch wenn wir uns nicht gesehen haben: ich wollte Dich auf dem Laufenden halten. Ich denke oft an unsere Zeit in … Liebe Grüße« besorgt den Rest.

Die letzte Regel im Umgang mit Menschen lautet: *Seien Sie professionell!* Auch wenn es sich bis zu diesem Punkt so angehört haben mag, als handle es sich bei »Gut mit Leuten sein« um eine Art Beliebtheitswettbewerb: Dem ist nicht so! Es geht vielmehr um Ihre Positionierung in der Geschäftswelt! Wer glaubt, allein durch »Beliebtsein« oder gar durch »Jasagerei« weiterzukommen, täuscht sich. Clevere und anspruchsvolle Kollegen – und vor allem die wollen Sie in Ihrem Netzwerk haben – wollen es mit cleveren und anspruchsvollen Menschen zu tun haben. Also seien Sie einer!

Machen Sie allen klar, daß Sie Ihren Job ernst nehmen und einer persönlichen Beziehung wegen niemals auf Qualität zu verzichten bereit sind. Sagen Sie: »Vor allem von meinen Freunden und Bekannten erwarte ich, daß sie sich richtig verhalten und Super-Arbeit abliefern!« Bestehen Sie auf Einhaltung von Qualitätsstandards, ethischen Grundsätzen und getroffenen Vereinbarungen. Weisen Sie diejenigen zurecht, die nicht »richtig funktionieren« und schlechte Qualität liefern – auch wenn es sich um gute Bekannte handelt. Streiten Sie sich, wenn es sein muß, und fürchten Sie sich auch nicht davor, einen absoluten Versager abzuschießen. Sie sind schließlich da, um das Unternehmen weiterzubringen und nicht um eine gute Zeit zu haben! Das spornt Ihr Umfeld an, ebenfalls professionell zu sein. Wenn Sie es schaffen, daß man von Ihnen sagt: »Ein Supertyp. Aber wenn es um seine Arbeit geht, hört bei ihm der Spaß auf«, haben Sie es geschafft. Dann sind Sie wirklich »Gut *mit* Leuten« und nicht nur »Gut *zu* Leuten«.

Zur Professionalität gehört, daß Sie sich auf die Dinge konzentrieren, die Sie direkt angehen. Also kümmern Sie sich nicht darum, wenn in einer anderen Abteilung (von der Sie selbst nicht abhängen!), vieles im Argen liegt. Es ist nicht Ihr Problem! Es lenkt nur ab. Außerdem verärgert es Leute. Und diese angeschwärzten Kollegen werden sich selbst in einigen Jahren noch sehr wohl an Ihre Aussagen erinnern und alles tun, es Ihnen einmal zu zeigen.

Nur diese Professionalität hilft Ihnen, Ihr Netzwerk der ersten Stunde ohne Schaden über die nächste Beförderung hinüberzuretten. Vor allem bei der ersten Beförderung werden die Kontakte in Ihrem Netzwerk nämlich plötzlich sehr sensitiv. Ihre bisherigen Freunde fragen sich, wie Sie sich nun, da Sie »die Fronten gewechselt haben«, wohl verhalten werden. Aber wenn Ihre Kollegen von vornherein wissen, daß Ihr Job immer erste Priorität hat, werden sie es akzeptieren, daß Sie auch Ihre neue Funktion entsprechend ausfüllen. Es ist Ihren Freunden viel lieber, daß Sie einschätzbar und zuverlässig sind, als erleben zu müssen, daß Sie sich nach Ihrer Beförderung ändern.

Es gibt kaum unbeliebtere Menschen als jene, die nach einer Beförderung plötzlich ganz andere Töne anschlagen (müssen!) als zuvor. Diese Leute verlieren auf einen Schlag den Großteil ihres Netzwerks. Und das durch eigene Schuld – um nicht zu sagen »aus Dummheit«!

Zum Schluß noch einige Worte über eine besondere Form des Netzwerks: die Seilschaft. Von einer Seilschaft spricht man, wenn sich mehrere Kollegen zusammenfinden, um gemeinsam Karriere zu machen. Ein Seilschaftsführer – meist ein Kollege auf einer höheren Hierarchiestufe – »erklettert«, gesichert von den anderen, eine neue Ebene und zieht diese dann nach. So wird der zum Hauptabteilungsleiter Beförderte seinen Stellvertreter zum Abteilungsleiter machen, und dieser wiederum wird einen seiner Gefolgsleute zu seinem Stellvertreter befördern. Wenn der Hauptabteilungsleiter zum Bereichsleiter aufsteigt, wiederholt sich das Spiel von neuem. Wesentlich für eine Seilschaft ist Loyalität. Es ist eine festgefügte Schicksalsgemeinschaft. Seilschaften sind eine gute Einrichtung für Leute, die es innerhalb von dreißig Jahren »vielleicht« zum Hauptabteilungsleiter bringen wollen. Oder für Menschen, die ganz genau wissen, daß Sie es durch eigene Anstrengung höchstens zum Kaffeekocher schaffen (weshalb mancher auch von »Flaschenzügen« anstelle von Seilschaften spricht). Für Leute, die Karriere auf der Überholspur machen wollen, sind Seilschaften dagegen pures Gift.

Wer sich vom Erfolg eines anderen, der im Augenblick rein zufällig eine Ebene höher als er selbst angesiedelt ist, abhängig macht, bindet sich einen Mühlstein um den Hals. Auch wenn es für Neueinsteiger so aussieht, als seien die Hierarchieunterschiede riesig groß und nur nach langer harter Arbeit zu überwinden: Sie sind es nicht! Glauben Sie daran, daß Sie jeden Chef innerhalb eines Jahres überholen können! Derjenige, der sich ohne strategisches Kalkül in die Abhängigkeit eines Vorgesetzten begibt, zeigt damit besser als mit tausend Worten, daß er sich eher zum Geführten als zur Führungskraft berufen fühlt. Und das ist Gift für die Karriere.

Das Denken in »Seilschaften« führt in eine absolut falsche Richtung. Denken Sie eher in der Kategorie eines »Fußballclubs«. Jeder einzelne im Unternehmen stellt seine »Idealmannschaft« zusammen, in der alle diejenigen versammelt sind, von denen er sich etwas verspricht. Diese Menschen umwirbt er. Er bietet Ihnen an, in seinem Team eine wichtige Rolle zu spielen. Aber er tut es nicht, weil er denkt, daß dies gut für den andern wäre, sondern nur, weil er glaubt, selbst Vorteile daraus zu ziehen. Wenn Ihnen Ihr Chef also sagt, daß er Sie gerne in der Mannschaft hätte, ist das in Ordnung. Das ist sein Wunsch. Es wäre aber vollkommen blödsinnig, alleine aufgrund seines Wunsches für ihn zu spielen. Aberwitzig wäre es, sich ihm verpflichtet zu fühlen, wenn man es einmal getan hat. Schließlich ist er der primäre Nutznießer.

Ihr Chef nutzt Ihre Fähigkeiten aus, um eine Stufe höher zu kommen?
Fein, solange Sie es zulassen, darf er das!
Er befördert Sie anschließend?
Schön, Sie haben es sich verdient!
Er will Ihnen einreden, daß Sie ihm deshalb verpflichtet sein sollen?
Pfeifen Sie drauf!

Karrieremachen hat nichts mit Sympathie zu tun. Laufen Sie deshalb nicht in die Sympathiefalle! Jeder hat *seine* Ziele. Ihr Ziel ist es, Karriere zu machen, und Sie werden jeden in Ihrem Team spielen lassen, der Ihnen dabei hilft (es ist Ihr Team, nicht das des anderen!), und Sie werden Ihrerseits in jedem Team mitspielen, das Ihren Zielen dient. Wenn Ihre Mitspieler dabei weiterkommen, dann ist es schön. Wenn nicht, dann ist es auch in Ordnung. Aber niemand ist irgend jemandem gegenüber zu etwas verpflichtet, denn alle Parteien handeln aus purem Eigennutz. Ein Beispiel mag dies verdeutlichen: Hätte Franz Beckenbauer sich an seine ersten Förderer in der untersten Liga gekettet, hätte er nie den Verein gewechselt, wäre er nie im Vorstand des FC Bayern München gestanden, wäre nicht Nationaltrainer gewesen und hätte auch die Weltmeisterschaft nicht gewonnen. Beckenbauer hat gewußt, worauf es ankam. *Er* wußte, was *er* wollte, und *er* hat es erreicht. Daß viele seiner Wegbegleiter nun stolz sind, ihn gekannt und gefördert zu haben, steht auf einem ganz anderen Blatt.

Fazit: Die Fähigkeit, mit Menschen umzugehen und diese zu motivieren, ist die »Conditio sine qua non« für einen Manager. Sie kann zu einem gewissen Grad erlernt werden. Weil man auf der untersten Hierarchieebene am einfachsten »üben« und »Erfolg haben« kann, sollte sich jeder Berufseinsteiger zunächst vordringlich auf den Aufbau eines persönlichen Netzwerks konzentrieren. Auf keinen Fall darf er dabei jedoch den Fehler begehen, sich in die Sympathie- oder Abhängigkeitsfalle zu begeben und so seiner Karriere von vornherein enge Grenzen zu setzen.

Ein knappes Jahr später hatte ich mich in Frankfurt bereits ganz gut eingelebt. Ich hatte Anna geheiratet und bewohnte mit ihr eine nette Wohnung am Rand des Stadtwaldes. Sie hatte einen Job in einer Frankfurter Agentur gefunden und mittlerweile auch ein paar Freunde in der Nachbarschaft gewonnen, mit denen sie ab und zu abends etwas unternahm. Mir war das sehr recht, da ich mir angewöhnt hatte, bis spät abends zu arbeiten. Ganz freiwillig tat ich das nicht. Nun, um ehrlich zu sein: Ich war ein wenig in Panik. In ein paar Monaten würde mein erstes volles Geschäftsjahr als Vertriebsbeauftragter ablaufen, und ich war noch meilenweit von meiner Quote entfernt. Mein Vorgänger hatte verbrannte Erde hinterlassen, und es dauerte verdammt lange, wieder Fuß zu fassen. Aber diese Begründung ließ niemand gelten. Für meine Zahlen stand ich alleine gerade. Das war mir im letzten Vertriebsmeeting klar bedeutet worden.

Vielleicht hatte ich mich auch ein wenig zu sehr darauf konzentriert, ein Netzwerk aufzubauen. Ich hatte feststellen müssen, daß das sehr zeitaufwendig sein kann. Aber dafür hatte ich auch schon nach nur einem Jahr wirklich gute Kontakte und wußte vieles früher als die meisten meiner Kollegen. Leider auch, daß meine Zahlen von Ralf Sonntag, meinem Chef, momentan kritisch beobachtet würden.

In dieser Situation erzählte mir Thomas, ein Berater, mit dem ich ab und zu abends auf ein Bier ging, von einem hochinteressanten Projekt. Die Dignitas-Bank in München wollte ein Workflow-System einführen. Das Projekt war in einer frühen Phase – früh genug, um noch Einfluß auf das Pflichtenheft nehmen zu können. Aber ein Budget war schon da. Satte 8 Millionen Euro für Hardware, Software und Dienstleistungen. Und das ganze war erst der Anfang! Dignitas plante einen internationalen Rollout des Systems, wenn sich das ganze in der Zentrale bewährt hatte. Da waren locker 30 Millionen drin. Bei ISG wäre ich mit diesem Projekt der Held gewesen, zumal wir in Deutschland als einzige europäische

ISG-Organisation noch kein nennenswertes Geschäft mit Finanzdienstleistern vorzuweisen hatten. Und das Beste an der Sache war: Thomas kannte den DV-Leiter bei Dignitas persönlich. Geradezu ideale Voraussetzungen. Einen einzigen Haken hatte die Sache: Die Bank lag nicht in meinem Verkaufsgebiet. Es war auch beim besten Willen keinerlei Bezug zu meinem Verkaufsgebiet herzustellen. Es war zum Verzweifeln. Thomas zögerte, dem zuständigen Verkäufer einen Tip zu geben, da er in ihn kein Vertrauen hatte. In mich hätte er es gehabt. Insofern funktionierte mein Beziehungsgeflecht in der Firma ja ganz gut. Nur, was nützte es mir? Noch Stunden saß ich alleine an der Bar und ertränkte mein Selbstmitleid. An jenem Abend kam ich erst sehr spät und sehr betrunken nach Hause.

Als ich eine Woche später morgens in mein Büro kam, lag eine Telefonnotiz auf meinem Schreibtisch. »Ein Herr Weiser hat angerufen. Sagt, Sie kennen ihn aus dem ICE. Ist von 10:00 bis 12:00 Uhr in der Lufthansa Business Lounge am Flughafen.« Ich machte mich sofort auf den Weg.

Ich versuchte, mir das Bild des Alten ins Gedächtnis zu rufen. Ich konnte mich überhaupt nicht mehr an sein Äußeres erinnern. Hoffentlich würde ich ihn überhaupt erkennen!

In der Lounge ließ ich meinen Blick einmal quer durch den Raum gleiten. Meine Augen blieben an einem Hinterkopf haften, der mit grauem, etwas schütterem und penibel kurz geschnittenem Haar bedeckt war. Das war er. Aus dieser Perspektive hatte der Alte etwas verletzliches, filigranes. Ich ging zu ihm hin und streckte ihm meine Hand entgegen. »Hallo, da bin ich.« Mehr fiel mir in dem Augenblick nicht ein.

»Schön Sie zu sehen«, lächelte er mich an. »Setzen Sie sich«.

Ich nahm Platz und riß die Packung Erdnüsse auf, die ich im Vorübergehen aus einem Korb an der Empfangstheke mitgenommen hatte. »Wollen Sie?«

Er schüttelte den Kopf. »Wir haben nicht viel Zeit«, begann er. »Erzählen Sie mir, wie es Ihnen im Laufe des letzten Jahres ergangen ist. Keine Details, nur die wichtigsten Ereignisse und wo Sie jetzt stehen.«

Viel gab es da leider nicht zu erzählen. »Ich werde meine Quote nicht schaffen.« Dieser Satz faßte zusammen, was im letzten Jahr passiert war (nämlich zu wenig), wo ich stand (vor dem Abgrund) und nebenbei auch, wie ich mich fühlte (miserabel). Ich war überrascht, wie entsetzlich dieser Satz klang. Er klang wie ein Eingeständnis des Scheiterns. Ich hatte versagt. Ich hoffte auf etwas Trost.

Aber der Alte lachte laut auf. Er lachte einfach! »Mein Gott«, rief Weiser vergnügt, »Sie haben einen Augenblick lang fast rührend gewirkt! Als wenn es nichts wichtigeres gäbe als eine Quote!« Dabei sprach er »Quote« so geringschätzend aus, daß es mir einen Augenblick lang fast peinlich war, wegen einer so offensichtlich unwichtigen Sache eine solch traurige Figur abzugeben.

»Sie tun sich leicht«, erwiderte ich. »In meiner Situation würden Sie nicht lachen.«

»Habe ich auch nicht, als ich in Ihrer Situation war«, sagte er ruhig. »Aber glauben Sie mir, das ist gänzlich unwichtig. Wenn Sie natürlich nur auf Ihre Quote hingearbeitet haben, anstatt meine Ratschläge zu befolgen, dann haben wir wirklich ein Problem.«

»Oh«, spottete ich, »ich habe so viel Networking betrieben, daß ich leider keine Zeit zum Verkaufen hatte.«

»Sehr gut. Ich war mir sicher, Sie würden das Richtige tun.« Er ging überhaupt nicht auf meinen ironischen Unterton ein.

Also setzte ich noch einen drauf. »Unsere Berater lieben mich so sehr, daß ich von den tollen Projekten meiner Vertriebskollegen früher weiß, als die selbst. Und ich sitze auf dem Trockenen.«

Er horchte auf. »Ich glaube, Sie haben einen besseren Job gemacht, als Sie sich im Moment vorstellen können.«

»Und wie das?« Ich hatte noch immer den Spott in der Stimme.

»Sie müssen nur noch ernten, was Sie gesät haben«, fuhr er unbeirrt fort. »Erzählen Sie mir doch ein wenig von den Projekten, von denen Sie immer zuerst erfahren.«

»Vergessen Sie es«, fiel ich ihm ins Wort. »Alles nicht in meinem Verkaufsgebiet.«

»Na und?« strahlte er mich an.

»*Was?*« Ich glaubte nicht recht zu hören.

»Sie haben schon richtig verstanden«, erklärte er, »Sie sitzen auf einer Goldgrube und sind zu anständig sie auszubeuten.«

»Was heißt hier anständig?« fuhr ich ihn an. »Es gibt nun einmal Regeln bei ISG, und eine davon ist, daß Kunden außerhalb des eigenen Verkaufsgebietes tabu sind.«

»Ja«, bestätigte er, »Regeln gibt es. Und vor allem eine: Verstoße gezielt dagegen.«

Regel 6: Verstoße bewußt gegen Regeln

Ein bewußter Verstoß gegen die geschriebenen oder ungeschriebenen Regeln des Unternehmens ist schlechthin der einzige Weg, um sich aus eigener Kraft von den anderen Karriereanwärtern schnell und deutlich abzusetzen.

Solange Sie versuchen, sich innerhalb der definierten Prozesse und Strukturen für eine Beförderung zu empfehlen, müssen Sie über einen langen Zeitraum eine bessere Leistung als Ihre internen Wettbewerber bringen. Karrieristen auf der Überholspur wollen sich damit nicht abfinden. Vor allem haben sie dazu keine Zeit. Sie wollen nicht mit sechzig Jahren Hauptabteilungsleiter sein, sondern mit vierzig Vorstand. Also müssen sie etwas anders machen als die anderen.

Seltsamerweise haben viele Akademiker damit Probleme. Sie finden es nicht richtig, moralisch bedenklich oder was auch immer. Und das ist eigentlich völlig unverständlich. Da haben sie in der Universität gelernt, daß im Markt ein Wettbewerber den mächtigen Marktführer nur dann »überholen« kann, wenn er nicht versucht, ihn auf der selben Erfahrungskurve »einzuholen« und trotzdem ignorieren sie diese Erkenntnis für die eigene Karriere vollkommen. Gerade so, als würden für sie persönlich ganz andere Gesetze als für den Rest der Welt gelten. Fehlanzeige!

Jeder Betriebswirtschaftler kann stundenlange Vorträge darüber halten, daß Triumph Adler (einstmals der Weltmarktführer in Schreibmaschinen) daran zugrunde ging, daß die Asiaten gegen die bis dahin allgemein anerkannte Regel »Schreibmaschinen sind Feinwerktechnik« verstießen und statt dessen unverschämterweise auf Elektronik setzten. Jedes Kind weiß, daß Microsoft nur deshalb so groß wurde und den bis dahin unangefochtenen Marktführer IBM bezüglich des Firmenwerts überholte, weil Microsoft gegen die Regel »Ein Betriebssystem muß immer vom Rechnerhersteller kommen« verstieß. Microsoft selbst wiederum mußte mit Verwunderung feststellen, daß Sun sich mit Java einfach nicht an die Regel halten wollte, daß ein Arbeitsplatzrechner ein teueres und aufwendiges Betriebssystem benötigt.

Auch die Weltgeschichte ist voller Beispiele. Alexander der Große wurde nicht dafür berühmt, daß er in mühevoller und jahrelanger Kleinarbeit den gordischen Knoten auseinander fieselte, sondern dafür, daß er mit seinem Schwert die Spielregeln änderte. Kein Mensch würde heute noch diesen Knoten kennen, wenn Alexander sich damals konform verhalten hätte (außer Alexander selbst – der wäre heute noch am Entwirren).

Der Bruch von Spielregeln hat etwas Aufmerksamkeiterweckendes und Großartiges. Wer gegen Regeln verstößt, steht mit einem Male im Mittelpunkt des Interesses. Er gestaltet und wird wahrgenommen. Er weckt Emotionen. Er bewegt etwas. Verstöße gegen Regeln bringen also weiter. Auch in der Karriere. (Regelverstöße können eine Karriere auch beenden, aber wie man das vermeidet, darauf kommen wir noch.)

In jedem Unternehmen gibt es eine Vielzahl von Regeln. Die meisten sind sinnvoll und zur arbeitsteiligen Leistungserstellung zwingend notwendig. Aber es kommt immer wieder vor, daß bestimmte Regeln unsinnig geworden sind oder zumindest für den einen oder anderen Fall zu einem negativen Ergebnis führen. Es obliegt dem Karrieristen, diese Situationen zu erkennen. Wer mit offenen Augen durch die Welt geht, wird in seiner Umgebung immer wieder auf Gelegenheiten stoßen, die sich dadurch ergeben, daß durch die Abweichung von der Regel ein deutlicher Vorteil entsteht.

Entscheidend ist, daß Sie Ihre Chance erkennen. Wenn folgende Tatbestände zutreffen, dann heißt es aufgepaßt:

1. Der Regelverstoß ist Ihnen selbst oder einer von Ihnen kontrollierten Gruppe möglich.
2. Er kann von Ihnen bis zum Erfolg unbemerkt vorangetrieben werden.

3. Die erzielten Ergebnisse sind nennenswert und betreffen entweder eine für das Unternehmen wichtige Kenngröße oder beheben einen von der Unternehmensleitung empfundenen Mangel.
4. Die umgangene Regel kann bei Erfolg Ihres Vorstoßes als »unsinnig« und »hier nicht anwendbar« hingestellt werden (denn natürlich werden Sie sich rechtfertigen müssen).
5. Die Ergebnisse werden vom höheren Management (mindestens vom Chef Ihres Chefs!) wahrgenommen.

Treffen die aufgezählten Voraussetzungen zu, dann ergreifen Sie die Gelegenheit – wer weiß, ob und wann sich Ihnen wieder eine ähnliche Chance bietet. Zögern Sie nicht, sondern ziehen Sie die Angelegenheit durch! Tun Sie es entschlossen. Tun Sie es richtig! Tun Sie es aber vor allem heimlich! Sie dürfen mit den Ergebnissen erst an die Öffentlichkeit gehen, wenn die Resultate eindeutig nachzuweisen und nicht mehr einfach wegzudiskutieren sind. Falls Sie den Regelverstoß zu früh zugeben, können Sie noch gestoppt werden, oder jemand anderer (meistens Ihr Chef) erntet die Früchte Ihrer Bemühungen. Und das wollen Sie nicht. Sie wollen, daß das höhere Management wahrnimmt, was Sie (und nur Sie!) getan haben.

Sofern es sich um ein wirklich wichtiges Thema handelt, kann sich der Regelbrecher der Aufmerksamkeit des höheren Managements sicher sein. Allen Fällen von grundlegenden Regelverstößen ist nämlich gemeinsam, daß sich das hohe Management plötzlich sehr angelegentlich mit den Regelbrechern beschäftigt und – sofern die Aktion Erfolg zeitigte – ihnen Wege eröffnet, die ihnen normalerweise nie oder erst nach vielen Jahren harter Arbeit offen gestanden hätten.

Denn der erfolgreiche Regelbrecher empfiehlt sich wärmstens für eine Managementposition. Ein gelungener Regelverstoß erfordert nämlich viele Eigenschaften, die einen guten Top-Manager ausmachen, als da sind: geistige Flexibilität, Intelligenz, Kreativität, Gefühl für Prioritäten, Entschlußfreudigkeit, Konfliktbereitschaft, und vor allem Mut. Je höher ein Manager in der Hierarchie aufsteigt, desto wichtiger werden diese Eigenschaften. Denn nach oben hin nehmen die Regeln ab, an denen er sich orientieren kann. Von ihm wird erwartet, daß er auf »einmalige« Situationen »richtig« reagiert und daß er sich in einem »undefinierten« Umfeld sicher und selbstbewußt bewegt. Das sollte er möglichst früh lernen. Wenn er es nicht tut, wird er nicht weiterkommen. Ein ehemaliger Präsident von IBM formulierte das einmal so: »If a senior executive hasn't screamed at you lately for grossly exceeding your authority, you're probably not doing your job.« Was er meinte ist: Wer glaubt, er werde dafür bezahlt, daß er sich genau an die Regeln hält und nicht dafür, daß er seine gesetzten Ziele (wie auch immer!) erreicht, der ist nicht zum Manager geeignet.

Wenn Sie ein Vorstand wären und hätten die Auswahl zwischen folgenden zwei Bewerbern:

Bewerber A: Seit zehn Jahren im Unternehmen. Bearbeitet die Akten A-C mit einer durchschnittlichen Durchlaufzeit von drei Tagen. Hält alle Regeln ein und ist sehr gewissenhaft. Aufgrund seiner langjährigen Erfahrung ist er ein gesuchter Spezialist für schwierige Fälle. Bei den Kunden ist er angesehen. Sein Vorgesetzter hatte noch nie Probleme mit ihm.

Bewerber B: Seit einem Jahr im Unternehmen. Bearbeitet die Akten D-F mit einer Durchlaufzeit von zwei Tagen (Die schwierigen Fälle halten ihn nicht auf, weil er die seinem Kollegen A gibt). Ist soweit gewissenhaft, ist aber nicht sehr autoritäts- und regelgläubig, was man daran sehen kann, daß er vor kurzem – ohne Wissen seiner Vorgesetzten – eine Neuerung konzipierte und einführte, die die Durchlaufzeit der meisten Vorgänge auf maximal einen Tag reduzierte, dem Unternehmen fünfhunderttausend Mark pro Jahr spart und die Kundenzufriedenheit um einen vollen Punkt nach oben getrieben hat.

Welchen von den zweien würden Sie als den aussichtsreicheren Kandidaten für einen Managementposten betrachten?

Eben!

Fazit: Für den Managementnachwuchs sollten Regeln in allererster Linie zuerst die Frage provozieren: »Was würde passieren, wenn das anders, schneller, langsamer, früher, später, überhaupt nicht, von jemandem anderen, ... etc. ... getan würde?« Und wenn er dann ein Thema gefunden hat, das den Einsatz lohnt, dann sollte er die Regeln Regeln sein lassen und nach vorne preschen. An allen anderen vorbei, die sich den mühseligen steinigen Weg nach oben quälen. Und Erfolg haben!

»Sie sind wahnsinnig«, sagte ich. Ich hatte den rettenden Strohhalm die ganze Zeit in der Hand gehabt. Ich ohrfeigte mich insgeheim dafür, ihn nicht selbst erkannt zu haben.

»*Sie* sind wahnsinnig«, erwiderte er. »Sie glauben, man wird Sie wegen Ihrer Quote schlachten, und lassen die schönsten Projekte rechts und links neben dem Weg liegen.«

Mir fiel ein, daß ich sicher keines der Projekte mehr in diesem Geschäftsjahr abschließen würde, auch wenn ich noch so aggressiv sein würde. Mein Mut sank wieder etwas. »Ich glaube nur, für meine diesjährige Quote bringt das nichts mehr«, murmelte ich resigniert.

»Halt«, fiel er ein. »Haben Sie schon wieder vergessen, was ich gesagt habe? Erstens ist die Quote gänzlich unwichtig, und zweitens lohnt sich ein Regelverstoß nur dann, wenn Sie danach etwas wirklich Außergewöhnliches präsentieren können. Nur um Ihre Quote zu schaffen, dafür lohnt sich kein Regelverstoß. Sie wollen sich ja schließlich für die Karriere empfehlen, und nicht dafür, Ihr Leben lang ein guter Verkäufer zu sein. Also. Erzählen Sie mir jetzt von den Projekten außerhalb Ihres Verkaufsgebietes.«

Ich berichtete ihm von dem Projekt bei der Dignitas-Bank. Auch die Tatsache, daß ISG Deutschland händeringend ein Projekt in der Finanzbranche suchte, erwähnte ich.

»Exzellent!« Er war begeistert. »Damit haben wir alle wichtigen Voraussetzungen: Es ist groß, es wird sichtbar sein, es werden sich Argumente finden lassen, warum Sie den Kunden selbst übernommen haben, und die Firma wird sich über den Umsatz freuen.«

»Welche Argumente lassen sich denn dafür finden, daß ich in fremden Revieren gewildert habe?« wunderte ich mich.

Er schmunzelte. »Erstens hat sich der offiziell zuständige Verkäufer für das Projekt ja schon deshalb disqualifiziert, weil er nichts davon erfahren hat. Dieses Argument zieht immer. Und dann können Sie auch noch auf die menschliche Tour kommen. Ihnen hat es einfach so in den Fingern gejuckt, als sie davon hörten, Sie konnten einfach nicht anders. Das beweist Jagdinstinkt. Während Ihr Vertriebskollege ein Schläfer ist.«

»Also gut.« Ich war überzeugt.

Er schaute auf die Uhr. »Wir müssen uns verabschieden. Ich wünsche

Ihnen viel Glück bei Dignitas. Strengen Sie sich an. Verkaufen müssen Sie selbst. Sie können es sich nicht leisten, den Auftrag zu verlieren.« Er zog aus der Aktentasche, die zwischen seinen Beinen auf dem Boden stand, ein dunkelblaues Heft heraus. Es hatte keine Beschriftung und sah ein wenig abgegriffen aus. »Hier«, er reichte mir das Heft, »nehmen Sie das noch mit. Ich habe über die Jahre ein paar Dinge notiert, die, wie ich glaube, für Sie ganz nützlich sein könnten. Werfen Sie ab und zu einmal einen Blick hinein. Auf Wiedersehen.« Er gab mir kurz die Hand und ging rasch.

Ich blieb noch eine Weile sitzen und blätterte in dem Heft. Es war eine Art Brevier, in dem der Alte, nach Kapiteln geordnet, Regeln und Beobachtungen niedergeschrieben hatte. Ich blätterte etwas darin herum und blieb bei einem Kapitel über Statussymbole hängen.

Statussymbole

Flache Hierarchien!

Teamorientierung!

Korpsgeist! Enpowerment!

Verlagerung der Entscheidungen nach unten!

Die Wortschöpfungen der Managementberater sind Legion. Jedes dieser Kunstworte signalisiert: »Wir sitzen alle im gleichen Boot« und »Alle Mitarbeiter sind gleich«. Den großen Worten folgen häufig auch Taten. Großunternehmen, die bisher für Vorstände, Führungskräfte und das arbeitende Fußvolk jeweils eigene Kantinen betrieben, schließen die im Volksmund gemeinhin »Zum Goldenen Löffel« bezeichneten noblen Verköstigungssstätten der oberen Kreise. Statt sich von befrackten Kellnern an damastgedeckten Tischen edle Speisen und Weine kredenzen zu lassen, stellen sich die Herren Manager in der Mittagspause nunmehr gemeinsam mit dem gemeinen Volk mit ihrem Plastiktablett in die Schlangen vor den Essensausgaben der normalen Werkskantine an.

Gleichheit ist also angesagt. Statussymbole zählen nicht mehr.

Zählen sie wirklich nicht mehr?

Im Gegenteil. Statussymbole sind heutzutage wichtiger denn je, und jeder, der Karriere machen möchte, achtet besser peinlich darauf, daß er den Umgang mit ihnen richtig beherrscht. Es will nämlich kein Mensch auf Gottes weitem Erdboden genau so wie alle anderen sein! (Sie etwa?). Er möchte wissen, wie er im Verhältnis zu anderen steht und an wem er sich in welcher Hinsicht orientieren kann. Dafür müssen Signale gesetzt werden. Im Militär und in der Luftfahrt gibt es Rangabzeichen. Damit sind die Stellung des Trägers, seine Rechte und Pflichten für alle deutlich gemacht. In den Unternehmen trägt man dagegen gemeinhin keine Uniform (wenn man Anzug und Schlips nicht als solche bezeichnen will). Der Status muß deshalb anders signalisiert werden. Man tut es mit Statussymbolen.

Nun ist der Begriff »Statussymbol« in der deutschen Sprache tendenziell negativ belegt. In seiner ureigenen Bedeutung »Symbol für den Status« ist er aber eigentlich ganz neutral. Denn nicht das protzig zur Schau gestellte Gebrauchs- oder Luxusgut, das so offensichtlich nicht zum wirklichen Status des Angebers paßt, ist damit gemeint, sondern genau jene Zeichen, die den aktuellen Status eines Menschen für die anderen stimmig darstellen.

Statussymbole sind jene für alle im Unternehmen Beschäftigten deutlich sichtbaren Dinge und Sachverhalte, die knapp – und manchmal auch teuer – sind. Der finanzielle Wert spielt für die Wertigkeit eines Statussymbols dabei eine geringere Rolle als die Knappheit. Das sind beispielsweise Einzel- oder Eckbüros, die Qualität der Büroeinrichtung (Bilder, Teppiche, Vorhänge, Besprechungstische, Sofas, täglich frische Blumen), eine eigene Sekretärin, ein Handy oder auch der Firmenwagen einer bestimmten Klasse mit oder ohne Chauffeur.

Die meisten karriererelevanten Statussymbole sind jedoch immaterieller Art. Dazu zählen unter anderem der Titel, die Berechtigung für die Kantine der Führungskräfte, der reservierte Parkplatz, die Teilnahmeberechtigung an bestimmten Veranstaltungen oder auch einfach das Recht, im Gegensatz zu den normalen Mitarbeitern nicht stempeln zu müssen.

Nicht alle Statussymbole sind offiziell. Ebenso wie es eine informelle Organisation gibt, gibt es Statussymbole, die sich im Laufe der Zeit herausgebildet haben. Sie sind meist immateriell. So ist das unausgesprochene »Recht«, ohne einen Verweis verspätet zu Besprechungen kommen zu dürfen, ein solches Statussymbol.

Für den Karrieristen kommt es darauf an, die im Unternehmen geltenden Statussymbole zu erkennen und richtig anzuwenden. Er muß zwingend auf alle – wirklich auf alle – Statussymbole Anspruch erheben, die für seine Position üblich sind, selbst dann, wenn er sie für seine Arbeit oder sein eigenes Selbstwertgefühl im Grunde genommen nicht benötigt. Das Statussymbol ist ja viel weniger für ihn da, als für die Menschen, mit denen er täglich Umgang hat. Jeder von diesen will (und muß) sehen, wer sein Gegenüber ist. Sofern der Karrierist Anspruch darauf hat, darf er beispielsweise nie auf den reservierten Parkplatz in der Nähe des Eingangs verzichten. Selbst dann nicht, wenn er jeden Tag mit der U-Bahn zur Arbeit fährt und der Parkplatz deshalb die meiste Zeit leer steht. Und erst recht nicht dann, wenn andere Kollegen morgendlich stundenweise um den Block fahren müssen, um einen leeren Parkplatz zu finden.

Für jemanden der mit seiner Position zufrieden ist, reicht es aus, genau die Statussymbole zu nutzen, die seiner Position entsprechen. Für jemanden, der weiterkommen will, genügt das aber nicht. Deshalb darf sich ein Karrierist nicht damit begnügen, nur jene Statussymbole zu besitzen, die lediglich den Status quo anzeigen. Er will mehr, und die Symbole zeigen das an. Meist handelt es sich dabei um die Statussymbole der nächst höheren Hierarchiestufe. Der Karrierist darf nicht darauf warten, daß sie ihm in den Schoß fallen, sondern er muß aktiv darum kämpfen. Seine Vorgesetzten, Kollegen und Mitarbeiter werden aus seinem Bemühen vollkommen richtig herauslesen, daß er mit der jetzt erreichten Position noch lange nicht zufrieden ist.

»Hast Du gesehen? Der SoundSo hat bereits einen reservierten Parkplatz. Dabei ist der doch erst Gruppenleiter!«

»Wahrscheinlich wird er demnächst befördert.«

»Ganz sicher.«

Aber Achtung! Überspringen Sie dabei nicht gleich zwei Hierarchiestufen. Das würde Ärger mit Ihrem direkten Vorgesetzten provozieren, der sich über die Anmaßung aufregt.

Wenn alle Mitglieder einer bestimmten Hierachiestufe einen 3er-BMW als Firmenwagen fahren und ein einziger davon plötzlich ein Modell der 5er Reihe erhält, so hat das eine starke Signalwirkung im Unternehmen. Schließlich weiß doch jeder, daß ein 5er BMW normalerweise erst Bereichsleitern zusteht. Wer weiß denn schon, daß das Auto einem ausgeschiedenen Bereichsleiter gehörte und die Firma froh war, daß einer der Jungen die teuere Karre übernommen hat, weil dadurch zum einen die Konventionalstrafe wegen vorzeitiger Beendigung des Leasingvertrags und zum anderen der Abschluß eines weiteren neuen Leasingvertrags für diesen Jungmanager vermieden werden konnte? Wenn sich einem Karrieristen eine solche Gelegenheit bietet, muß er zugreifen. Und wenn er zehnmal lieber mit der Bahn fährt und sich seine Frau standhaft weigert, mit dem großen Wagen einkaufen zu fahren. Statussymbole sind zu horten. Je teurer, desto besser. Deshalb hat ein Karrierist natürlich auch immer den modernsten und teuersten PC in seinem Büro stehen, auch wenn er sich selbstverständlich hütet, ihn zu benutzen.

Die Erfahrung zeigt, daß es viel einfacher ist, an Statussymbole zu kommen, als von den normalen Mitarbeitern angenommen wird. Man darf nur eines nicht tun: darauf warten, bis sie einem auf einem silbernen Tablett überreicht werden. Man muß sich selbst darum bemühen.

Es gibt jede Menge Tricks, wie man sich Statussymbole verschafft. Zum Beispiel, wie man dafür sorgt, daß man vom Geschäftsführer als einziger in einer großen Gruppe mit Namen gegrüßt wird. Oder wie man einen Firmenparkplatz bekommt. Den Parkplatz kann einem – zumindest für eine begrenzte Zeit – auch die Sekretärin des zuständigen Managers zuschanzen. Ein Abendessen mit ihr lohnt sich deshalb allemal. Oder vielleicht wird man einfach einmal für eine bestimmte Zeit fußkrank. Das neueste Laptop-Modell (das man natürlich nicht verwendet) erhält man einfach dadurch, daß einem das alte im Treppenhaus aus Versehen aus der Hand gleitet und drei Stockwerke tiefer auf dem Beton zerschellt. Ach wie peinlich!

Statussymbole zeigen deutlich, was man firmenintern durchsetzen kann. Sie senden Signale in das Unternehmen. Die Leute denken: »Schau an. Der ist etwas ganz besonderes. An den müssen wir uns halten.«

Auch als Neueinsteiger muß man das Spiel bereits mitspielen. Denn ob man es will oder nicht: Man besitzt ab der allerersten Minute im Unternehmen einen Status. Man ist einer von jenen grünen Jungs, bei denen sich innerhalb der nächsten zwei Jahre die Spreu vom Weizen trennen wird. Ein Karrierist sollte deshalb von Anfang an durch sein Auftreten signalisieren, daß er später einmal nicht zur Spreu zählen wird. Er sollte sich so kleiden, wie es von den Neueinsteigern erwartet wird. Wenn er einen »Anzugsjob« hat, muß er unbedingt auch einen Anzug tragen. Selbst dann, wenn er persönlich glaubt, daß dieser beim Aktensortieren im Keller eigentlich unpraktischer ist als eine Jeans. Der Karrierist sollte sich bezüglich seines Auftretens immer an denjenigen orientieren, die sich in den beiden Jahrgängen vor ihm als Senkrechtstarter erwiesen. Er erscheint damit den Beobachtern im Unternehmen schon viel mehr als »einer, der es bereits geschafft hat«, und kaum als einer, »der noch kämpft«.

Gerade der Neueinsteiger sollte sich mit qualitativ hochwertigen und schönen Dingen umgeben. Zieht er dies konsequent durch, so wird die Umgebung bei einer solchen Qualitätsoffensive instinktiv unterstellen, daß der Neue in allem, was er tut, bestimmte Ansprüche stellt.

Der Kreativität, was die Nutzung von Statussymbolen angeht, sind keine Grenzen gesetzt. Wie signalisiere ich in einem Großraumbüro, daß mein Schreibtisch etwas Besonderes ist? Indem ich mir einige große Grünpflanzen besorge und sie drum herum stelle! Wie signalisiere ich, daß ich ein Arbeitstier mit Geschmack bin? Indem auf meinem Schreibtisch für die langen Arbeitsabende eine Designerarbeitslampe steht. Wie demonstriere ich Kundenorientierung? Indem ich meine Visitenkarten in einem eleganten silbernen Etui aufbewahre, aus dem ich die frisch aussehenden Kärtchen mit großem Zeremoniell entnehmen kann.

Statussymbole zeigen nicht nur, wer man ist – beziehungsweise wer man sein möchte –, sie sind auch ein wichtiger Anreiz für die Mitarbeiter. Die wollen nämlich wissen, wofür es sich lohnt, so hart zu arbeiten und sich derart anzustrengen. Ein neuer amerikanischer CEO (Chief Executive Officer) hatte in den Augen seiner Führungsmannschaft in dem Moment für immer verspielt, als er zugab, er lebe in einer 150 Quadratmeter großen Eigentumswohnung in einem großen Apartmenthaus. Sein Vorgänger hatte ein hochherrschaftliches Haus am Ufer eines Sees bewohnt und seine Führungsmannschaft regelmäßig zu sich nach Hause eingeladen, wo ihnen von Hausangestellten aufgewartet wurde. Das exklusive Haus und die im Bootshaus liegende Jacht hatten ihnen gezeigt, was sie erreichen konnten, wenn sie sich nur richtig ins Zeug legten. Alleine das Privileg, zum geladenen Kreis zu gehören, war ein Statussymbol gewesen. Der Neue verweigerte Ihnen dies alles. Wie sollte solch ein Kleingeist die Firma mit Visionen und Elan nach vorne bringen?

Allgemein läßt sich sagen, daß Statussymbole eines der wichtigsten Mittel zur Machtausübung sind. Sie bauen nach unten Barrieren auf, zementieren das Machtgefüge und sind gleichzeitig das Zuckerbrot, mit dem man die unteren Ränge lockt.

Die Verleihung von Statussymbolen, ja schon alleine die Aussicht, in den Besitz eines Statussymbols kommen zu können, genügt, um Kräfte freizusetzen. Man sollte als Karrierist diese Maßnahme reichlich nutzen, um sich die Mitarbeiter gefügig zu machen. Dabei ist es nicht notwendig, jeden zum Generaldirektor zu machen (was Ihnen auch zumindest zu Anfang etwas schwer fallen würde). Es reicht, wenn man jedem deutlich macht, daß er es zu etwas bringen kann.

Statussymbole können auch zeitweilig verliehen werden. Sie haben allerdings nur dann einen Wert, wenn sie von den Mitarbeitern und noch mehr von deren Umfeld als etwas Besonderes erlebt werden. Ein Manager, der einem Mitarbeiter explizit und öffentlich das Recht einräumt, den für ihn reservierten Parkplatz während der Abwesenheit zu nutzen, wird ihm als seinem Stellvertreter eindeutig höheres Ansehen verschaffen als ohne dieses eigentlich nebensächliche Zeichen.

Auch Zeremonien können den Charakter von Statussymbolen annehmen. Man kann sich sicher sein: Wenn der Karrierist stets den gleichen Mitarbeiter zuerst begrüßt, wird das vom Umfeld bemerkt werden. Ebenso, wenn er nur ausgewählten Leuten die Hand reicht oder vor wichtigen Entscheidungen stets einen bestimmten Mitarbeiter nach seiner Meinung fragt. Der »bevorzugte« Mitarbeiter wird in den Augen seiner Kollegen zweifellos Status erhalten. Und andere Mitarbeiter werden danach streben, auch zu dem erlauchten Kreis zu gehören, die per Handschlag und mit Namen begrüßt werden. Wenn der Karrierist ihnen dann wirklich zum ersten Mal die Hand reicht, werden sie völlig begeistert sein und von Stund an zu seinen treuesten Anhängern gehören. Man kann Menschen mit so kleinen Dingen so glücklich machen!

Die Verleihung von Statussymbolen verschafft den weitaus meisten Menschen mehr Glücksgefühl und Zufriedenheit als eine dicke Gehaltserhöhung. Im Gegensatz zu dieser ist das Statussymbol nämlich allgemein sichtbar und hebt den Belohnten aus der Menge der anderen heraus.

Wenn es etwas gibt, das noch mehr Emotionen und Leistungsbereitschaft erzeugt als das Versprechen eines Statussymbols, ist es sein Entzug. Derjenige, der gewohnt war, immer zuerst begrüßt zu werden, wird es als einen

Schock erleben, wenn er plötzlich übergangen wird und vielleicht nur ganz zum Schluß und eher nebenbei begrüßt wird. Wenn gar offizielle Statussymbole aberkannt werden und beispielsweise einer sein Eckzimmer räumen muß für einen Schreibtisch in einem Großraumbüro, dann sind das öffentliche Demütigungen, die gestandenen Männern die Tränen in die Augen treiben. Schon oft haben Generaldirektoren Ihren Vorstand angefleht, Ihnen das Gehalt zu kürzen, den Verantwortungsbereich kleiner zu machen, aber bitte, bitte den Titel zu lassen.

Ich schlug das Heft zu. »Ganz der Alte!« schmunzelte ich. Ich erinnerte mich an mein Diktaphon. Aber zunächst einmal mußte ich mich wieder der Dignitas-Bank widmen. Ein gutes Stück Arbeit lag vor mir.

Die nächsten Monate waren extrem hart. Nicht nur, daß der Wettbewerb bei dem Projekt mit harten Bandagen geführt wurde. Das Problem war, daß ich auch mit einigen Handicaps ins Rennen ging. Ich konnte mein Management nicht einschalten, um Deckung von oben zu bekommen. Ich konnte keine großen Ressourcen einsetzen, um Vorführungen etc. zu machen. Immerhin hatte ich in Thomas, der mir den Tip gegeben hatte, einen treuen Verbündeten. Er hielt mich zwar für verrückt, hatte aber unheimlichen Spaß an unserem »Geheimprojekt«.

Aber schwieriger noch war die interne Tarnung. Ich mußte ja alles vor meinen Kollegen und vor allem vor Sonntag, meinem Chef, verbergen. Und ich hatte kaum noch Zeit, mich um mein eigentliches Verkaufsgebiet zu kümmern. Ich mußte also bei den monatlichen Vertriebsmeetings ordentlich lügen. Ich berichtete einmal im Monat über die Fortschritte, die ich bei den Interessenten in meinem eigenen Verkaufsgebiet gemacht hatte, obwohl dort fast nichts mehr passierte. Mehr und mehr wurde mir bewußt, welch hohes Risiko ich eingegangen war. Aber mir blieb nichts anderes mehr übrig, als die Sache bis zum Ende durchzuziehen. Außerdem wendete sich das Blatt, nicht zuletzt dank der persönlichen Beziehungen von Thomas zum DV-Leiter von Dignitas, langsam aber stetig zu meinen Gunsten.

Und eines Tages war es tatsächlich so weit. Ich bekam einen Anruf vom Einkauf der Bank, und mir wurde mitgeteilt, wir könnten am nächsten

Tag den Vertrag unterzeichnen. Nur einige Kleinigkeiten finanzieller Art wären noch zu klären. Ich schaffte es gerade noch, während des Telefonats ruhig zu bleiben. Als ich aufgelegt hatte, sprang ich schreiend und juchzend in meinem Büro herum, bis mir der Nachsatz wieder einfiel, den der Einkäufer gerade noch angebracht hatte. »Kleinigkeiten finanzieller Art klären.« Im Prinzip eine alte Einkäufertaktik. Dem Vertriebsbeauftragten wird die freudige Nachricht überbracht, daß er das Geschäft macht. Die Spannung läßt nach. Er freut sich und atmet tief durch: »Geschafft.« In diese Entspannungsphase des Verkäufers hinein plaziert der Einkäufer dann Nachforderungen. Er will Rabatte und zusätzliche Leistungen. Oft beginnen an diesem Punkt erst die wirklichen Preisverhandlungen.

Was sollte ich denn tun, wenn die Rabattforderungen über den Rahmen hinausgingen, der mir als Vertriebsbeauftragtem erlaubt war? Ab einem bestimmten Rabattsatz mußte nämlich mein Vorgesetzter unterschreiben. Diese Regelung wollte ich nicht durchbrechen, denn das hätte schnell rechtliche Auswirkungen haben können. Auf der anderen Seite hatte ich nicht mehr viel Zeit für Verhandlungen. Ich mußte den Vertrag schleunigst unter Dach und Fach bringen, denn der Druck auf mich wurde immer stärker. Ich beschloß, den Alten um Rat zu fragen. Ich griff zum Telefon und wählte seine Nummer. Aber er nahm nicht ab. Mist. Kurz entschlossen bat ich den Einkäufer, den Termin auf übermorgen zu verlegen. Er klang zwar etwas verblüfft, aber hatte nichts dagegen. Zum ersten Mal seit Monaten hatte ich das Gefühl, eigentlich genug für den Tag getan zu haben. Ich beschloß heimzufahren. Anna würde sich sicher freuen, mich einmal wieder bei Tageslicht zu sehen.

Aber Anna war nicht zu Hause. Auf dem Küchentisch lag ein Zettel.

»Ich hab's Dir zwar schon einmal erzählt,
aber wahrscheinlich hast Du's schon wieder vergessen:
Bin mit Gerda (das ist übrigens unsere Nachbarin)
an den Bodensee gefahren. Wir sehen uns morgen.
Anna«

Mag ja sein, daß sie mir das schon einmal erzählt hatte. Trotzdem fühlte ich mich ungerecht behandelt. Ich rackerte wie ein Wahnsinniger, damit wir uns die teure Wohnung leisten konnten, und sie nahm sich einfach zwei Tage Urlaub und fuhr weg. Ausgerechnet dann, wenn ich einmal Zeit hatte! Ich war stinksauer. Und überhaupt: Was das schon für ein Job sein konnte, den sie da hatte. Wo man einfach mal eben zwei Tage wegfahren konnte. Kein Wunder, daß sie viel weniger verdiente als ich. Ich setzte mich an den Küchentisch und überlegte, wie ich den Abend verbringen sollte. Keine Ahnung. Ich ging zum Telefon und versuchte es noch einmal beim Alten. Und diesmal erreichte ich ihn.

»Hallo Herr Weiser! Gute Nachrichten! Ich habe den Deal!«

Er atmete hörbar tief durch. Auch er schien erleichtert zu sein. »Das ist in der Tat eine gute Nachricht. Haben Sie den Vertrag? Sie haben doch hoffentlich noch niemandem davon erzählt?«

»Nun«, begann ich etwas kleinlaut, »den Vertrag habe ich noch nicht. Ich muß noch in eine letzte Preisverhandlungsrunde. Aber warum sollte ich denn niemandem davon erzählen?«

»Langsam, langsam!«, unterbrach er mich. »Den Vertrag haben Sie also noch nicht, mein junger Freund ...« Er überlegte kurz. »Und nun haben Sie Angst, in der Preisverhandlung weiter gedrückt zu werden, als Sie zusagen können.«

»Ja!« rief ich aus. Der Alte mußte einmal im Vertrieb gearbeitet haben. Er sprach mir aus der Seele.

»Die Situation ist gar nicht so übel«, begann er. »Sie haben ohnehin noch ein kleines Problem zu lösen. Haben Sie sich schon einmal Gedanken darüber gemacht, wie Sie die ganze Geschichte Ihrem Chef erzählen? So ganz ohne ist die Situation nämlich nicht. Sie haben zwar voraussichtlich gute Nachrichten, aber trotzdem gibt es auch da eine Regel zu beachten:

Regel 7: Sorge in kritischen Situationen immer für die Unterstützung von Mächtigen

Hüten Sie sich davor, bei einem für Ihre Karriere kritischen Gespräch oder Ereignis mit Ihrem direkten Vorgesetzten alleine zu sein. Diese Regel gilt immer. Ganz besonders aber in dem Moment, in dem Sie mit einem Regelverstoß an die Öffentlichkeit treten. Planen Sie diesen Augenblick deshalb äußerst genau und überlassen Sie nichts dem Zufall.

Daß Sie mit Ihren Umtrieben irgendwann einmal ans Licht der Öffentlichkeit müssen, ergibt sich zwingend aus Ihrer Zielsetzung. Sie möchten ja nicht im Verborgenen Gutes tun, sondern Ihre Karriere fördern. Und dazu muß das Gute beim Management (bei den Offizieren, nicht bei den Unteroffizieren!) bekannt werden.

Aber das reicht uns natürlich nicht. Wir wollen mehr. Wir wollen den nächsten Schritt auf der Karriereleiter machen, und der besteht darin, einen Job mit mehr Kompetenzen zu bekommen. Meistens ist dieser Schritt bereits in den Regelverstoß »eingebaut». Denn wer wäre besser geeignet, etwas Neues einzuführen, als derjenige, der sich das Ganze ausgedacht und bis zu einem bestimmten Reifegrad vorangetrieben hat? Wer wäre also besser dafür geeignet als Sie? Wohl keiner!

Ihr vordringliches Ziel muß deshalb sein, mit der Realisierung Ihrer Idee betraut zu werden. Die Erfahrung zeigt, daß die Wahrscheinlichkeit dafür in dem Moment, in dem es zum Showdown kommt, am größten ist. Die gleiche Erfahrung zeigt aber auch, daß Sie kaum eine Chance haben, wenn Sie diese Entscheidung von Ihrem direkten Chef erwarten. Er wird Ihnen diese Aufgabe aus Gründen der »Staatsräson« nicht übertragen. Schließlich will er nicht, daß Ihr Beispiel Schule macht und künftig alle seine Leute aus der Reihe zu tanzen beginnen. Was also tun?

Sorgen Sie dafür, daß bei dem Treffen, bei dem das Ausmaß Ihres Regelverstoßes vollkommen klar wird, »Mächtige« anwesend sind. Es gibt drei unterschiedliche Typen von Mächtigen, und Sie müssen alle drei für sich gewinnen.

Da ist zum einen der »Sachverständige«, einer, der beim restlichen Management den Ruf hat, etwas von der Sache zu verstehen. Er muß sagen: »Das geht! Das ist möglich!« Der Sachverständige verhindert, daß Ihre Idee mit Killerphrasen wie »Das haben wir noch nie gemacht!« oder »Bisher sind alle Versuche in diese Richtung schiefgegangen« abgewürgt wird.

Mindestens ebenso mächtig ist der »Nutznießer« bzw. »der Kunde«. Er ist es, der sagen muß »Also wenn das wirklich geht, dann brauche ich das unbedingt. Und zwar sofort!« Der Nutznießer ist die Triebfeder des Ganzen. Er hat das Geld und macht Druck. Dabei kann es sich um einen Werksleiter, einen Controller oder einen externen Kunden handeln. Häufig sind »Nutznießer und Sachverständiger« ein und dieselbe Person.

Der dritte Mächtige ist der »Herrscher über Personen und Ressourcen«. Er kann mit dem Nutznießer und dem Sachverständigen identisch sein. Er ist letztlich derjenige, der darüber entscheidet, ob Ihr Vorstoß umgesetzt wird und wer diese Umsetzung übernimmt. Er ist auch derjenige, der Sie vor interner Verfolgung wegen Ihres Fehltritts schützen kann. Damit ist klar, daß es sich bei ihm um einen Manager Ihres eigenen Unternehmensbereiches handeln muß, idealerweise um einen, der mindestens zwei Hierarchiestufen über Ihrem eigenen Chef angesiedelt ist. Er hat genügend Abstand vom normalen Tagesgeschäft und läßt auch einmal »fünfe gerade sein«, wenn es dem Ergebnis nützt.

Wie kommt man an solch einen Herrscher über Ressourcen heran? Ganz einfach! Indem man ihn anspricht oder anruft! Wenn man etwas zu bieten hat – und wenn Sie Ihre Hausaufgaben richtig gemacht haben, haben Sie das – ist die Kontaktaufnahme weitaus einfacher, als die meisten Leute sich das vorstellen. Deshalb zögern Sie nicht, den höchstmöglichen Verantwortlichen in die Sache hineinzuziehen. »Heruntergereicht« können Sie immer noch werden. Je höher der von Ihnen gewonnene »Herrscher über Personen und Ressourcen« in der Hierarchie angeordnet ist, desto besser für Ihre Karriere. Sprechen Sie den Mann an und vereinbaren Sie mit ihm ein persönliches Gespräch. Wenn Sie Ihren Chef zusätzlich zu diesem Gespräch hinzuziehen wollen, ist das eine schöne Geste, die indes mehr ihm nützt als Ihnen. Aber auf alle Fälle werden Sie ihn über diesen Termin erst dann informieren, wenn er vom Mächtigen bestätigt wurde. Es wäre ja noch mal schöner, wenn Sie so kurz vor dem Ziel noch abgefangen würden.

Sofern irgendwie möglich, sollten Sie sich der Unterstützung des »Sachverständigen« und des »Nutznießers« sicher sein, *bevor* Sie den »Herrscher über Personen und Ressourcen« angehen. Dann können Sie diesem sagen, daß Sie

(Ups!) etwas getan haben, das (ach wie peinlich!), auf großes Interesse beim Nutznießer gestoßen sei und (wer hätte das gedacht?) vom Sachverständigen als realisierbar angesehen wird.

Geben Sie dem Mächtigen gegenüber unumwunden zu, daß Sie ein Problem haben. Dummerweise (wie unverzeihlich!) hätten Sie sich formal wohl nicht ganz richtig verhalten, weshalb Sie sich von ihm (und nur von ihm) Hilfestellung in dieser komplexen Situation erwarteten. Erklären Sie ihm auch Ihre Motivation für die gewählte »unorthodoxe« Vorgehensweise. Sagen Sie dem Mächtigen, daß Sie sich dem Unternehmen und seinen Zielen äußerst verbunden fühlen, daß Sie vor diesem Hintergrund über die Angelegenheit gestolpert seien und nach reiflicher Überlegung keinen anderen Weg als den von Ihnen beschrittenen gesehen hätten. Sei es, weil die zuständigen Kollegen gerade überlastet waren, die Zuständigkeiten nicht klar waren, kein Budget zur Verfügung stand oder warum auch immer. Der Mächtige wird es Ihnen zwar nicht glauben, aber er wird es zu schätzen wissen, daß Sie die Spielregeln einzuhalten gewillt sind.

Sie können auch erklären, daß Ihnen die Idee zu Beginn viel zu »vage, verrückt und ungreifbar« erschienen sei, um sie anderen zu präsentieren. »Nur so zum Spaß und zur Übung« hätten Sie losgelegt und natürlich nicht im Traum daran gedacht, daß es damit einmal ernst werden könne. Und ehe Sie sich versahen, sei die Lösung fertig gewesen. Und in diesem Moment hätten Sie erkannt, daß Sie ein Problem haben. Denn normalerweise, ja normalerweise wären Sie natürlich anders vorgegangen. Ganz offiziell. Den Dienstweg benutzend. Nun aber sitzen Sie in der Zwickmühle und wissen nicht, wie Sie wieder heraus kommen. Ob er Ihnen da wohl helfen könne?

Machen Sie auch deutlich, daß es sich bei Ihrem Alleingang um keinen Angriff auf Personen handelt. Selbst wenn das Ihr primäres Motiv gewesen sein sollte, gehört es nicht hierher. Das mögen die Mächtigen nicht, daß einer an Stühlen sägt. Da fühlen sie sich selbst betroffen. Sagen Sie also nicht, daß Ihre Kollegen und Ihr Chef unfähige Trantüten sind, sondern betonen Sie, daß die Kollegen im Gegenteil sehr kompetent seien und es deshalb Ihr und nicht deren Verschulden sei, wenn etwas nicht so gelaufen ist, wie es sollte.

Solche Unterwerfungsrituale nehmen dem Thema viel Hitze. Sorgen Sie auf alle Fälle dafür, daß Ihr Chef sein Gesicht waren kann. Wenn er bei dem Gespräch anwesend ist, wird er es sehr zu schätzen wissen, wenn Sie Ihm eine wichtige (aber unkritische) Rolle zugestehen. Bewährt haben sich kleine Nebenbemerkungen wie: »Wenn mich Herr Boss nicht immer zu selbständigen Arbeiten ermutigt hätte, hätte ich es nicht riskiert, die Sache weiterzuverfolgen oder gar Sie anzusprechen.« Falls die Kollegen – oder Ihr Chef – wirklich Trantüten sind, wird der Mächtige das vielleicht erkennen und entsprechend handeln. Wenn er es nicht erkennt, so ist das im ersten Schritt auch nicht dramatisch. Schließlich ist Ihr Hauptziel, selbst befördert zu werden, und nicht, daß die anderen demontiert werden. Im Gegenteil: Jede Minute, die der Mächtige über andere nachdenkt, hält ihn davon ab, sich um Sie und Ihre weitere Entwicklung zu kümmern.

Last not least: Sagen Sie dem Manager, was Sie durch seine Einbeziehung erreichen wollen! Sagen Sie ihm, daß nunmehr der Zeitpunkt gekommen sei, zu dem »wichtigere Leute, mit mehr Überblick und Geschäftsverständnis« als Sie selbst entscheiden müßten. Auch wenn Sie ganz genau wissen, daß der Mächtige jetzt kaum noch anders kann, als sich zumindest einmal mit dem Sachverständigen und dem Nutznießer zu unterhalten.

Und nachdem Sie ihm derart den »Bauch gepinselt« haben, fragen Sie ihn treuherzig, ob er möchte, daß die Angelegenheit eingestellt oder von Ihnen weiter verfolgt werden sollte. Er soll gar nicht auf die Idee kommen, es ginge um zwei Entscheidungen – nämlich *ob* das Projekt weitergeführt wird und wenn ja von *wem*. Es gibt nur die Entscheidung *ob*.

Zeigen Sie sich bei der Vorstellung Ihrer Ideen absolut überzeugt davon, daß die von Ihnen postulierten Nutzeffekte wirklich eintreffen! Wenn Sie von Ihrer Idee nicht überzeugt sind, wer sollte es sonst sein? Denken Sie also nicht in Problemen und Hindernissen, sondern in Lösungen und Ergebnissen. Seien Sie in Ihren Ausführungen nicht allgemein und verwaschen, sondern bestimmt und konkret. Zeigen Sie genau auf, wie Sie die Idee realisieren würden (finanzieller Aufwand, zeitlicher Ablauf, Ressourcenverbrauch etc.). Verpflichten Sie sich, im Falle der Beauftragung das Projekt innerhalb des Zeit- und Kostenrahmens durchzuziehen.

Wenn Sie es richtig angehen, haben Sie sich damit Ihr erstes eigenes – diesmal offiziell abgesegnetes – Projekt geangelt. Und mehr noch: Sie haben einen hochrangigen Manager auf sich aufmerksam gemacht, mit dem Sie nun ein »gemeinsames« Projekt verbindet.

Fazit: Der Moment, in dem man mit dem Regelverstoß an die Öffentlichkeit tritt, ist gefährlich und kann einen durchaus den Kopf kosten. Wenn man es jedoch professionell angeht, sich also der Unterstützung der drei Mächtigen versichert und auch nicht versucht, andere Personen mit Schmutz zu bewerfen, wird das »Comingout« wesentlich einfacher ausfallen, als man dies gemeinhin denkt. Mit selbstbewußtem und positivem Auftreten wird man danach seinen internen Wettbewerbern ein gutes Stück voraus sein.

»Klingt vernünftig«, warf ich ein. »Nur ... wer zum Teufel ist in dieser Situation der Nutznießer, wer der Sachverständige, von dem Sie gesprochen haben? Wer unterstützt mich?«

»Na«, antwortete der Alte, »das fragen Sie im Ernst? Da hätte ich Ihnen aber mittlerweile mehr zugetraut! Denken Sie einmal scharf nach.«

Das tat ich schon. Auf einmal war es sonnenklar. »Der Kunde! Es ist der Kunde!« Warum war ich darauf nicht gleich gekommen? »Aber er hat doch noch überhaupt nicht unterschrieben. Wie kann er mich da schon unterstützen?«

»Ich sagte es bereits«, beruhigte mich der Alte, »die ganze Situation ist gar nicht so übel, wie sie auf den ersten Blick aussieht. Den Deal haben Sie gewonnen. Der Einkauf versucht jetzt noch, mehr Rabatt aus Ihnen herauszupressen. Aber die Entscheidung dürfte gefallen sein. Oder?«

»Ja, klar«, stimmte ich ihm zu, »es geht jetzt nur noch darum, dem Einkäufer ein Erfolgserlebnis zu verschaffen. Von mir aus soll er das auch haben, ich darf nur nicht über einen bestimmten Prozentsatz hinausgehen, sonst bekomme ich ernsthaft Schwierigkeiten.«

Der Alte überlegte kurz und kam dann auf den Punkt. »Sie machen folgendes: Morgen rufen Sie den Einkäufer an und bitten ihn um einen Termin von einer halben Stunde. Sagen Sie, es gäbe noch etwas Wichtiges zu klären, bevor Sie in die Schlußverhandlung gehen können. Am besten, Sie fahren gleich morgen zu ihm. Machen Sie Druck. Sagen Sie, es ist wirklich wichtig. Wenn Sie ihm dann gegenüber sitzen, schenken Sie ihm reinen Wein ein.«

»Ich soll ihm die Wahrheit sagen?« unterbrach ich fassungslos. »Ich soll ihm erzählen, daß ich eigentlich überhaupt nicht mit ihm verhandeln dürfte? Was soll er von mir denken?«

»Das wird ihm egal sein«, erwiderte der Alte ruhig. »Er will die Sache jetzt abschließen und sein Erfolgserlebnis haben. Natürlich wird er fragen, ob Sie dann noch der richtige Verhandlungspartner sind. Sie werden das verneinen.«

»Verneinen? Jetzt verstehe ich gar nichts mehr.«

»Es stimmt doch! Sie können die Sache nicht abschließen, ohne ein ziemliches Risiko einzugehen. Also werden Sie dem Einkäufer versprechen, daß Sie zu einem Abschluß dieser Größenordnung und Wichtigkeit ohnehin Ihr Management mitbringen würden. Er wird das verstehen. Sie werden ihn dann fragen, wieviel Rabatt er denn noch will. Seien Sie ganz offen. Sagen Sie ihm, daß Sie ihm helfen werden, die Forderungen durchzusetzen. Machen Sie ihm klar, daß Sie mit ihm in einem Boot sitzen. Wenn Sie die Information haben, dann gehen Sie zum Management des Kunden und vereinbaren einen Termin für den Vertragsabschluß. Erzählen Sie, daß Sie Ihr Topmanagement mitbringen. Ich gehe davon aus, daß Ihre Kontakte beim Kunden hoch genug angesiedelt sind?«

»Ja, natürlich. Projekte dieser Größenordnung verkauft man nicht an den Systemadministrator.«

»Entschuldigen Sie die Frage«, bemerkte er schuldbewußt. »Man weiß ja nie. Wir müssen ganz sicher sein, daß die Veranstaltung so viel Glanz bekommt, daß keiner Ihrer Leute mehr daran denkt, wie sie zustande gekommen ist. Wo waren wir stehengeblieben ... ja, beim Termin. Lassen Sie sich zwei Terminvorschläge machen. Dann gehen Sie zu Ihrem Chef und erzählen ihm, daß der Kunde ihn und Ihren Geschäftsführer sehen will. Ihr Chef wird natürlich erst einmal große Augen machen. Dann wird er Sie fragen, was Sie überhaupt mit diesem Unternehmen zu tun haben. Schließlich ist es ja nicht in Ihrem Verkaufsgebiet. Geben Sie ganz offen zu, daß Sie gewildert haben. Und wiederholen Sie, daß Sie ihn und den Geschäftsführer beim Kunden brauchen. Erzählen Sie ihm, um wieviel Geld es geht. Informieren Sie ihn über das Projekt. Zeigen Sie ihm die Angebote. Und vergessen Sie nicht, ihm klar zu machen, was der Einkäufer noch sehen will. Und immer Druck auf den Termin machen. Das Gespräch wird nicht besonders angenehm sein. Dafür wird der Termin zum Vertragsabschluß um so angenehmer für Sie werden. Sie werden den Kunden als Unterstützung haben. Und einen mächtigeren Bundesgenossen als einen großen Kunden kann man sich im Vertrieb kaum vorstellen. Haben Sie das alles verstanden?«

Ich schrieb meine Notizen noch fertig. »Ja. Ich habe es mir aufgeschrieben.«

»Sehr gut«, sagte er zufrieden. »Der Ablauf muß genau so eingehalten werden. Sie haben keine anderen Optionen. Aber wenn das klappt, dann haben Sie einen großen Schritt vorwärts gemacht.«

»Warum geben Sie mir eigentlich all diese Tips?« platzte es aus mir heraus.

»Fragen Sie nicht so viel, junger Freund. Nehmen Sie einfach an, es macht mir Spaß.«

Nun ja, viel schlauer war ich damit nicht. Wie immer, wenn er mit seinen Ausführungen fertig war, beendete der Alte das Gespräch ziemlich knapp. Er wünschte mir Glück und verabschiedete sich. Ich entschloß mich, ein wenig spazieren zu gehen und mir den Ablauf des nächsten Tages noch einmal genau einzuprägen.

Am nächsten Morgen war ich um sechs Uhr morgens im Büro. Ich feilte noch ein wenig an meinen Stichworten für die Gespräche. Ich war zuversichtlich. Und am späten Abend hatte ich es tatsächlich geschafft. Mein Magen schmerzte zwar ein wenig, wie häufiger in letzter Zeit, aber ich war hochzufrieden.

Eine echte Ochsentour lag hinter mir. Die nicht einfachen Gespräche mit Einkauf und Management der Dignitas-Bank, die Fahrt zurück, unterwegs einen Termin mit Sonntag, meinem Chef vereinbart, dann ein paar Telefonate, und zuletzt der Termin mit Sonntag selbst. Und der war härter, als ich es mir vorgestellt hatte. Der Alte hatte recht gehabt. Das war alles andere als angenehm. Sonntag hatte mir angedroht, daß ich nach unserem Termin beim Kunden noch mit Konsequenzen zu rechnen hätte. Davor hatte ich nun wiederum keine Angst. Sonntag wollte Kuhn, unseren Geschäftsführer Vertrieb, zu Dignitas mitnehmen. Und wenn ich Kuhn dort auf meine Seite bringen würde, wäre Sonntags Einstellung mir gegenüber nicht mehr so wichtig.

Der Termin bei Dignitas lief denn auch wie geplant. Der Einkäufer bekam, was er für sein Selbstbewußtsein brauchte und die zwei Geschäftsführer beweihräucherten sich gegenseitig. Wie solche Treffen eben üblicherweise laufen. Man befriedigt gegenseitig seine Eitelkeiten und bemüht sich, ja nichts anzusprechen, was die Stimmung trüben könnte. Schließlich hatte man es zum Geschäftsführer gebracht und wollte auch die schönen Momente dieser Stellung auskosten.

Entsprechend dick fiel auch das Lob aus, das über mich ausgeschüttet wurde. Der Plan ging auf. Sonntag zuckte ein paarmal unwillig mit den Mundwinkeln, muckte aber nicht auf. Ich war aus dem Schneider. Noch besser, ich hatte Kuhn zu einem schönen Nachmittag verholfen. Und zu einer netten Geschichte für den nächsten Abend im Golfclub. Die Geschichte vom tapferen Vertriebsmann, der gegen alle Regeln den dicksten Deal des Jahres einfährt. Und es hätte schon mit dem Teufel zugehen müssen, wenn der Herr Geschäftsführer beim Erzählen nicht auch Parallelen zu seiner eigenen, mutigen und unkonventionellen Zeit an der Vertriebsfront gefunden hätte ...

Für meine Jahresquote brachte der Auftrag nichts mehr. Dazu war es zu spät. Für die Zielerreichung war bei uns das Datum der Rechnungsstellung ausschlaggebend. Und bis zum Abschluß des Projektes würden sicher einige Monate ins Land gehen. Zum Jahresende lag ich bei ca. 10% meiner Quote. Grund genug, mich zu feuern. Aber wer feuert schon den Mann, der den wichtigsten Auftrag des Geschäftsjahres geholt hat? Der vor versammelter Mannschaft vom Geschäftsführer als Teufelskerl gelobt wurde? Ich hatte endgültig verstanden, warum der Alte immer betont hatte, die Quote wäre komplett unwichtig, wenn man etwas wirklich Interessantes in der Hinterhand hat. Auch finanziell hatte sich meine schlechte Jahresperformance nicht niedergeschlagen. Ich hatte den Neukunden-Bonus bekommen. Einen ordentlichen Batzen! Während also die Kollegen beim 100% Club in Sankt Moritz mehr oder weniger gekonnt auf Skiern den Hang herunterrutschten, lag ich mit Anna am Strand in der Karibik. Ich war ganz zufrieden, nur Anna benahm sich etwas seltsam, sprach immer davon, wir müßten den Urlaub nutzen, »um uns wieder näher zu kommen«. Ich brauchte in erster Linie Erholung, um wieder fit zu sein für die nächste Runde in der Firma. Also verbrachte ich viel Zeit schlafend am Strand, während Anna irgendwelche Besichtigungstouren machte. Endlich hatte ich Zeit, in aller Ruhe im Brevier des Alten zu schmökern. Hier in der Sonne der Karibik lasen sich seine Regeln wie Geschichten aus einer anderen Welt. Die ersten Kapitel befaßten sich mit den Voraussetzungen für eine erfolgreiche Karriere:

Ausgangsbedingungen – das richtige Unternehmen

Ein bekannter Witz beschreibt eine Situation, in der ein offensichtlich stark Angetrunkener nachts unter einer Straßenlaterne verzweifelt nach etwas sucht. Ein vorbeikommender Passant fragt ihn, was er denn suche. Worauf der Betrunkene antwortet: »Meinen Wohnungsschlüssel.« Der Passant erbarmt sich und sucht mit. Ohne Erfolg. Nach zwanzig Minuten fragt er: »Ich kann nichts finden. Wo haben Sie denn den Schlüssel ungefähr verloren?« Der Betrunkene zeigt unbestimmt die Straße entlang in die Dunkelheit.

Der Passant ist entsetzt. »Ja um Himmels willen, warum suchen Sie denn dann nicht dort drüben?«

Der Betrunkene sieht ihn pikiert an: »Na, weshalb wohl? Weil es hier heller ist.«

Mancher junge Möchtegern-Karrierist verhält sich genauso wie der Betrunkene. Er sucht seine schnelle Karriere an einem Ort, von dem ihm jeder Mensch mit gesundem Verstand von vornherein abraten würde. Dabei sind der erste Arbeitgeber und die erste Position von ganz besonderer Bedeutung für das spätere Weiterkommen und sollten deshalb ganz bewußt ausgewählt werden. Aber was tun die meisten statt dessen? Sie nehmen den erstbesten Job an, der sich ihnen bietet. Meist, weil es so schön bequem ist. Zum Beispiel, weil sich das Unternehmen am Studienort befindet, oder weil bereits der Vater dort arbeitete, oder weil es das erste Unternehmen war, das eine Stelle anbot. Der Dümmste eines Studienjahrgangs wird in der Regel viel schneller vorankommen als der Intelligenteste, wenn der (wirklich?) Intelligente auf das falsche Unternehmen setzt und der (wirklich?) Dumme auf das richtige. Daß dies wirklich so ist, wird jeder bestätigen können, der einmal ein Abituriententreffen besucht hat.

Wie sieht nun das »richtige Unternehmen« aus? Zunächst einmal sollte es – zumindest in den Bereichen, für die man sich interessiert – wachsen. Es ist viel einfacher, sich auf eine neu entstehende Stelle zu positionieren, als um eine alte kämpfen zu müssen. Deshalb sollte man sich von schrumpfenden Unternehmen möglichst fernhalten. Zwar erzählen die Personalleute dieser

Unternehmen immer wieder, daß im Zuge des Umbaus des Unternehmens die alten Führungspositionen demontiert würden, weshalb besonders junge Menschen mit neuen Ideen gute Aufstiegschancen hätten, doch in der Realität sieht es anders aus.

Andererseits kann ein krisengeschütteltes Unternehmen wirklich gute Chancen für einen ungewöhnlich schnellen Aufstieg bieten. Da sich nur wenig wirklich gute Leute bei diesem Unternehmen bewerben, kann man sich dort schneller von den internen Mitbewerbern absetzen und die Karriereleiter hochklettern als bei einem erfolgreichen Unternehmen. Wie wenig das Erreichte wirklich wert ist, wird man aber feststellen, wenn man sich verändern möchte. Niemand will einen Mann, der von einem Verlierer kommt. Deshalb sollte sich ein Berufseinsteiger, der zu einem krisengeschüttelten Unternehmen geht, bewußt sein, daß er erst dann wieder einen richtigen Marktwert haben wird, wenn das Unternehmen den Turnaround geschafft hat. – Aber der unterliegt leider nicht seiner Kontrolle.

Ein weiteres Kriterium für die Auswahl des »richtigen« Unternehmens ist die Branche. Und zwar in Verbindung mit dem eigenen Fähigkeitsprofil. Bewegen Sie sich immer im Zentrum der Macht! Das heißt, Sie müssen in der Kernkompetenz des Unternehmens arbeiten.

Ich schmunzelte beim Lesen, während ich an meiner Pina Colada nippte. Daher kam die Regel »Bewege Dich im Zentrum der Macht«, die mich in der Tat erheblich vorangebracht hatte.

Häufig wird es so sein, daß Ihr Know-how – oder zumindest das, was Sie sich im Laufe der Zeit anzueignen gedenken – in mehreren Branchen wertvoll ist. In diesem Fall sollten Sie sich die in Frage kommenden Branchen genauer ansehen. Es ist erstaunlich, wie unterschiedlich gut die Branchen verdienen. Und je weniger eine Branche verdient, desto weniger verdienen die Unternehmen in dieser Branche. Und je weniger die Unternehmen verdienen, desto weniger bezahlen sie ihren Mitarbeitern. Es ist nicht unüblich, daß in der gut verdienenden Branche bereits ein einfacher Sachbearbeiter mehr Geld nach Hause trägt, als ein Abteilungsleiter in einem schlechter verdienenden

Wirtschaftszweig. Wer beispielsweise als Controller seine erste Stelle sucht, sollte lieber bei einer Gentechnologiefirma anfangen, als bei einem Schuhhersteller (noch besser ist er aber voraussichtlich in einer Wirtschaftsprüfungsgesellschaft aufgehoben). Mit seiner ersten Position stellt man die Weichen für sein weiteres Leben. Bei einem Berufsanfänger akzeptiert der Arbeitgeber nämlich noch, daß er etwas über die Branche lernen muß. Bei einem Quereinsteiger erwartet man dagegen, daß er Branchenerfahrung mitbringt. Der, der sich einmal auf den falschen morschen Ast gesetzt hat, wird also später nur noch schwer auf einen grünen Zweig kommen.

Auch das Image des Unternehmens ist wichtig. Die Erfahrung zeigt, daß ein Angestellter des Marktführers ohne Probleme eine Stelle bei einem kleineren, weniger renommierten Anbieter der Branche finden wird. Meist versüßt dieser den Imageabstieg sogar mit einer höheren Hierarchiestufe und mit mehr Geld. Wer dagegen bei einem Nobody der Branche anfängt, wird es als sehr schwer empfinden, zu einem renommierteren Unternehmen zu wechseln. Es ist nun einmal viel einfacher, die Leiter herunter- als hochzusteigen, und man sollte deshalb darauf achten, so hoch wie möglich – das heißt beim renommiertesten Unternehmen der Branche – einzusteigen.

Nun ist es nicht immer möglich, beim renommiertesten Unternehmen auch im Kernbereich anzufangen. Schließlich kann man nichts daran ändern, wenn die begehrte Investmentbank im Augenblick keine neuen Investmentbanker, sondern nur Hilfskräfte in der Recherche sucht. Was sollte man in diesem Fall tun? Überlegen! Es gibt eine Faustregel: Es ist zunächst wichtiger im richtigen Zug, als in der richtigen Wagenklasse zu sitzen. Sofern man sich im richtigen Zug befindet, kann man immer noch von der dritten in die zweite und dann in die erste Klasse wechseln. Wozu gibt es schließlich die Türen zwischen den Waggons? Allerdings muß es auch wirklich Türen zwischen den Klassen geben. Wenn Rechercheure eine gute Chance haben, in die wirklich wichtigen Positionen vorzudringen, sollte die Position des Rechercheurs angenommen werden. Wenn dagegen das Statement gilt, daß der Nachwuchs für die eigene Investmentabteilung grundsätzlich nur frisch von der Hochschule kommt und niemals eine interne Versetzung vorgenommen wird – und wenn darüber hinaus die Position des Rechercheurs keine Basis bietet, um irgendwo Investmentbanker zu werden, sollte man die Finger davon lassen.

Die Sonne brannte mir auf den Rücken. Ich nahm mein Badetuch und legte es in den Schatten einer Palme. Was ich gelesen hatte, bestätigte, daß ich in meiner Berufsplanung doch nicht alles falsch gemacht hatte. Schließlich war ich in das Traineeprogramm einer absoluten Wachstumsbranche eingestiegen, in der ziemlich gut bezahlt wurde. Und ich hatte es geschafft, intern zu wechseln. Es tat gut, sich derart bestätigt zu sehen. Ich las deshalb gleich weiter, als ich sah, daß das nächste Kapitel sich mit der Ausbildung beschäftigte. Mit meinem Wirtschaftsinformatikstudium brauchte ich da ja überhaupt nichts zu befürchten.

Anfangsbedingungen – Ausbildung

In der Nachkriegszeit gab es eine Fülle von Menschen, die es von ganz unten bis nach ganz oben schafften. Grete Schickedanz war eine einfache Verkäuferin mit Volksschulabschluß. Werner Niefer startete als Werkzeugmacher. Beide brachten es in ihrem jeweiligen Lehrbetrieb zum Vorstandsvorsitzenden. Grete Schickedanz bei Quelle und Werner Niefer bei Mercedes-Benz. Das war damals. Heute kommen diese Fälle so gut wie nicht mehr vor.

Für einen Arbeitgeber sind die Chancen, bei einem Bewerber mit mittlerer Reife eine intellektuelle Leuchte anzutreffen, so gering, daß es sich der Personalchef erst gar nicht antut, diesen zu einem Vorstellungsgespräch zu laden. Wozu auch? Das Angebot an Studierten ist riesig. Inzwischen werden Akademiker sogar für Aufgaben eingestellt, die früher Lehrlinge wahrnahmen. Ohne ein Studium bringt man es heutzutage meist nicht mehr weit. Ein akademischer Grad wird für den Managementnachwuchs einfach vorausgesetzt. Dabei ist es im Grunde genommen gleichgültig, was studiert wurde, denn die wirklich wichtigen Dinge lernt der Nachwuchsmann ohnehin erst im Unternehmen. Allerdings sind solche Brot-und-Butter-Studienrichtungen wie Betriebswirtschaftslehre und Ingenieurwesen bei der Suche nach dem ersten Job besonders hilfreich. (Bei einer Fachlaufbahn – von Karriere wollen wir da nicht reden – ist natürlich das Fachstudium zwingend erforderlich.)

Bei der Bewerbung um den ersten Job zählen die Abschlußnoten und das Thema der Diplomarbeit noch. Später ist das alles nicht mehr besonders wichtig. Ob eine Promotion sinnvoll ist, läßt sich zunehmend bezweifeln. Natürlich schadet ein Doktortitel nicht. Im Gegenteil, er nützte zumindest in der

Vergangenheit im titelgläubigen Deutschland ganz erheblich. Die »Doktoren« sind dementsprechend in der Vorstandsetage deutlich überrepräsentiert. Doch die Titelgläubigkeit nimmt ab. Man muß sich deshalb fragen, ob die zu einer richtigen Promotion notwendigen fünf Jahre wirklich investiert werden sollten. Eines sollte man als karriereorientierter Mensch auf keinen Fall tun: den Ehrgeiz entwickeln, eine besonders wichtige oder eine besonders gute Doktorarbeit abzugeben. Schließlich will man später nicht wissenschaftlich arbeiten, sondern in der Wirtschaft Karriere machen. Und da kommt es nur auf den Titel an. Und derjenige, der sich diesen Titel schnell und schmerzlos verschafft hat, kann später eine tolle Geschichte von demonstrierter Effizienz und Zielorientierung erzählen.

Wer wirklich einen Doktortitel benötigt, kann ihn sich später auch noch besorgen. Doktorväter sind gegenüber Kandidaten, die mit beiden Füßen im Berufsleben stehen, wesentlich anspruchsloser als gegenüber ihren Assistenten. Vor allem dann, wenn er in seiner Funktion als Manager ihren Instituten regelmäßig Aufträge vergibt. Da ist dann schnell einmal eine Doktorarbeit in 18 Monaten nebenher geschrieben. Und das Rigorosum ist nur ein Abklatsch dessen, was ein regulärer Doktorand über sich ergehen lassen muß. – Dem Doktortitel sieht man später den Unterschied allerdings nicht an.

So mancher Manager spart sich auch diese 18 Monate abendliche Arbeit und kauft den Doktortitel einfach. Auch das ist dem Titel nicht anzusehen. Allerdings darf so etwas nicht herauskommen. Deshalb geht die Mehrzahl dieser »Faulen« einen anderen Weg. Man gibt einmal pro Woche eine Vorlesung an der Hochschule, bei der sein Unternehmen regelmäßig Aufträge vergibt und läßt sich nach fünf Jahren einen Doktor h.c. verleihen.

Was macht aber ein Mensch, der zwar den Ehrgeiz hat, Karriere zu machen, aber keinen Studienabschluß vorweisen kann? Er sollte zunächst einmal akzeptieren, daß er einen Wettbewerbsnachteil hat und sich dann auf die Branchen und Tätigkeitsbereiche konzentrieren, die noch eine gewisse Durchlässigkeit besitzen. Dabei handelt es sich gemeinhin um die Bereiche, die für Akademiker weniger attraktiv sind. Eine dieser Branchen ist beispielsweise der Einzelhandel. Kaum ein Akademiker will sich täglich in ein Ladengeschäft stellen. Die meisten Positionen der Niederlassungs- und Marktleiter sind deshalb mit Praktikern besetzt. Und wer Marktleiter ist, der kann es auch leicht zum Gebietsleiter bringen.

Das wohl durchlässigste Aufgabengebiet über alle Branchen hinweg ist der Vertrieb. Auch dort können nicht alle Positionen mit Akademikern besetzt werden, weshalb Außenseiter eine Chance haben. Ist man erst einmal im Verkauf, wird die Leistung transparent, denn nirgends im Unternehmen wird der individuelle Erfolg so klar und eindeutig dokumentiert wie dort. Außerdem kann man in keiner anderen Funktion derart gut all jene zur Karriere notwendigen Eigenschaften trainieren wie im Verkauf. Dem erfolgreichen Verkäufer stehen die Türen in das Vertriebsmanagement und – sofern es sich um eine Vertriebsfirma handelt – bis zur Geschäftsleitung offen. Ein weiterer Bereich, der Chancen bietet, sind junge Unternehmen in Branchen wie Multimedia oder Internet, die schnell wachsen und in denen es noch keine feststehenden Stellenbeschreibungen gibt.

Hhm. Interessant. Ich trug einem der Jungen, die sich am Strand die ersten Dollars damit verdienten, für Touristen kleine Besorgungen zu machen, auf, mir noch eine Pina Colada zu bringen. Ich mochte das angenehm betäubende Gefühl, das mich unter der sengenden Sonne bereits nach dem ersten Drink durchströmte. Dann nahm ich mir den letzten Abschnitt zu den Ausgangsbedingungen vor. Das Alter. Hier war ich wirklich neugierig, was der Alte zu sagen hatte. Nach einem kräftigen Schluck aus dem Glas begann ich zu lesen.

Ausgangsbedingungen – Alter

»Deutsche Studienabgänger sind zu alt!« Dieser häufig gehörte Satz zieht sich wie ein roter Faden durch viele Veröffentlichungen zum Thema Nachwuchs und findet sich so ziemlich in jeder Sonntagsrede, die Politiker und Verbandsfunktionäre vor verständnisinnig nickendem Publikum halten. Vielleicht stimmt diese Aussage sogar für die große Masse. Für Leute, die Karriere machen wollen, ist sie auf jeden Fall vollkommen irrelevant.

Es nützt überhaupt nichts, in Rekordzeit durch das Gymnasium und anschließend durch das Studium in ein Unternehmen zu eilen, denn kein deutsches Großunternehmen wird einem 23jährigen »Kind« viel Verantwortung übergeben. Das einzige, was ein solcher Schnelldreher mit seinem frühen Eintritt erreicht, ist, daß er sich drei bis fünf Jahre länger auf der Ebene des Spezialisten bewegen muß und dabei all das tut, was ihn weiter von der Karriere entfernt. Er verliert sich in Details und gewöhnt sich an die jährlichen – moderaten – Gehaltserhöhungen. Am Ende tut er dann genau das, was andere von ihm wollen. Und warum auch nicht? Schließlich hat der Schnelldreher es ja immer so gehalten! Die eigene Meinung und der eigene Wille sind dabei auf der Strecke geblieben. Die Perspektive häufig auch.

Wenn Sie Karriere machen wollen, sollten Sie sich mit Ihrem ersten Job ruhig Zeit lassen. Sie sollten in aller Ruhe studieren und dafür sorgen, daß der Spaß am Leben nicht zu kurz kommt. Das fördert die Gelassenheit und die emotionale Intelligenz. Das Auslandspraktikum, das Schnupperstudium in einer völlig anderen Fachrichtung, der Nebenjob oder das eingelegte Reisejahr durch Südostasien. (Tun Sie es jetzt. Sie tun es sonst nie wieder und ärgern sich später grün. Es kommt wirklich nicht auf das eine Jahr an, und die Kosten halten sich in Grenzen.) All das entwickelt Ihre Persönlichkeit und läßt Sie reifer und abgeklärter werden. Sie verhindern damit auch, daß Ihre Vorgesetzten Sie später gar zu einfach nach ihrer Fasson zurechtbiegen können. Wenn Sie mit 26 oder 27 dann einen Job suchen, werden diese Engagements bei der Bewerbung sicher auch gewürdigt werden, denn Vorgesetzte suchen aus den hohen Stapeln von Bewerbungsunterlagen immer mehr jene heraus, die sich in ihrem Lebenslauf von der breiten Masse unterscheiden. Wer zu einem späteren Zeitpunkt einsteigt, braucht nur zwei Jahre in der Mühle des Spezialistentums überleben. Allerdings sollten Sie vor Ihrem ersten Job auch noch nicht älter als 30 sein. Zum einen, weil 30 eine Schallmauer ist, bei deren Erreichung eine Bewerbung auf einen Einstiegsjob für gewöhnlich ohne weitere Prüfung zur Seite gelegt wird, zum anderen, weil sonst die verbleibende Zeit für die Karriere zu kurz wird.

Gibt es Faustregeln, wie beispielsweise »Abteilungsleiter sollte man mit 28 Jahren sein, Hauptabteilungsleiter mit 33«? Ja, solche Faustregeln gibt es. Sogar jede Menge! Und alle sind absoluter Blödsinn! Es gibt lediglich eine einzige Regel, und sie gilt unumstößlich für alle Unternehmen. Sie lautet: »In den Augen der anderen ist man für eine Aufgabe immer zu jung. – Bis zu dem Zeitpunkt, in dem man viel zu alt für sie ist.«

Es gibt wirklich kein »ideales« Alter. Wer nicht genau aufpaßt, dem wird jahrelang gesagt werden, er sei »noch etwas zu jung« für den verantwortungsvollen Job und sollte sich »noch etwas gedulden«. Dann ist er plötzlich zu alt und sieht Jüngere an sich vorbeiziehen.

Nach verbreiteter Meinung sollte man mit 40 die Position unter der eigentlichen Zielposition erreicht haben. Wenn Sie Vorstand werden wollen, müssen Sie also mit 40, spätestens mit 45, stellvertretender Vorstand sein. Das bedeutet eine Menge von Ebenen, die Sie bis dahin durchlaufen haben müssen. Sie können es sich deshalb gar nicht erlauben, fünf Jahre auf einem Job zu sitzen. Lassen Sie sich nie damit vertrösten, daß Sie für eine Funktion zu jung seien. Bestehen Sie darauf, daß Sie den Job machen können. Lassen Sie vor allem selbst keine Unsicherheit in sich aufkommen. Viele Karrieristen stehen sich selbst im Wege, indem sie glauben, »noch nicht reif für die große Verantwortung« zu sein. Das ist absoluter Bullshit!

Fast jeder Manager hat sich beim Erreichen eines bestimmten Hierarchielevels schon einmal gefragt: »Was um alles in der Welt erschien mir früher an diesem Job so anspruchsvoll?« Entgegen landläufiger Meinung werden die Aufgaben mit zunehmender Hierarchie nämlich nicht schwieriger – sie bleiben bestenfalls gleich schwierig. Sie sind nur anders. Nur von unten sieht es immer extrem anspruchsvoll aus, und die Vorgesetzten vermeiden natürlich tunlichst, diesen Eindruck zu verändern. Schließlich begründet diese Fehleinschätzung einen nicht unerheblichen Teil ihres Status. Folgendes Bild mag das verdeutlichen: Untergebene sehen die Hierarchie ähnlich wie Bergsteiger, die einen Berg von unten sehen. Sie erblicken lediglich die steilen schroffen Felswände. Was ihnen völlig entgeht, sind die flachen Stücke und die Wege, die sich im toten Winkel hochziehen. Diese sind erst von oben sichtbar. Sobald man oben steht schüttelt man den Kopf und sagt sich: »Weshalb habe ich nur den Weg nicht gesehen? Eine Autobahn!«

Natürlich gibt es gelegentlich auch einmal Jobs, die wirklich hart sind. Aber die sind es für jeden Menschen – also nicht nur für Sie. Nahezu jeder Topmanager berichtet davon, daß er zumindest einmal in viel zu großen Stiefeln stand. Meist wurden die betreffenden Personen in diese Stiefel hineingestellt und fühlten sich von Aufgaben wie dem Aufbau neuer Landesgesellschaften, der Schließung von Produktionsstandorten oder ähnlichem total überfordert. Aber sie haben es überstanden und berichten, daß sie dabei mehr lernten, als in zehn anderen Positionen zuvor.

Wer Manager werden will, muß wissen, daß es sich bei seinem Beruf um keinen Lehrberuf mit einem von der IHK vorgeschriebenen Berufsbild und einer bis in das letzte Komma ausgefeilten Ausbildungsordnung handelt. Es gibt keine Vorschriften bezüglich des Alters oder der Erfahrung. Es gibt auch keinen »typischen Lehrweg«. Oft ist das Training für eine Position sogar einzig und alleine auf der Position selbst möglich. Oder glauben Sie im Ernst, daß Bill Clinton, bevor er mit gerade einmal 46 Jahren Chef des »Unternehmens« *Vereinigte Staaten von Amerika* wurde, jahrelang auf einer »Präsidentenlehrstelle« übte, wie mit dem atomaren Knopf umzugehen ist? Glauben Sie, er hat vorher schon ein anderes »Unternehmen« mit einem ähnlichen »Umsatz« (immerhin 6,3 Billionen Dollar) und ähnlich vielen direkt von ihm Abhängigen (über 250 Millionen Menschen) managen können? Natürlich hatte er in seinem vorherigen Job, als Gouverneur von Arkansas – den er übrigens mit 32 Jahren antrat, wahrscheinlich in dem Alter, in dem er sich ganz sicher war, die Verantwortung für einen ganzen Staat auf seinen Schultern tragen zu können – schon ein wenig über Budgetierung und Politik gelernt. Aber andere zentrale Aufgaben seines neuen Jobs, wie Verteidigung, Außenpolitik, etc. kannte er nur vom Hörensagen. Und trotzdem hat er sich um den Job beworben und ihn dann auch angenommen. Weil er ihn wollte! Und weil es die einzige Möglichkeit war, die zur Ausfüllung notwendigen Fähigkeiten zu erlangen! Sicher stellte er fest, daß der Job gar nicht so schwierig ist, wie er ursprünglich gedacht hatte. Schließlich hatte zuvor selbst ein Schauspieler die Position besetzen können! Und wozu gibt es dieses Heer von Beratern und Fachleuten? Wenn er auf seine vorsichtigen Freunde gehört und immer nur die Position angestrebt hätte, von der er sich sicher war, sie bereits jetzt vollständig ausfüllen zu können, dann wäre er jetzt mit etwas Glück wahrscheinlich ein Hauptabteilungsleiter in Little Rock.

Deshalb lassen Sie sich nicht mit der Aussage abspeisen, Sie seien zu jung für eine Position. Viele derjenigen, die »eigentlich noch zu jung« sind, werden befördert, sofern sie nachdrücklich darauf bestehen. Diejenigen, die noch befördert werden, obwohl sie »eigentlich schon zu alt« sind, können Sie dagegen an einer Hand abzählen. Springen Sie immer ohne Furcht ins kalte Wasser: Entweder stellt sich heraus, daß der Job überhaupt nicht so anspruchsvoll ist, wie er vorher erschien, oder Sie werden sich durchkämpfen. Das Ergebnis ist immer das gleiche: der Erfolg! Lediglich der Weg dorthin un-

terscheidet sich und den können Sie erst im nachhinein wirklich richtig beurteilen.

Im Geiste zählte ich die Jahre, die mir blieben, bis ich Vice President sein müßte, um noch Chancen auf den Posten unseres CEO zu haben. Ich erschrak etwas, als ich feststellte, wie wenig Zeit mir eigentlich blieb. Ich nahm mir vor, nichts dem Zufall zu überlassen und mein Projekt bei der Dignitas mit Hochdruck durchzuziehen. Abends auf dem Balkon unserer Ferienwohnung schrieb ich dem Alten eine Karte:

»Hallo Herr Weiser,

liege am Strand und genieße die Früchte meines Erfolges. Danke für die guten Tips. Habe den Auftrag bekommen. In zwei Wochen geht es wieder los, mit voller Energie in das Projekt. Muß jetzt den Kunden aufbauen. Da liegt ein Riesenpotential drin.

Grüße

Thomas Wille«

Die Zeit verging schnell, wie das im Urlaub nun einmal so ist. Zurückgekehrt nach Deutschland ließ mich ein Berg von Post auf meinem Schreibtisch innerhalb weniger Minuten vergessen, daß ich jemals im Urlaub gewesen war. Das meiste bezog sich auf das Projekt – *mein* Projekt – und deshalb war ich guter Stimmung beim Durcharbeiten. Kurz vor Mittag klingelte das Telefon. Der Alte. Ich wunderte mich, er hatte mich noch nie von sich aus angerufen.

»Vielen Dank für Ihre Karte«, begann er. »Ich sehe, Sie haben die Lektion über das Aufrechterhalten von Kontakten verinnerlicht.«

»Ja«, log ich. »Ich habe allen meinen wichtigen Kontakten Karten geschrieben. Gelernt ist gelernt.« Ich war erstaunt über mich selbst, wie frei von der Leber weg ich auf einmal lügen konnte. Die harte Schule des Karrieremachens zeigte ihre Wirkung. Nun, das konnte mir nur nutzen. Die Situationen, in denen ich mit der Wahrheit weiterkam, waren in letzter Zeit ohnehin immer seltener geworden. »Tolle Sache mit dem Auftrag«, fuhr ich fort. »Das wird mich jetzt wohl eine ganze Weile in Atem halten.

Ich muß jetzt zeigen, daß ich das Ding auch bis zum Schluß durchziehen kann.«

»Bis zu welchem Schluß?« fragte der Alte. »Bis das Projekt gescheitert ist? Oder bis es erfolgreich abgeschlossen ist und Sie wieder mit leeren Händen dastehen, weil es Ihnen keine Zeit zum Akquirieren gelassen hat? Oder bis Sie den Kunden zu einem Key Account aufgebaut haben und ein altgedienter Key Account Manager sind, doppelt so teuer wie die Jungen, die im Unternehmen nachwachsen und deshalb auch doppelt so gefährdet wie diese?«

»Halt, halt!« unterbrach ich ihn, völlig verständnislos. »Was erzählen Sie mir denn da? Was soll das heißen? Wollen Sie mir meinen Erfolg mies machen?« Eigentlich war es ja mehr sein Erfolg, aber so etwas vergißt man doch recht schnell.

»Ihr Temperament in Ehren«, versetzte er trocken, »aber Sie müssen dieses Projekt mit etwas weniger Emotionen sehen. Das ist nur ein kleiner Schritt von vielen. Wenn Sie jetzt Ihre Energie auf das Projekt konzentrieren, dann haben Sie damit die letzte Stufe Ihrer Karriere erreicht. Das ist alles, was ich sagen wollte. Etwas spitz formuliert, gebe ich zu, aber ich meine es todernst. Sie haben jetzt die Chance, den großen Schritt zu machen. – Sie wollen doch noch Karriere machen, oder?«

»Ja, natürlich!« Warum fragte er mich das nur immer wieder? Warum sollte ich denn meine Ziele ändern? Manchmal ärgerte ich mich fast über ihn und sein ständiges Nachfragen.

Aber der Alte fuhr ungerührt fort. »Gut, dann beginnt jetzt ein ziemlich hektisches Jahr für Sie. Das hektischste in Ihrer gesamten Karriere. Und in diesem Jahr müssen Sie vor allem anderen eine Regel beachten, die noch neu für Sie sein dürfte:«

Regel 8: Fange viele Dinge an, aber bringe nichts Wesentliches zu Ende

Einer der weit verbreiteten Irrtümer ist der, man müsse sich durch den erfolgreichen Abschluß eines großen langjährigen Projekts oder durch den nachgewiesenen Erfolg in einer Position für höhere Aufgaben empfehlen. Das ist – zumindest was Senkrechtstarter angeht – vollkommener Quatsch. Kein Mensch wird deshalb befördert, weil er in seinem jetzigen Job bienenfleißig und erfolgreich ist! Im Gegenteil. Vielleicht ist er so gut, daß ihn niemand weggehen lassen möchte.

Befördert wird man nicht aufgrund nachgewiesener Erfolge, sondern aufgrund der *Vermutung* der Unternehmensleitung , daß man künftig die Herausforderungen einer höher angesiedelten Position besonders gut bewältigen kann. Es wird immer ein »Vermuten« sein. Selbst der in seinem momentanen Job höchst Erfolgreiche kann eine Ebene höher kläglich scheitern. Es ist allgemein akzeptiert, daß jede Ebene spezifische, jeweils andere Erfolgsfaktoren hat. Wenn aber die neue Aufgabe ganz andere Erfolgsfaktoren benötigt als die bisherige Tätigkeit – welchen Sinn macht es dann für die Unternehmensleitung, auf den bisherigen Erfolg zu schauen? Wenig! Es ist viel sinnvoller darauf zu achten, wie die Person Probleme angeht und mit schwierigen Situationen umgeht.

Der Karrierist auf der Überholspur muß also nicht jahrelang auf einer Stelle sitzen, sondern versuchen, den Eindruck zu erwecken, daß er genau der richtige Mann für die nächste Hierarchiestufe ist. Er muß dies sofort nach der Beförderung angehen. Denn zu diesem Zeitpunkt kann er sich noch der Aufmerksamkeit des oberen Managements sicher sein. Wenn es der Karrierist in diesen wenigen Wochen nicht schafft, die Aufmerksamkeit weiter zu fesseln, geht er wieder im Meer der anderen Mitarbeiter unter. Dann kann es wirklich wieder Jahre dauern, bevor die Karriere weitergeht.

Wie schafft man es, sich nach der Übernahme der ersten richtigen verantwortlichen Position für künftige, noch wichtigere Aufgaben zu empfehlen? Das hängt natürlich ganz wesentlich von den Herausforderungen ab, denen sich das Unternehmen im Augenblick gegenüber sieht. Es soll schon Aufsteiger gegeben haben, die erkannten, daß Personalabbau das dringendste (aufgeschobene!) Problem ihres Unternehmens war, und die bereits eine Woche, nachdem sie ihre neue Position innehatten, einen detaillierten Plan vorlegten, wie sie die Arbeit reorganisieren und die Beschäftigtenzahlen in ihrem Bereich um dreißig Prozent reduzieren könnten. Und das, obwohl der eigene Bereich sogar einer derjenigen war, die eigentlich zu wenig Mitarbeiter hatten! Sie empfahlen sich damit für die gesamte Aufgabe. »Schaut an«, sagte die Firmenleitung, »der hat keine Angst davor, unangenehme Themen anzugehen. Der packt einfach an. Laßt uns den mal auf die Gesamtaufgabe loslassen.«

Auch wenn eine solche Vorgehensweise erfolgreich sein kann, so empfiehlt es doch nicht, alles auf eine einzige Karte zu setzen. Das mit Abstand erfolgreichste Konzept ist vielmehr, eine ganze Flut von neuen Dingen zu beginnen. Lassen Sie ein Feuerwerk an Aktivitäten los! Schießen Sie aus allen Rohren! Schieben Sie so viele Dinge an, wie Sie nur können! Laden Sie sich immer neue Dinge auf! Warum?

Alle merken, daß Sie ein »Macher« sind. Lange Diskussionen darüber, was für ein Mann der Neue ist, erübrigen sich also. Außerdem werden Ihre Mitarbeiter ständig auf Trab gehalten. Die Vielzahl der Aktivitäten färbt sich auch ganz automatisch auf Sie selbst ab. Plötzlich sind ständig Leute hinter Ihnen her, die Sie für Besprechungen, Stellungnahmen etc. haben wollen. Sie müssen kontinuierlich Prioritäten ändern, Termine verschieben etc. Das bringt Ihnen innerhalb kürzester Zeit das Image des gesuchten und vielbeschäftigten Managers. Versuchen Sie nie, die Projekte zu gut zu koordinieren. Wenn alles zu reibungslos geht, verlieren Sie an Status.

Jetzt können Sie beweisen, was wirklich in Ihnen steckt, daß Sie der geborene Entscheider sind. Lassen Sie andere daran teilhaben. Wie Sie das tun? Ganz einfach. Bei einem Ihrer hektischen Spurts zur nächsten Besprechung werfen Sie beispielsweise Ihrer Sekretärin eine Konferenzbroschüre auf den Schreibtisch. »Melden Sie mich da an. Da spricht unser Wettbewerber. Da muß ich unbedingt dabei sein. Und buchen Sie einen dieser günstigen Flüge! Man muß ja nicht das Geld mit beiden Händen zum Fenster rausschmeißen.«

Sie wissen, daß die Konferenzteilnahme 1.500 Euro kostet.

Sie wissen, daß Sie mit dem günstigen Flugticket zwar 250 Euro sparen, Sie es dafür aber auch nicht mehr umbuchen oder zurückgeben können.

Und Sie wissen noch etwas: Sie werden mit Sicherheit nicht zu dieser Konferenz fliegen!!!!

Das behalten Sie aber schön für sich. Kurz vor dem Termin sagen Sie nämlich zugunsten anderer, nicht vorhergesehener Aktivitäten ab. Nichts demonstriert die Fähigkeit zur schnellen Prioritätenänderung besser, als kurz entschlossen auf ein Konferenzteilnahme zu verzichten, auf die man sich bereits wochenlang öffentlichkeitswirksam gefreut hat. (»Aber da kann man nichts ändern. Das Projekt X ist einfach wichtiger!«) Daß dabei Geld für nicht in Anspruch genommene Leistungen gezahlt werden muß, macht die ganze Angelegenheit nur noch eindrucksvoller. Außerdem können Sie das zum Anlaß nehmen, um zu Ihrem Chef zu gehen und zu sagen: »Tut mir leid. Aber die Entscheidung mußte ich leider treffen. Ich wäre nur zu gern dort hingeflogen.« So ist sichergestellt, daß er von Ihrer beachtlichen Fähigkeit zu schnellen Entscheidungen auch wirklich erfährt. Auch dem Geschäftsführer können Sie diese Story beim Pinkeln oder auf der gemeinsamen Aufzugfahrt erzählen. Wenn Sie die Aktion völlig ausreizen wollen, sagen Sie: »Nachdem wir das Geld so oder so zahlen müssen, schicke ich den Schmidt hin!« Herr Schmidt wird sich mit ewig dauernder Loyalität für diese generöse Geste bedanken. – Und das alles erreichen Sie mit einer Konferenzteilnahme, die Sie nie interessierte!!!

Ihre Orgie an Änderungen und Ihr umtriebiges Wesen bleibt der Unternehmensleitung natürlich nicht verborgen – zumal Sie selbst dafür sorgen, daß sie stets darüber informiert ist (Public Relations: Tue Gutes und rede darüber!). Das Trommelfeuer Ihrer Aktivitäten demonstriert, daß Sie alles haben, was man auf einer höheren Ebene benötigt: Tatkraft, Führungsqualitäten, Änderungswillen, Belastbarkeit, Fleiß, Entscheidungsfreude.

Welche Themen sollten Sie in Ihrem Aktivitätenrausch angehen? Ein kleiner Teil sollte aus »Schnelldrehern« bestehen, die innerhalb kurzer Zeit realisiert werden können. Schnelldreher sind eigentlich keine Probleme, sondern allerhöchstens Problemchen. Typischerweise handelt es sich um triviale und risikolose Dinge, die Ihre Mitarbeiter oder Ihre (internen und externen) Kunden schon seit langem stören. Ein Beispiel können überflüssige Unterschriften oder nicht vorhandene Zeichnungsrechte sein. Die Lösung ist meist bereits im Kopf eines Mitarbeiters vorhanden und kann innerhalb kürzester Zeit, manchmal sogar innerhalb eines Tages, umgesetzt werden. Schnelldreher verschaffen Ihnen das Image des erfolgreichen Machers und motivieren Ihre Mitarbeiter auch dazu, an den langwierigen Projekten mitzuarbeiten. Die anderen Themen sind langwieriger und grundsätzlicher.

Konzentrieren Sie sich bei den grundsätzlicheren Aufgabengebieten auf drei Blöcke: (1) Themen, die Schlüsselaktivitäten Ihres Bereichs angehen, (2) Themen, die einzig und alleine Ihrer Karriere dienen, und (3) politische Themen.

Schlüsselthemen drehen sich um die grundsätzliche Leistungserstellung Ihres Verantwortungsbereichs. Setzen Sie Projekte auf, die an den Grundstrukturen angreifen. Zum Beispiel könnten Sie sich entscheiden, ein neues Datenverarbeitungssystem auszuwählen, weil das alte zu teuer, zu unbeweglich, zu – was weiß ich – ist. Je längerfristig das Projekt angelegt ist, desto besser. Aber gehen Sie es trotzdem so an, als hinge Ihr Leben davon ab!

Aufgaben, die Sie einzig und alleine Ihrer Karriere willen angehen, sind beispielsweise Vortragstätigkeiten auf Kongressen, Mitgliedschaften oder Verbandstätigkeiten. Auch die Mitarbeit im Organisationskomitee für die Fünfzigjahrfeier gehört dazu. Sie können diesen Aktivitäten immer einen schönen Mantel umhängen, aber im Grunde tun Sie es, um bekannter zu werden und Ihr Netzwerk weiter auszubauen.

Die politischen Themen sind sehr wichtig. Sie sind nämlich meist bereichsübergreifend und besitzen zudem den schönen Vorteil, daß sie mit einem Male »heiß« werden können. Zum Beispiel »Qualitätssicherung durch ISO 9000«, »Informationsbedarfsmanagement«, »Prozeßananlyse«, »Umwelttechnik«, »Reengineering«. Viele dieser Themen haben natürlich bereits einen Eigentümer im Unternehmen. Andere sind völlig herrenlos. Daß es Unmengen von zukunftsorientierten Themen gibt, werden Sie feststellen, wenn Sie die Prospekte von Seminaranbietern ansehen. Suchen Sie sich ein oder zwei Themen aus, von denen Sie glauben, daß sie für das Unternehmen relevant sind, oder in Kürze relevant werden, und nehmen Sie sie in Beschlag. Dadurch, daß Sie sich »einen Schuh anziehen«, den bisher noch niemand »angezogen« hat, halten Sie zum einen andere davon ab, dieses Thema ihrerseits zu besetzen. Zum anderen macht es Sie noch sichtbarer, und Sie können aus Ihrem eigenen Fachbereich hinausgehen. Angenommen, Ihre Position ist in der Produktion angesiedelt und es gäbe noch keine Anstrengungen in Richtung ISO 9000, dann könnten Sie sich dieses Thema greifen. Sie würden zunächst Know-how aufbauen und dann Informationsveranstaltungen dazu machen, Erfahrungsgespräche mit Leitern benachbarter Abteilungen führen. Nachdem Sie so den Boden bereitet haben, stoßen Sie die ISO-Zertifizierung Ihres Unternehmens (des ganzen Unternehmens und nicht nur der Produktion!) an. Aber selbst wenn die Geschäftsleitung schneller wäre, würde sie natürlich den »erfahrensten Mann zu diesem Thema« nicht übergehen, sondern an zentraler Stelle einbauen. »Gott sei Dank haben wir jemand im Unternehmen, der sich damit bereits auskennt!« werden die Herren Geschäftsführer seufzen und Ihnen mehr Budget und mehr Leute geben, um diese ach so schwere Arbeit auch noch zu erledigen.

Häufig wird eingewandt, daß es langfristig vollkommen unmöglich sei, viele parallele Projekte zum Erfolg zu führen. Wer sich zu viel auf einmal vornimmt, werde irgendwann einmal Schiffbruch erleiden.

Was soll man dazu sagen?

Nun: Das ist vollkommen richtig!

Deshalb lautet der zweite Teil der Regel »Fange viel an« unbedingt: »Bringe nichts Wesentliches zu Ende!«.

Wer schon beim Projektstart an die möglichen Schwierigkeiten denkt, traut sich nämlich sicher nicht, genug Aktivitäten parallel zu starten, um die Aufmerksamkeit der Firmenleitung und damit die nächste Beförderung zu erlangen. Also vergessen Sie einfach, daß »man« normalerweise davon ausgeht, daß »man« das, was »man« anfängt, auch zu Ende bringen muß.

Wenn Sie Ihr eigenes Ziel im erfolgreichen Abschluß der Projekte sehen würden und nicht nur in deren erfolgreichem Start, würden Sie sich zudem emotional viel zu stark an die Projekte binden. Jedes Projekt, das Sie zu einem Ende bringen wollen, hält Sie nämlich wie ein tonnenschwerer Anker auf Ihrer jetzigen Position fest, während andere lustig an Ihnen vorbei ziehen. Tatsächlich sind Projekte eine häufig genutzte Methode, einen internen Konkurrenten elegant aufs Abstellgleis zu schieben, indem man ihm ein langjähriges Projekt zuschanzt und es sogar noch weiter für ihn »aufbläst«. Man bläht es so sehr auf, daß der Konkurrent es kaum erfolgreich realisieren kann. – Zumindest nicht in weniger als vier Jahren. Und in dieser Zeit ist der Kollege leider völlig unabkömmlich. Die Karrieren machen derweil andere. Also tun Sie sich einen Gefallen und hängen Sie nicht Ihren Ehrgeiz daran, das, was Sie gestartet haben, auch zu einem Ende bringen zu wollen.

Das vollständige Durchziehen eines viele Monate langen Projektes stellt darüber hinaus auch ein nicht zu unterschätzendes Risiko für Ihre Karriere dar. Jedes Projekt kann nämlich schiefgehen! Und Mißerfolge sind gar nicht gut für die Karriere! Nachgewiesene Erfolge nützen der Karriere weit weniger als angenommen. Eingesteckte Niederlagen dagegen schaden weit mehr als gemeinhin gedacht. Während man in den Vereinigten Staaten nach einem kapitalen Mißerfolg (z.B. nach einem Konkurs als Firmengründer), einen bestimmten »Erfahrenheits«-Bonus erhält, da man ja nunmehr weiß, welche Dinge man künftig unterlassen sollte, bekommt man in Deutschland ein Kainsmal auf die Stirn gebrannt, das ein Leben lang wirkt. Ein gescheiterter Firmengründer wird in Deutschland von keiner Bank mehr Geld erhalten. Einem gescheiterten Manager wird nicht mehr vertraut. (Lediglich die höchste Führungsetage – die der angestellten Geschäftsführer und Vorstände – scheint hier eine Ausnahme zu machen. Dort werden selbst dann noch Jobs vergeben, wenn man mehrere Unternehmen ruiniert hat. Aber dort sind Sie ja noch nicht.) Hüten Sie sich deshalb davor, bei Niederlagen als Verantwortlicher genannt zu werden.

Sie müssen also bereits wieder auf einem anderen Posten sitzen, wenn das Kartenhaus in sich zusammenbricht. Kaum ein Senkrechtstarter, und nur um die geht es hier, hat ein gut bestelltes Haus für seinen Nachfolger hinterlassen. Meist mußten ihre Nachfolger ein Chaos von Aktionen übernehmen und an diesen erbärmlich scheitern.

Nun werden Sie sich wahrscheinlich fragen, ob diese Politik der verbrannten Erde nicht Ihrer Karriere schadet. Keine Sorge. Ins richtige Licht gerückt erhöhen die Fehlschläge Ihrer Nachfolger sogar Ihr Image als Supermann. Wie oft wurde in Managementbesprechungen nicht schon der scheinbar so wehleidige Spruch gehört »Da setzt man etwas in mühevoller Arbeit auf die Schiene, und dann macht es ein anderer innerhalb kurzer Zeit kaputt«? Sehr, sehr häufig!

Beliebt sind auch die selbstanklagenden Äußerungen gegenüber der Geschäftsleitung, wenn wieder einmal eines der Projekte, die man in der vorherigen Position gestartet hatte den Bach hinunter gegangen ist: »Es war falsch von mir, da wegzugehen« oder »Wäre ich doch nur dort geblieben, dann wäre das sicher nicht passiert.«

Doch meist muß man das gar nicht selbst ansprechen. Verlassen Sie sich darauf: die Geschäftsleitung kommt von alleine zu ähnlichen Aussagen. Die kleine Feinheit, daß Herr Super die von hehren Absichtserklärungen charakterisierte Startphase übernahm, während Herr Normal nun die vollmundig versprochenen Ergebnisse liefern soll, wird übersehen.

Nachdem Sie nun wissen, welche Verhältnisse Senkrechtstarter hinterlassen, ist klar, daß Sie sich jeden angebotenen neuen Job aufmerksam daraufhin ansehen sollten, ob bereits der Vorgänger den Grundsatz »Fange viel an und beende nichts« verinnerlicht hat. Falls ja: Lassen Sie tunlichst die Finger von dem Job! Denn die vermeintliche Chance ist in Wirklichkeit Gift für Ihre Karriere. Sie können kaum gewinnen, aber alles verlieren. War dagegen der vorherige Stelleninhaber mehr als fünf Jahre auf der Position, muß man kaum befürchten, daß man die Aufgabe nicht stemmen kann. Im Gegenteil: Es gibt wahrscheinlich jede Menge Handlungsbedarf. Eine Basis für ein Aktivitätenfeuerwerk, wie es im Buche steht.

Fazit: Nutzen Sie die ersten hundert Tage in Ihrer neuen Umgebung dazu, möglichst viele Projekte anzugehen. Besetzen Sie wichtige politische Themen und wirbeln Sie derart herum, daß den anderen Hören und Sehen vergeht. Hüten Sie sich aber davor, auch nur einen Moment daran zu denken, die angefangenen Projekte wirklich zu einem Ende bringen zu wollen. Das ist eine Falle, die kaum Vorteile, dafür aber eine Menge Nachteile und Gefahren birgt.

»Deshalb haben Sie mich also angerufen«, stellte ich etwas deprimiert fest. »Sie haben meine Urlaubskarte gelesen und meinen, ich laufe in die falsche Richtung. Aber ich dachte halt, ich könnte jetzt einmal ganz normal meine Arbeit tun, so wie alle anderen auch.«

»Das ist genau der Punkt«, unterbrach er mich. »Wenn Sie alles tun wie alle anderen auch, dann werden Sie auch nicht schneller vorankommen als alle anderen. Wahrscheinlich kommen Sie dann überhaupt nicht mehr voran. Ich sagte es bereits: Sie haben jetzt die Chance, den großen Schritt nach vorne zu machen. Jetzt haben Sie nämlich die Aufmerksamkeit Ihrer Geschäftsleitung. Dazu müssen Sie in ständiger Bewegung bleiben. Wie ein Boxer. Wenn ein Boxer auch nur einen Moment still steht, gibt er ein leichtes Ziel ab und wird niedergeschlagen. Also: Geben Sie sich keine Blöße und bleiben Sie in ständiger Bewegung. Verstanden?«

»Yes, Sir«, rutschte es mir heraus. »Aber eine Frage sei mir noch gestattet: Das kann doch nicht im Sinne des Unternehmens sein, wenn ich das Projekt den Bach heruntergehen lasse? Macht man so Karriere?«

»Genau. So macht man Karriere.« Er klang zufrieden. »Sie sehen das ganz richtig. Und Sie haben da eine Sache angesprochen, die ich Ihnen für die nächste Zeit noch mit auf den Weg geben sollte. Nur damit Sie nicht Ihr persönliches Ziel mit den Zielen anderer verwechseln.«

Regel 9: Karriere und Unternehmensinteressen haben nichts miteinander zu tun

Wer glaubt, er müsse nach besten Kräften die Unternehmensinteressen vertreten, um die Karriereleiter hochzuklettern, hat ein sonniges Gemüt und glaubt wahrscheinlich auch noch an den Weihnachtsmann. Unternehmens- und Karriereziele ergänzen sich nicht nur nicht, sondern stehen sich in gewissen Phasen der Karriere sogar diametral entgegen.

Schon ein flüchtiger Blick auf die unterschiedlichen Vorstellungen des Unternehmens und eines Karrieristen zeigt das ganz deutlich. Karriereorientierte Menschen wollen auf jeder Position nur so lange verweilen, wie es für das Erreichen der nächsten Ebene nötig ist. Sie möchten eigentlich schon wieder wechseln, wenn sie aufhören, die Anfängerfehler zu vermeiden. Sie möchten mehr Geld und mehr Einfluß.

Unternehmen möchten dagegen verständlicherweise auf jeder Stelle eine effiziente Person. Anders formuliert: Der Anteil, den das »Lernen« an der täglichen Arbeit ausmacht, soll möglichst niedrig und der Anteil des »stupiden, aber effizienten Produzierens« möglichst hoch ausfallen. Das ist nur mit erfahrenen Positionsinhabern zu erreichen. Aus diesem Grund versucht das

Unternehmen, jeden guten und »funktionierenden« Mitarbeiter so lange wie irgend möglich auf seinem augenblicklichen Platz zu halten. Jede personelle Änderung ist der Effizienz abträglich.

Fairerweise muß gesagt werden, daß viele Geschäftsleitungen wirklich ernsthaft planen, die Leute zu fördern, die sich den Unternehmenszielen verbunden fühlen und persönliche Opfer zu bringen bereit sind. Aber nur »über die Zeit«. Nicht jetzt. Sondern irgend wann einmal, wenn gerade weniger Arbeit ansteht oder ein qualifizierter Nachfolger bereitsteht. Leider vergißt die Unternehmensleitung ihre hehren Vorsätze meistens und befördert jene, die sich primär ihrer Karriere verpflichtet fühlen.

Wenn Sie wirklich weiterkommen wollen, müssen Sie Ihre Karriere ganz obenan stellen. Solange die dazu notwendigen Maßnahmen gleichzeitig die Unternehmensinteressen stützen, ist das einfach.

Es sind die den Unternehmenszielen diametral entgegengesetzten Ziele, die junge Karrieristen in Gewissenskonflikte stürzen. Sie finden es moralisch höchst bedenklich, daß sie auf Kosten des Unternehmens – das sie schließlich bezahlt – eigene, teilweise entgegengesetzte Ziele verfolgen sollen.

Die Frage ist also: Sollen Sie wirklich eine Maßnahme ergreifen, von der Sie sich eine positive Wirkung auf Ihre Karriere erwarten, aber negative Folgen für die Interessen des Unternehmens befürchten müssen?

Definitiv ja. Natürlich müssen Sie die Konsequenzen eines solchen Verhaltens für Ihre weitere Laufbahn sorgfältig abwägen. Unter Umständen ist es besser, still zu halten. Gehen Sie jedoch immer an die Grenzen dessen, was möglich ist. Setzen Sie dafür alles ein, was Sie haben. Zum Beispiel Ihr Abteilungsbudget. Verwenden Sie es primär für das, was Ihrer Karriere dient. Die Nützlichkeit für das Unternehmen kommt erst an zweiter Stelle.

Und versuchen Sie nie, besonders sparsam zu sein. Das Unternehmen gibt Ihnen ein Budget – und Geld ist Macht. Nutzen Sie es! Versuchen Sie dabei stets den großen Wurf zu landen und hüten Sie sich vor »Klein-« oder »Sparversionen«. Solche Sparversionen haben weniger Aussicht auf Erfolg und wirken kleinkariert. Einige große, auffällige Paukenschläge bewirken mehr als ein ständiges, kaum hörbares Säuseln.

Apropos Geld: Setzen Sie bei der Jahresplanung immer höheren Aufwand (Kosten, Zeit) und geringere Ergebnisse (Umsatz, Gewinn, Fehlerquote, Produktivität) an, als Sie selbst für realistisch halten. Das erhöht Ihre Chancen,

Ihre Zielvorgaben zu übertreffen, mehr als alles andere. Nur grüne Jungs lassen sich eine Vorgabe ans Bein binden, die nur schwer einzuhalten ist. Legen Sie sich die Latte, an der Sie gemessen werden, also möglichst niedrig. Wenn es sein muß, streiten Sie deshalb mit Ihrem Chef. Es lohnt sich.

Sofern Sie einen Bereich neu übernehmen, für den ein anderer bereits die Planung erstellt hat, so reduzieren Sie *sofort* die von ihm vorhergesagten Kenngrößen – und zwar deutlich. Deutlich bedeutet: so weit, daß es einen regelrechten Aufruhr im Unternehmen gibt! Sie brauchen keine Sorgen haben, daß Sie sich dadurch Kredit verspielen. Man hat Ihnen die Aufgabe gegeben und wird kaum sofort zugeben, daß man das Falsche getan hat. Meist ist das Budget durch solche Aktionen nicht mehr zu ändern, aber in Ihrem ersten Jahr wird Ihre Vorhersage – und nicht das Budget – die Meßgröße sein, an der Sie gemessen werden, vorausgesetzt, Sie waren laut genug.

In einem deutschen Unternehmen führte ein Abteilungsleiter zwei Bereiche, für die er jeweils einen Deckungsbeitrag von 10 Millionen einplante. Im Februar verließ er das Unternehmen. Die Geschäftsleitung teilte die etwas zu groß geratene Abteilung in zwei kleinere, eigenständige Abteilungen auf und besetzte die Führungspositionen jeweils mit einem Nachwuchsmanager.

Der eine – nennen wir ihn Karl Ehrlich – machte sich mit allem vertraut und ackerte mit seinen Leuten bis spät in die Nacht, um am Jahresende die vorgegebenen zehn Millionen Deckungsbeitrag zu erreichen.

Der andere, er soll hier Peter Klug genannt werden, durchforstete zunächst die Vorgabezahlen und präsentierte auf dem nächsten Treffen stark nach unten korrigierte Zahlen. »Wenn wir 8 Millionen schaffen, dann können wir uns glücklich schätzen«, sagte er und verpflichtete sich, dieses Ziel zu erreichen. Natürlich gab es zunächst etwas Ärger, aber Peter Klug blieb hart.

Im September nahm Karl Ehrlich seine Vorhersage auf zunächst auf 9,5 Millionen und im November auf 9 Millionen zurück. Peter Klug erhöhte die seine in den gleichen Monaten um jeweils fünfhunderttausend auf 8,5 Millionen und 9 Millionen. Am Jahresende hatten beide 9 Millionen verbucht. Aber während Peter Klug für die gute Leistung auf die Schultern geklopft wurde, litt Karl Ehrlich unter dem Stigma, in seinem ersten Jahr als Manager seine Zahlen nicht erreicht zu haben. Derselbe Tatbestand, ein Deckungsbeitrag von 9 Millionen bei ursprünglich geplanten 10 Millionen, wurde vollkommen unterschiedlich wahrgenommen.

Interessanterweise traf ich kurz darauf den vormaligen Stelleninhaber auf einer Konferenz und erzählte ihm von den (Miß-)Erfolgen seiner Nachfolger. Der war vollkommen überrascht. »Was? Der Karl Ehrlich hat neun Millionen herausgeholt? Das hätte ich nie gedacht! Ich hatte 8 Millionen für realistisch gehalten, das aber aus taktischen Gründen nicht sagen können. Ich beabsichtigte, das mit den 12 Millionen aus dem anderen Bereich zu verrechnen.« Entsprechend negativ stand er natürlich der Leistung von Peter Klug gegenüber. »Nur neun Millionen? Das ist unter jeder Kritik!«

Doch seine Meinung zählte nicht. Die Geschäftsleitung hatte das Ganze vollkommen anders erlebt. Sie hatte jemanden gesehen, der mit Augenmaß an eine Aufgabe herangegangen war und das selbst gesetzte Ziel übererfüllte. Denken Sie deshalb immer daran: Es geht nicht darum, daß das Unternehmen gut aussieht, sondern Sie. Es geht nicht darum, daß das Unternehmen gewinnt, sondern Ihre Karriere.

Wie bereits an anderer Stelle gesagt wurde: Befördert wird man nicht für Leistungen, sondern einzig und allein wegen des Potentials, das man für die übergeordnete Ebene verspricht.

Der simpelste Potentialbeweis überhaupt ist übrigens die erlangte Stellung. In gewissem Maße verhält es sich wie bei einem Tennisturnier. Durch Siege qualifiziert man sich für die nächste Runde. Mit jeder Runde werden es weniger Spieler. Auch im Unternehmen können in der »ersten Runde« noch alle Mitarbeiter um die Positionen der Gruppenleiter konkurrieren. Aber bereits in der zweiten Runde, der Besetzung einer Abteilungsleiterposition sind nur noch die Gruppenleiter im Rennen. Das zieht sich durch bis zur Besetzung einer Vorstandsstelle. Den Umstand, daß allein das Erreichen einer bestimmten Position einen für höhere Aufgaben qualifiziert, nutzen viele frisch beförderte Gruppenleiter und bewerben sich gleich danach beim Wettbewerber um eine Abteilungsleiterposition. Es ist ungefähr so, als würde ein Achtelfinalist eines Tennisturniers zu einem anderen Veranstalter sagen: »Ich bin in diesem Turnier bis zum Achtelfinale gekommen und bisher noch ungeschlagen. Sicher werde ich es hier noch weit bringen. Wenn ihr mich bei Eurem Turnier gleich im Viertelfinale spielen laßt, dann komme ich sofort zu eurem Turnier und spiele das jetzige nicht zu Ende.«

Was im Sport undenkbar wäre, ist in den Unternehmen tägliche Praxis. Solche Angebote werden angenommen. Der Unternehmenswechsler umgeht die lästige Pflicht, in seinem Unternehmen nachweisen zu müssen, daß er wirklich für die neue Ebene taugt. Er vermeidet auch die Gefahr des Scheiterns. Es gibt deshalb keine bessere Möglichkeit, sich ähnlich schnell und risikolos über 2 Ebenen zu katapultieren. Jeder frisch Beförderte sollte sich deshalb fragen, ob er mit dem Status der neuen Funktion nicht besser sofort zu einem anderen Unternehmen wechselt – natürlich nur auf eine höhere Ebene. Es ist völlig klar, daß der schnelle Wechsel zu einem Wettbewerber nicht im Sinne des Unternehmens, wohl aber im Sinne der Karriere sein kann.

Natürlich wird man irgendwann einmal aufhören, die eigenen Ziele den Unternehmenszielen überzuordnen. Dann nämlich, wenn man seine Zielposition erreicht hat. Der eine wird das früher tun, der andere später. So einer ist Edzard Reuter, der vormalige Vorstandsvorsitzende von Daimler Benz. Um seinen Vorgänger und Chef Werner Breitschwerdt zu entmachten, warf er ihm »Visionslosigkeit« vor. Er entwickelte die auf den ersten Blick faszinierende Vision eines »integrierten Technologiekonzerns«. An seinem Chef vorbei überzeugte er den größten Aktionär, die Deutsche Bank, ihn bei der Realisierung zu unterstützen.

Fachleute glaubten von Anfang an nicht so recht an den wirtschaftlichen Erfolg dieser Vision. Ob Edzard Reuter es tat, weiß ich natürlich nicht. Sicher ist nur, daß er sein Ziel erreichte und zum Vorstandsvorsitzenden befördert wurde. Der visionslose Breitschwerdt, dem »nur« daran gelegen war, die besten Autos zu bauen und den Aktionären eine hohe Rendite zu erwirtschaften, wurde demontiert. Der Wandel zum »integrierten Technologiekonzern« war, was Edzard Reuters Karriere anbelangt, eine taktische Meisterleistung. Für das Unternehmen war es wirtschaftlich ein Debakel. Es kostete die Eigentümer viele Milliarden Mark, ließ das bisher hochprofitable Fahrzeuggeschäft im Wettbewerb zurückfallen, demotivierte unzählige Manager und Mitarbeiter, führte zur Freisetzung Tausender Arbeitnehmer und zur Schließung von Werken.

Wenn Sie zur Gruppe jener Zauderer gehören, die sich nicht sicher sind, ob sie wirklich ihr eigenes Interesse über das der Firma stellen sollen, beruhigt es Sie vielleicht zu erfahren, daß die Unternehmensleitung im Grunde genommen genau das möchte. Die Firmenleitung will nämlich sehen, daß Sie fähig sind, sich in einem schwierigen Umfeld ein Ziel zu setzen und dieses mit allen Mitteln und gegen alle Widrigkeiten zu erreichen. Derjenige, der sein persönliches Karriereziel kontinuierlich verfolgt, weist beide Eigenschaften nach. Die Unternehmensleitung nimmt für diesen Beweis der Erfolgsorientierung auch gewisse Ineffizienzen in Kauf. Der Schaden, den Sie in der Zeit anrichten, ist nichts im Vergleich zu dem Nutzen, den Sie erzielen können, wenn Sie erst einmal auf Ihrer angestrebten Position sitzen und Ihre Fähigkeiten hinsichtlich Zielsetzung und kompromißloser Zielerreichung einzig und alleine auf das Firmeninteresse ausrichten.

Fazit: Solange Sie noch nicht mit Ihrem Leben abgeschlossen haben und weiter Karriere machen möchten, liegen Unternehmensziele und Ihre Karriereziele tendenziell miteinander im Konflikt, wobei die Karriereziele stets schwerer wiegen als die Unternehmensinteressen und deshalb vordringlich zu verfolgen sind. In dem Moment, in dem Sie die Unternehmensinteressen über Ihre eigenen Interessen stellen, hören Sie auf, bewußt Karriere zu machen. Sie haben dann Ihre Endposition erreicht. Aber bis zu dem Zeitpunkt, an dem Sie sagen: »So, jetzt ist es genug. Jetzt bin ich zufrieden«, betrachten Sie das Unternehmen nur als einen weiteren Gegner, der Sie an der Erreichung Ihres übergeordneten, wichtigen Zieles hindern will.

»So ist das also«, bemerkte ich etwas zynisch, »ich mache Karriere gegen mein eigenes Unternehmen.« Die ganze Sache war mir zugegebenermaßen etwas suspekt. Aber alle Tips, die mir der Alte bis dahin gegeben hatte, waren mir zunächst eigenartig erschienen. Im Endeffekt hatte er aber immer recht behalten. Ich bemerkte auch, daß immer mehr »moralische Flexibilität« von mir gefordert wurde. Aber was hatte denn die Realität gezeigt? War mein Ruf im Unternehmen nicht immer besser geworden, zuletzt hoch bis zum Geschäftsführer? Also entschloß ich mich ein weiteres Mal, den Ratschlägen des Alten zu folgen. Er hatte recht. Es war Zeit für den großen Schritt.

Ich gab den Technikern in meinem Bankprojekt mehr Kompetenzen. Ich delegierte, was nur irgendwie delegiert werden konnte, mehr als dem Projekt guttat, aber ich mußte mir Freiräume schaffen für andere Aktivitäten. Interessanterweise erwarb ich dadurch eine Menge Freunde. Alle freuten sich, wieviel Entscheidungskompetenz und Eigenverantwortung sie bekamen. Und keiner sah, daß ich das Projekt völlig vernachlässigte.

Dafür brannte ich ein Feuerwerk an Aktivitäten ab. Ich nutzte meinen neu gewonnenen Draht zum Geschäftsführer, um ihm Vorschläge für eine effizientere Struktur unseres Vertriebs zu unterbreiten. Überall fand ich Schwachstellen im Unternehmen. Nun, ganz ehrlich, da gehörte auch nicht viel dazu. In jedem Unternehmen findet man, geht man nur mit offenen Augen durch die Gänge, genug Schwachstellen, um Bücher darüber schreiben zu können. Nur schreibt keiner diese Bücher, weil die meisten Leute glauben, gerade Wichtigeres zu tun zu haben.

Aus der Perspektive des Unternehmens ist das in Ordnung. Ich sah es aber aus meiner eigenen Perspektive. Aus der Perspektive des Karrieristen. Ich mußte sichtbar sein, jeden Tag ein neues Thema auf den Tisch bringen. Also schrieb ich Papiere, initiierte Arbeitsgruppen und hielt Präsentationen. Parallel dazu fing ich an, die Marketingabteilung anzufüttern. Die Marketingleute in Technologieunternehmen haben immer ein Problem: Sie haben die Kontakte zur Presse, sie haben ein Budget für Broschüren, und sie können Anzeigen schalten. Nur leider verstehen sie meist so wenig von der Technik und haben so wenig Kundenkontakt, daß sie auf Hilfe von Fachleuten und aus dem Vertrieb angewiesen sind. Welche Marketingabteilung lechzt nicht nach Referenzkunden, die bereit sind, das Unternehmen in der Presse zu loben? Meist bleiben diese Wünsche unbefriedigt. Denn Techniker und Vertriebsbeauftragte haben immer etwas Wichtigeres zu tun. Aber ich schweife ab. Der Leser mag es bereits ahnen: Ich war der Traum unserer Marketingabteilung. Ich schrieb Artikel und half beim Erstellen von Broschüren. Ich hielt Vorträge auf Konferenzen und verschaffte Kontakte zu Kunden. Ich war überall präsent. Mein Foto schmückte sicher drei Viertel der Artikel, die über unser Unternehmen in diesem Jahr in der Presse erschienen. Und ich verschaffte Kuhn noch einmal ein »Beweihräucherungserlebnis«, als ich ihn und den Direktor der Dignitas-Bank zu einem Fototermin für einen Presseartikel zusammenbrachte. Natürlich war ich dabei, als sich die beiden die Hände schüttelten. (Ich glaube, es war das letzte Mal, daß jemand aus dieser

Bank einem ISG-Mitarbeiter freiwillig die Hand schüttelte – das Projekt ging dann ziemlich schnell den Bach herunter).

Einige meiner Verbesserungsvorschläge wurden aufgegriffen, und ich wurde mit der Leitung der entsprechenden Arbeitsgruppen beauftragt. Bei der Vielzahl der Aktivitäten, die ich losgetreten hatte, erübrigte sich jeder Gedanke daran, auch nur eine davon zu Ende zu bringen. Die Mitglieder der Arbeitsgruppen hatten ohnehin kein Interesse an einem Abschluß. Zu gern nahmen sie die Gelegenheit wahr, in wichtigen Meetings ihre Meinung immer und immer wieder zum besten zu geben. Und für diese spannenden und interessanten Aufgaben, die sie massiv von ihrer eigentlichen Arbeit abhielten, liebten sie mich. Auf dem Höhepunkt des Chaos war ich zum angesehensten und beliebtesten Mitarbeiter in unserer deutschen GmbH geworden.

Und während ich auf diesem Höhenflug war, verlor ein Geschäftsstellenleiter in Düsseldorf seinen Job. Ich erfuhr davon, als ich Kuhn das Belegexemplar des Fachmagazins vorlegte, in dem er händeschüttelnd auf einem Foto zu sehen war. Er erzählte mir, daß es leider momentan nicht überall so gut lief wie bei mir. In Düsseldorf wäre gerade ein Projekt gescheitert (ich schluckte schwer) und der Geschäftsstellenleiter hätte das Handtuch geworfen, nachdem auch die Aussichten für sein Jahresergebnis alles andere als rosig aussehen würden (ich schluckte noch schwerer). Zunächst hielt ich das für eine unterschwellige Drohung. Aber ich hatte mich getäuscht. In mein entsetztes Schweigen hinein fragte er: »Würden Sie sich zutrauen, es in Düsseldorf besser zu machen?« Aber klar!

»Champagner!« Ich war in Hochstimmung. Ungefähr zehn Kollegen, die sich mit mir gerade auf meine Kosten betranken, waren es auch. Wir feierten meine Beförderung. So schnell kann das gehen. Ich war so richtig zufrieden mit mir. Manager. Ich war jetzt Führungskraft. Nach zweieinhalb Jahren vom Trainee zum Geschäftsstellenleiter. So hatte ich mir das vorgestellt. Nein – eigentlich hatte ich mir das ursprünglich nicht so vorgestellt. Aber man hat ja bekanntlich ein kurzes Gedächtnis.

Wir soffen bis zum Umfallen. Wie ich es geschafft habe, mein Auto von der Bar nach Hause zu dirigieren, weiß ich heute nicht mehr. Als ich aufwachte, war es fast zehn. Anna war längst in der Arbeit. Heftige, schmerzhafte Explosionen unter meiner Schädeldecke machten mir klar, daß ich heute nicht in der Lage war, mit irgend jemandem zu sprechen. Dann fiel mir wieder die Beförderung ein. »Mist«, dachte ich mir, »ich muß mich zumindest im Büro blicken lassen. Ich kann ja schlecht an meinem ersten Tag als Manager blau machen.« Also quälte ich mich aus dem Bett und fuhr ins Büro. »Herr Kuhn hat schon nach Ihnen gesucht!« begrüßte mich die Sekretärin. Und das in meinem Zustand. Ich suchte verzweifelt nach einer Ausrede, aber mir fiel keine ein.

»Gratuliere!! Wir haben Sie schon vermißt! Wohl ein bißchen gefeiert? Na ja, Sie haben ja auch allen Anlaß dazu!« Kuhns laute Begrüßung zerriß mir den Schädel.

»Guten Tag, Herr Kuhn«, winselte ich, bemüht, wenigstens nicht zu lallen.

Kuhn musterte mich. »Das Trinken müssen Sie wohl lernen! Aber das ist reine Übungssache! Das kommt noch! Aber nun zur Sache! Sie sind doch aufnahmefähig, oder?«

»Ja.« Mehr war nicht drin.

»Gut!« fuhr Kuhn fort. »Ich habe Ihnen ja schon erzählt, welche Probleme wir in Düsseldorf haben. Wir wollen da ein wenig frischen Wind. Und Sie haben ja bewiesen, daß Sie recht aktiv sind. Dann beweisen Sie mal, daß Sie auch Verantwortung tragen können.«

Er machte eine kurze Pause und sah mich an. Ich nickte. Er fuhr fort. »Das wird kein reines Zuckerschlecken werden. Wir wollen, daß Sie die Leute ausfindig machen, die den Laden dort so herunterziehen. Schmeißen Sie sie raus. Das geht dort schon viel zu lange drunter und drüber. Wir wissen, daß Sie ehrgeizig sind. Zeigen Sie, daß Sie sich auch durchsetzen können.«

Ich nickte wieder. »Sie haben verstanden?« hakte Kuhn nach.

»Ja«, preßte ich heraus.

»Gut, dann gehen Sie jetzt nach Hause. Wir fahren morgen gemeinsam nach Düsseldorf. Ich sehe Sie morgen früh um sieben Uhr hier in meinem Büro. Ausgeschlafen.«

Ich versuchte sein hämisches Lächeln zu erwidern, was mir gründlich mißglückte. Also stand ich auf, verabschiedete mich und ging. Mein Gott, wie peinlich! Ich nahm mir fest vor, nie mehr zu trinken. Wenigstens nicht, wenn ich am nächsten Tag arbeiten muß. Ich fuhr nach Hause und ging wieder ins Bett.

Anna weckte mich auf, als sie abends aus der Arbeit kam. »Steh auf, es ist sechs Uhr … abends.« Ich brauchte einige Minuten, um meine Position in Raum und Zeit zu bestimmen. Dann folgte ich ihr in die Küche. Sie kochte irgend etwas.

»Suppe?« fragte sie mit einem auffordernden Ton in der Stimme, der nichts Gutes verhieß.

Ich murmelte Zustimmung. Meinem Kopf ging es schon viel besser. Aber ich fühlte mich schwach.

»Sehr praktisch, daß du im Rausch deine Unterlagen überall in der Wohnung verstreut hast. So erfahre auch ich, daß du nach Düsseldorf gehst.« Sie winkte mit meinem Beförderungsschreiben. Es war verknittert und schmutzig.

Ich überlegte mir eine Antwort. Anna stellte mir einen Teller Suppe auf den Tisch und drückte mir den Löffel in die Hand.

»Ich wollte es dir ja heute sagen. Ich bin nur noch nicht dazu gekommen.« Das klang lausig.

Der Angriff kam prompt. »Nicht dazu gekommen. Klar. Du mußtest ja mit deinen Kollegen saufen, bis dir das Zeug zu den Ohren herauskommt. Ich verstehe schon, daß das wichtiger ist, als mir zu erzählen, daß du hier weggehst.«

»Wir«, korrigierte ich. »Daß *wir* hier weggehen.«

»Wer sagt das? Kannst du mir sagen, warum ich mit dir nach Düsseldorf ziehen sollte? Jetzt, wo ich hier ein paar Freunde habe? Leute, mit denen ich etwas unternehmen kann, während du bis in die Puppen im Büro sitzt oder dich mit deinen Kollegen zulaufen läßt?« Sie wurde lauter. Mein Kopfweh meldete sich zurück. »Und überhaupt, kannst du mir sagen, wozu du mich in Düsseldorf brauchst? Zum Kochen? Zum Putzen? Nimm dir eine Haushälterin. Die stellt sonst keine Ansprüche. War da sonst noch was? So weit ich mich zurückerinnern kann, nein. Oder fällt dir noch etwas ein?«

Ich rührte in meinem Teller Suppe herum und beobachtete, wie die Nudeln im Kreis herumtanzten. Ich wußte nicht, was ich Anna antworten sollte.

»Fällt dir sonst noch etwas ein?!?« Jetzt schrie sie. »Hast du den leisesten Schimmer, was ich hier zu suchen habe, in deinem Haus?? Und höre verdammt nochmal auf, in der Suppe herumzurühren! Ich spreche mit dir!« Sie schlug mir den Löffel aus der Hand. Die Suppe spritzte quer durch die Küche, und die Nudeln bildeten ein lustiges Muster an der Wand.

Jetzt mußte ich ja wohl irgend etwas sagen. Irgendwie mußte ich die Kontrolle über die Situation zurückgewinnen. Ich erwachte aus meinem Dämmerzustand. Wie sollte ich Anna beruhigen? Was wollte sie hören? Sie war jetzt für mich wie ein Kunde, der sich für einen Lieferanten entschieden hatte und nun aus irgend einem Grund unzufrieden war. Kunden suchen in solchen Situationen nach einem Strohhalm, an dem sie sich festhalten können, nach irgendeinem Grund, warum ihre Entscheidung trotz aller Schwierigkeiten doch richtig gewesen war. Ich mußte Anna also einen solchen Strohhalm bieten. Irgendwie mußte ich ihr also beibringen, daß ich sie liebte. Aber nicht plump. Ein wenig indirekt. Ich atmete durch: »Anna, ich habe so Angst, daß du mich nicht mehr liebst, wenn ich keinen Erfolg im Beruf habe.«

Wow! Das saß. Das war einfach entwaffnend. Das hatte ihr mit einem Schlag die Munition genommen. Es war zwar erstunken und erlogen, aber ich stufte es als Notlüge ein. Wer weiß, wo hinein sich Anna sonst noch verrannt hätte. Jetzt war sie genötigt, mir einzureden, daß meine »Befürchtung« völlig grundlos war. Ich war wieder Herr der Lage. Als ich merkte, daß Anna nichts mehr einfiel, umarmte ich sie und wechselte das Thema: Umzug. Irgend etwas anderes meldete sich auch noch in meinem Hinterkopf, ich glaube, es war mein Gewissen, aber ich hatte beim besten Willen gerade keine Zeit für Gefühlsduseleien. Ich mußte am nächsten Tag topfit sein. Also drängte ich Anna früh ins Bett. Damit auf jeden Fall noch genug Zeit zum Schlafen blieb.

Punkt sieben am nächsten Morgen war ich in Kuhns Büro. Ich war extra etwas früher als nötig aufgestanden, um ja frisch auszusehen, wenn ich Kuhn wieder vor die Augen trat. Er bemerkte das dann auch mit Wohlwollen. »Sie sehen erheblich besser aus als gestern!« Er grinste wieder hämisch. »Lassen Sie uns jetzt fahren. Wir stehen sicher wieder im Stau.«

In meinem Koffer lagen die Zahlen der Düsseldorfer Geschäftsstelle der letzten drei Jahre. Wegen meines Suffs war ich nicht in der Lage gewesen, mich entsprechend vorzubereiten. Ich entschloß mich deshalb, die Flucht nach vorne anzutreten.

»Wenn wir im Stau stehen, dann habe ich ja noch etwas Zeit, mich einzulesen. Gestern bin ich ja leider ausgefallen.«

»Ja, das sind Sie. Wir werden uns darüber auf der Fahrt unterhalten.« Sein Tonfall klang dabei recht freundlich. Jedenfalls nicht nach Standpauke. Ich war neugierig.

Auf der Autobahn räkelte sich Kuhn etwas auf seinem Sitz und suchte eine bequeme Sitzposition, wie man es macht, wenn ein längeres, gleichförmiges Stück Fahrt auf einen wartet.

»Rauchen Sie?«

»Nein«, antwortete ich. »Ich bin Gott sei Dank noch nie in Versuchung gekommen.«

»Ist besser so. Der Job ist stressig genug.« Kuhn war in Plauderlaune. »Aber das mit dem Trinken müssen Sie noch lernen.«

Ich nickte eifrig. »Das passiert mir nicht mehr so schnell. Vielleicht höre ich überhaupt ganz auf mit dem Alkohol.«

Kuhn lachte laut auf. »Ganz aufhören? Das können Sie getrost vergessen. So traurig es ist: Saufen gehört zu unserem Beruf.«

»Wie bitte? Ich dachte eigentlich immer, nüchtern arbeitet es sich besser!« Das klang neunmalklug, und ich biß mir auf die Zunge.

»Sie haben ganz recht!« erwiderte da Kuhn. »Das hat man bei Ihnen gestern gesehen. Aber die Sauferei ist nun einmal der kleinste gemeinsame Nenner, auf den sich alle einigen können. Das gilt für alle internen Veranstaltungen, abends im Hotel, wenn man auswärts tagt, aber auch für die üblichen Abendessen und Feiern mit Kunden. Man erwartet von Ihnen, daß Sie das Ritual mitmachen. Sonst sind die anderen beleidigt.«

»Aber es kann einen doch keiner zwingen, sich zu betrinken?« Ich hatte schon viel von Sauforgien mit Kunden oder Kollegen gehört, aber das eher für eine persönliche Schwäche derer gehalten, die daran teilnahmen.

»Nein, es zwingt Sie keiner«, bestätigte Kuhn. »Aber überlegen Sie einmal wie das aussieht, wenn die anderen trinken und Sie sitzen mit einem Glas Mineralwasser da. Als lebender Vorwurf. Sie lassen die anderen wie Alkoholiker aussehen. Das macht man besser nicht mit Leuten, die einem wichtig sind. Das ist nämlich beleidigend.«

»Beleidigend? Nichts zu trinken ist beleidigend?«

»Ganz genau. Sie signalisieren damit, daß Sie besser sind als die anderen. Auch wenn Sie das nicht wollen. Sie können das gar nicht vermeiden. So wie sich alle Raucher ein wenig unwohl fühlen, wenn ein Nichtraucher in ihrer Mitte sitzt. Oder wie alle Fleischesser sich ein wenig mehr wie Tiermörder fühlen, wenn ein Vegetarier mit am Tisch sitzt. Alle wissen nämlich, daß Trinken, Rauchen und Fleisch essen unvernünftig ist. Und trotzdem machen es alle. Bis auf diesen einen, der allen zeigt: Ihr seid unvernünftig, Ihr seid unbeherrscht. Und noch etwas: Sie machen die anderen auch mißtrauisch.«

»Mißtrauisch??« Daß demonstrative Unvernunft zum guten Ton in fröhlicher Runde gehört, konnte ich noch irgendwie nachvollziehen. Aber nun ging er etwas weit.

Doch er bestand darauf. »Ja, mißtrauisch. Und zu Recht. Versetzen Sie sich in die anderen. Alle benebeln langsam aber sicher ihren Verstand. Mit allen Gefahren: der eine wird redselig, der andere geschmacklos, der dritte melancholisch. Alles kein Problem, wenn alle mitmachen. Aber nun sitzt da dieser Nüchterne und registriert mit klarem Kopf all die Schwächen, die die anderen am Tisch zeigen. Da liegt der Verdacht doch nahe, Sie würden nur darauf warten, bis die anderen betrunken sind, um Dinge zu erfahren, die nüchtern keiner ausplaudert.«

»Aber die anderen müssen doch auch nicht trinken«, warf ich ein.

»Das werden sie dann vermutlich auch nicht«, antwortete Kuhn. »Zumindest nicht so viel, wie sie es ohne den nüchternen Beobachter getan hätten. Die Folge: Sie verhindern, daß die Anwesenden ihren kleinsten gemeinsamen Nenner bekommen. Der Abend wird eine Pleite. Niemand bietet Ihnen das Du an, keiner führt Sie in neue Kreise ein, keiner lädt Sie auf ein privates Fest ein. Sie sind ein Spielverderber.«

Das war harter Tobak. »Sie meinen das alles wirklich ernst?«

»Ja, absolut.«

»Aber Sie haben mich doch gestern gesehen. Das kann ja nicht das Ziel sein. Was bleibt mir da anderes übrig, als trocken zu bleiben, wenn ich nicht den ganzen nächsten Tag ausfallen will?«

»Trinkfest werden. Sie müssen das Trinken lernen.«

»Gibt es dafür ein Seminar von der Firma?« scherzte ich.

»Das nicht gerade«, lachte Kuhn, »aber das kann man üben. Trinken Sie einfach bei jedem Anlaß gerade so viel, wie Sie vertragen. Und scheuen Sie Saufgelage nicht. Übung macht den Meister.« Er mußte plötzlich scharf auf die Bremse treten, da eine Reihe von eingeschalteten Warnblinkern das Ende eines Staus ankündigten. »Aber sparen Sie nicht am falschen Ende«, wandte er sich mir wieder zu, als er den Wagen bis ins Schrittempo heruntergebremst hatte. »Wenn Sie einen sitzen haben, dann fahren Sie mit dem Taxi heim.«

»Klar«, antwortete ich, wissend, daß ich meinen Wagen in der vorletzten Nacht im Delirium nach Hause gesteuert hatte.

»Sie sollten sich jetzt die Zahlen ansehen«, wechselte Kuhn das Thema. »Ich habe ohnehin noch einige Telefonate zu machen.«

Während Kuhn am Autotelefon seine Telefonliste abarbeitete, zog ich einen dicken Packen Tabellen aus der Tasche. Das war Neuland für mich. Die Zahlengräber erschlugen mich förmlich. Ich wußte nicht, wo ich anfangen sollte. Ich schielte zu Kuhn herüber, und als ich mir sicher war, daß sein Telefonat und der Verkehr seine ganze Aufmerksamkeit beanspruchten, griff ich zum Brevier, das mir der Alte gegeben hatte. Verstohlen, halb durch die Tabellen verdeckt, schlug ich nach, ob es etwas zum Thema »Zahlen« zu sagen wußte. Ich fand, was ich suchte. Gierig verschlang ich das Kapitel:

Wichtige Techniken – Zahlen

Neben dem gekonnten Umgang mit Menschen ist für einen Karrieristen auch die professionelle Handhabung von Zahlen absolut notwendig.

Manager entfernen sich immer weiter von der Unternehmenswirklichkeit. Schließlich müssen sie im Zentrum der Macht sein, und das ist meist weit weg von den rauchenden Schornsteinen, den lauten Maschinenhallen und den feilschenden Kunden. In der Zentrale wird aus einer stundenlang stillstehenden Maschine, an der ölverschmierte Monteure wie besessen arbeiten, während sich im Materialeingangspuffer zunehmend das kontinuierlich angelieferte Material stapelt und sich der Ausschußcontainer mit jedem erneuten Anlaufversuch weiter füllt, eine »schlechte« Zahl. Und auch der fintenreich und hart erkämpfte Sieg eines Verkäufers gegen einen übermächtigen Wettbewerber schlägt sich lediglich als eine geringfügig höhere Zahl auf einer Transparenzfolie bei einer Besprechung nieder. Die Wirklichkeit wird für den Manager also durch trockene Zahlen ersetzt. Und die harte Arbeit an der Front durch Besprechungen.

Besprechungen sind die Produktionsprozesse des Managements, in denen aus Eingangszahlen Entscheidungen und Vorgabezahlen produziert werden. Manager arbeiten mit Zahlen, und mit das Schlimmste, was man über einen Manager sagen kann, ist, daß er »seine Zahlen nicht im Griff« habe.

Als Karrierist sollten Sie alle wichtigen Zahlen Ihres Bereichs auswendig kennen und zwar sowohl die eigenen als auch die entsprechenden Werte der Branche und des Wettbewerbs. Das klingt zunächst nach viel, ist es aber nicht. Selten sind es mehr als fünfzig Werte, oft sogar weniger als zwanzig. Jede dieser Zahlen sollte insoweit verstanden sein, daß man weiß, wie sie zustande kommt und welche Grundannahmen in sie eingeflossen sind.

Sind alle Zahlen gleich wichtig?

Nein!

Es gibt eine Hierarchie der Zahlen. Mit Abstand am unbedeutendsten sind sich häufig ändernde Einzelwerte. Mit ihrer geringen Halbwertszeit und ihrem geringen Informationsgehalt sind sie nicht dazu geeignet, sie sich langfristig einzuprägen oder sich mit ihnen zu empfehlen. Wesentlich wichtiger als Einzelwerte sind Verhältniszahlen. Sie sind aussagefähiger und gelten vor allem länger. Sie ermöglichen Vergleiche über unterschiedliche Bereiche hinweg. Es ist ein absolutes Muß, die wichtigsten Relationen zu kennen.

Gibt es noch wichtigere Zahlen als Verhältniszahlen?

Ja!

Und wo finden Sie diese?

Nirgends!

Die allerwichtigsten Zahlen sind nämlich die, die nicht in einem Bericht oder auf einer Präsentationsfolie stehen, sondern die Sie sich selbst ableiten. Indem Sie während einer Besprechung diese Zahlen plötzlich scheinbar aus dem Nichts hervorzaubern, unterscheiden Sie sich von neunzig Prozent aller Karrieristen.

Jemand, der »zwischen den Zahlen lesen« kann, fällt auf. Er zeigt, daß er über den Tellerrand hinausschaut, das zugrunde liegende Problem vollständig verstanden hat und seinen Kopf nicht nur nur dazu benutzt, die vorgelegten Daten zu verdauen.

Stellen Sie sich folgende Situation vor: Ein Ingenieur hält eine Präsentation über eine neue Anlage und Sie sitzen dabei. Das projizierte Dia zeigt eine Turbine, neben der ein Arbeiter steht. Sie sagen: »Die hat doch mindestens einen Durchmesser von vier Metern« (das sehen Sie im Verhältnis zum daneben stehenden Mann).

Der Ingenieur zieht die Augenbrauen hoch und sagt: »Ja. Viermeterzwanzig, um genau zu sein.«

»Und welche Umdrehungszahl hat sie?«

Der Ingenieur ist verwundert, daß sich ein Manager dafür interessiert. »Zweieinhalbtausend«, sagt er.

Sie pfeifen leise durch die Zähne und sagen: »Donnerwetter. Dann bewegen sich also die Flügelenden mit über eineinhalbfacher Schallgeschwindigkeit. Alle Achtung.«

In dem Moment haben Sie gewonnen.

Der Ingenieur ist begeistert, weil endlich »einer von denen« versteht, wovon er spricht, und Ihr Chef ist beeindruckt, weil es in seinem Team jemanden gibt, der mehrdimensional denken und sogar Ingenieure begeistern kann. Und was war dazu notwendig? Ein Ingenieurstudium? Ein Leistungskurs in Mathematik? Weder noch. Nichts weiter als der Stoff der sechsten Klasse! Die Kreisformel und die Kenntnis der Schallgeschwindigkeit haben ausgereicht, sich von allen anderen Anwesenden abzuheben. Und natürlich die Fähigkeit, Zahlen im Kopf zu berechnen.

Kopfrechnen ist eine der wichtigsten Fähigkeiten, die ein Karrierist in bezug auf Zahlen ausbilden muß. Wer es noch nicht kann, sollte es schleunigst lernen. Dabei sind zwei Fähigkeiten zu erwerben. Zum einen das Berechnen genauer Werte und zum anderen das schnelle überschlägige Schätzen. Das würde in unserem Ingenieurbeispiel so aussehen: Anstatt Pi (3,14) mit 4,20 Meter Durchmesser zu multiplizieren, reicht Ihnen 3 x 4m = 12m. Sie runden auf 13m auf, weil Pi größer ist als 3 und auch der Durchmesser etwas größer ist als 4 Meter. Anstatt die genaue Umdrehungszahl (2.500/Minute) durch 60 Sekunden zu dividieren, nehmen Sie einfach 2.400 und erhalten dadurch »mehr als 40 Umdrehungen pro Sekunde«. Die multiplizieren Sie mit den

»ungefähr 13« und kommen so auf eine Geschwindigkeit der Schaufelenden von »mehr als 520 Meter/Sekunde«. Jetzt setzen Sie diese Zahl einfach ins Verhältnis zur Schallgeschwindigkeit. Dabei reicht es, einen runden Wert zu nehmen, also zum Beispiel statt 331 Meter pro Sekunde grobe 300 Meter/Sekunde. So kommen Sie nach der Division auf »ungefähr 1,7«. Der genaue Wert liegt bei 1,66 – wirklich nicht allzuweit von Ihrem Ergebnis entfernt. Je mehr Sie üben, desto besser werden Ihre Schätzungen das wirkliche Ergebnis treffen, denn mit der Zeit entwickelt man ein gutes Gefühl dafür, wie man die Einzelbeträge ab- und aufrundet und wie stark sich diese Vereinfachungen im Ergebnis niederschlagen.

Genaues Rechnen ist schwieriger als Schätzen, aber es gibt einige Tricks, die einem helfen. So kann man viele Berechnungen umdrehen, um sich das Leben zu erleichtern.

Frage: Was ist das 2,5 fache von 12,88?

Schnelle Antwort: 32,2!

Da glatte Divisionen meist wesentlich leichter fallen als Kommamultiplikationen, multipliziert man 12,88 mit 10 und dividiert das Ergebnis durch 4. Voila!

Gelegenheit zum Kopfrechnen gibt es im Berufsleben jede Menge. Zum Beispiel bei Präsentationen. Trauen Sie niemals den Zahlen, die ein Vortragender an die Wand projiziert. Machen Sie es sich zur Gewohnheit, alle Charts und Zahlenwerke zunächst auf Vollständigkeit und Richtigkeit zu überprüfen.

Stimmen die Spaltensummen?

Die Zeilensummen?

Addieren sich die Prozentzahlen wirklich auf einhundert?

Kann die Größenordnung stimmen?

Manch einer mag behaupten, daß diese Überprüfungen in einer Zeit der Computer und Tabellenkalkulationsprogramme nicht mehr nötig ist. Das ist Unsinn! Denn auch Spreadsheets können fehlerhaft gehandhabt werden und »bugs« enthalten. Falsche Zahlen entstehen aber auch, weil es Menschen gibt, die durch »absichtliche Fehler« Entscheidungen in eine bestimmte Richtung lenken wollen. Seien Sie deshalb wachsam. Sind die Werte scheinbar richtig, dann sollten Sie überprüfen, ob sie sinnvoll sind. Stimmen die Relationen? Addieren sie sich zu Kenngrößen, die vernünftig sind?

Viele Vorstände haben bereits Entscheidungen auf Basis von Zahlen getroffen, bei denen das Komma um eine oder gar zwei Stellen nach links oder rechts verrutscht war. Eine provokative Aussage eines Unternehmensberaters lautet, daß alleine die konsequente Anwendung des Dreisatzes in der deutschen Wirtschaft eine Effizienzexplosion bewirken würde.

Zeigen Sie, daß Sie aufpassen, daß Sie nicht einfach reinzulegen sind. Es lohnt sich.

Ich schlug das Heftchen schnell wieder zu und schob es zurück in das Seitenfach meiner Tasche. Gut. Das half mir fürs erste weiter. Ich begann also, gezielt nach Fehlern zu suchen. Noch ohne wirklich zu verstehen, was die Zahlen im einzelnen bedeuteten, addierte ich Spalten und Zeilen, erstellte Prüfsummen und suchte »Ausreißer«, also Zahlen, die allein durch einen zu hohen oder zu niedrigen Wert in den Reihen auffielen. Nach nur fünf Minuten war ich bereits fündig geworden. Bei einer Aufstellung von Umsätzen nach Verkäufern addierten sich Prozentwerte nicht auf hundert, sondern auf 110%.

»Ich verstehe die Zahlen nicht«, meinte ich trocken zu Kuhn.

»Ja, an diese ellenlangen Zahlenkolonnen muß man sich erst gewöhnen«, tröstete Kuhn.

»Nein, das ist es nicht. Die Zahlen stimmen nicht.« Ich genoß Kuhns Überraschung.

»Was? Welche Zahlen stimmen nicht?«

Ich zeigte Kuhn den Fehler, den ich entdeckt hatte. Und da wußte ich auch, wie ich mir, zumindest für heute, das mühsame Interpretieren der Statistiken ersparen konnte. Ich schlug verächtlich mit dem rechten Handrücken auf den Stapel Papier. »Wenn das alles so zuverlässig ist, dann ist das reine Zeitverschwendung. Auf dieser Basis kann man nicht arbeiten. Ich denke, ich muß mir vor Ort mein eigenes Bild machen. Aber einen ersten Eindruck, warum das in Düsseldorf zur Zeit nicht klappt, habe ich ja jetzt schon.«

»Das war zu erwarten«, knurrte Kuhn. »Hätte mich gewundert, wenn der seine Zahlen im Griff gehabt hätte. Aber Sie scheinen ja ein ganz gutes Gefühl dafür zu haben.«

Sehr gut. Ich hatte bei Kuhn gepunktet und mir eine Menge Arbeit gespart.

Den Rest der Fahrt sprachen wir über unsere Kunden im Düsseldorfer Raum. Es waren einige prominente Namen darunter. Genug Potential war also da. Ich war neugierig, warum dann die Geschäfte dort nicht liefen.

In der Geschäftsstelle stellte mich Kuhn sofort Frau Tran, meiner neuen Sekretärin, als Geschäftsstellenleiter vor und entschuldigte sich daraufhin erst einmal für eine Stunde, um noch einige Telefonate zu erledigen. Ich ließ mir mein Büro zeigen und machte mich mit dem neuen Umfeld vertraut. Das Büro unterschied sich von der Einrichtung her kaum von meinem alten in Frankfurt, war aber erheblich größer. Durch das große Panoramafenster hatte ich einen eindrucksvollen Ausblick auf die Stadt. Ich schloß die Türe und machte es mir bequem.Ich zog die Schubläden auf, eine nach der anderen, und fand noch einige zurückgelassene Bleistifte und Heftklammern. Die Hinterlassenschaften meines Vorgängers hatten etwas Rührendes. Ich würde es besser machen. Ich würde dieses Büro nur verlassen, um die nächste Stufe in der Hierarchie zu erklimmen.

Ich nahm den Hörer vom Telefon und wählte die Nummer des Alten. Er meldete sich. »Hallo«, grüßte ich stolz, »ich melde mich aus meinem neuen Büro als Geschäftsstellenleiter Düsseldorf!«

»Ich gratuliere!« Er war richtig laut. Fast klang er, als hätte er eine gute Nachricht erhalten, an die er längst nicht mehr geglaubt hatte. Beinahe überschwenglich. »Erzählen Sie! Ich habe mir schon Sorgen gemacht, weil ich nichts von Ihnen gehört habe!«

Ich faßte das vergangene Jahr kurz zusammen. So kurz wie es eben geht, wenn man hundert neue Dinge angefangen und nichts beendet hat. Manchmal mußte der Alte lachen, zum Teil wohl aus Freude, daß ich mich so genau an seine Anweisungen gehalten hatte, zum Teil aber auch wegen der Skurrilität so mancher meiner Aktionen.

Als ich meinen Bericht abgeschlossen hatte, wollte der Alte noch wissen, ob mit meiner Beförderung irgendwelche speziellen Aufträge verbunden wären.

Ich erzählte ihm davon, daß von mir erwartet wurde, ein paar Köpfe rollen zu lassen, da der Laden in den letzten Monaten ziemlich lausige Zahlen abgeliefert hatte.

»Gute Voraussetzungen, um sich zu profilieren«, bemerkte der Alte zufrieden. »Und was werden Sie jetzt tun?«

Ich überlegte kurz. »Nun, ich habe da einen klaren Auftrag. Wahrscheinlich ist er nicht einmal besonders schwer durchzuführen. Ich muß den oder die Schuldigen finden und ersetzen.«

»Ich wünsche Ihnen, daß es wirklich so einfach wird!« lachte der Alte. »Aber im Ernst: Sie haben recht. Sie haben einen klaren Auftrag, und weit und breit ist momentan nichts anderes zu sehen, das Sie weiterbringen könnte. Es sieht ganz nach einer kleinen Erholungspause für Sie aus. Tun Sie Ihren Job.«

»Und warum soll ich auf einmal aufhören, herumzuwirbeln? Warum soll ich auf einmal eine Sache zu Ende bringen?« Es klang ja verlockend, ein wenig kürzer zu treten, aber ich verstand den plötzlichen Wechsel in der Strategie nicht.

»Gehen Sie einen Schritt zurück und denken Sie noch einmal darüber nach, warum Sie das ganze Feuerwerk veranstaltet haben. Welches Ziel wollten Sie damit erreichen?« Ich überlegte.

»Ich wollte die Aufmerksamkeit des Managements auf mich ziehen und mich als jemand empfehlen, der neue Ideen hat.«

»Genau. Und jetzt haben Sie Ihr Ziel erreicht.« Der Alte machte eine kurze Pause, um mir Zeit zum Nachdenken zu geben. »Was macht ein Marathonläufer, nachdem er das Rennen gewonnen hat?« fuhr er dann fort.

»Er bricht zusammen und schwört, niemals wieder einen Marathon zu laufen«, scherzte ich.

»Ich weiß, worauf Sie hinauswollen. Das letzte Jahr hat Sie erschöpft. Sie können gar nicht mehr in diesem Tempo weitermachen. Aber ich will auf etwas anderes hinaus. Wenn der Marathonläufer weiterlaufen würde, würden ihn alle für verrückt halten. Man erwartet von ihm, daß er stehenbleibt und seinen Sieg genießt. Man erwartet, daß er aus seinem Sieg Kapital schlägt. Daß er auf Werbeplakaten für Hundefutter wirbt oder was auch immer. Aber nicht, daß er weiterläuft. Wenn man ein Ziel erreicht hat, muß man in der Regel seine Strategie ändern. Weil neue Anforderungen auf einen zukommen und weil der Wettbewerb die Strategie nun kennt.« Er schloß seinen Vortrag ab.

»Und was soll ich dann machen? Welche neue Strategie schlagen Sie vor?« Ich wartete auf eine neue, aufregende Idee des Alten.

»Machen Sie, was man Ihnen aufträgt. Nicht mehr und nicht weniger.«

»Das ist alles?«

»Ja, das ist alles.« Für Sie greift nun eine Regel, die weniger aufregend klingt als die, die Sie bereits kennen. Aber diese Regel schafft die Basis, die Sie für weitere Eskapaden brauchen.«

Regel 10: Zeige Kadavergehorsam

Wir haben davon gesprochen, daß der gezielte Regelverstoß, sowie das bewußte Unterscheiden zwischen eigenen Zielen und Unternehmenszielen notwendig ist, um auf der Karriereleiter weiterzukommen. Das bedeutet aber nicht, daß man nun jeden Tag ununterbrochen gegen tausend Regeln verstößt. Schließlich will man nicht als ständiger Querulant oder als Spinner angesehen werden. Was tun Sie also während der Zeit, in der Sie nichts Dringendes für Ihre Karriere zu erledigen haben? Ganz einfach: Sie tun das, was man Ihnen sagt! Und zwar genau das. Wenn Ihnen darüber hinaus noch gesagt wird, wie Sie es tun sollen, dann tun Sie es genau so und kein bißchen anders. Denken Sie tunlichst nicht darüber nach, ob das, was man von Ihnen verlangt, Sinn macht oder nicht. Tun Sie es einfach! Wenn Sie Berichte schreiben sollen, die vom Drucker direkt in den Reißwolf wandern, dann schreiben Sie, ohne die Miene zu verziehen, noch ein zusätzliches Kapitel. Es ist die

Aufgabe Ihres Vorgesetzten über die Aufgabenstellung nachzudenken, Ihre Aufgabe ist es, das Ergebnis zu liefern.

Es gibt nur eine Situation, in der Sie sich anmaßen können, die Arbeit Ihres Chefs zu machen. Nämlich dann, wenn Sie sicher sind, daß ein Mißerfolg nicht Ihnen zugerechnet wird.

In allen anderen Fällen tun Sie gefälligst das, was man Ihnen aufträgt! Was bedingungslosen Kadavergehorsam angeht, sind moderne Großunternehmen die direkten Nachfolger der preußischen Armee.

Angenommen, Sie erhalten die Aufgabe, in ihrem Verantwortungsbereich einen Deckungsbeitrag von 250.000 Euro zu erzielen, und stellen fest, daß der einzige Weg, das Ziel noch zu erreichen, darin besteht, drei hochspezialisierte und im Augenblick nicht genutzte Maschinen zu verschrotten, deren Unterhalt sehr teuer ist. Sie wissen aber auch, daß diese Maschinen im nächsten Jahr voraussichtlich für einen anstehenden großen Auftrag benötigt werden. Was tun Sie? Die diesjährige Zielerreichung dafür opfern, daß im nächsten Jahr der mehrere Millionen umfassende Auftrag problemlos über die Bühne läuft? Den Teufel werden Sie tun! Sie werden die drei Maschinen einstampfen und das Problem des nächsten Jahres im nächsten Jahr lösen!

Was wird wohl geschehen, wenn im nächsten Jahr offensichtlich wird, daß diese Maschinen fehlen? Es wird ein wenig Lamentieren geben und wahrscheinlich kostet es das Unternehmen weit mehr Geld, wieder ähnliche Maschinen zu beschaffen, als Sie durch die Maßnahme eingespart haben. Aber das ist noch nicht sicher. Vielleicht gibt es dann auf dem Markt gerade sehr günstige gebrauchte Maschinen, oder es gibt eine neue Technologie, oder ein asiatischer Lieferant kann das ganze für einen Apfel und ein Ei liefern, oder ... oder ... oder ... Sie sehen: Es gibt für Sie keinen Grund, sich bereits jetzt den Kopf über die Zukunft zu zerbrechen. Selbst wenn der schlimmste Fall eintritt, die Maschinen also ersetzt werden müssen, wird man sagen: »Dumm gelaufen, aber der Mann hat nur seine Pflicht getan.« Geschäftsführer lieben Leute, auf die sie sich im Tagesgeschäft blind verlassen können. Ihren Chef, der seine Aufgabe nicht erfüllt hat, wird die Sache vielleicht den Kopf kosten. Doch ein qualifizierter Nachfolger ist mit Ihnen ja schon in Sicht.

Weil der Kadavergehorsam für die Unternehmensleitung so wichtig ist, testet sie über kurz oder lang jeden Nachwuchsmann einmal auf diese Eigenschaft. Sie stellt ihm dann eine Aufgabe und beobachtet sehr genau, wie er sich verhält und ob er das Ziel erreicht. Meist handelt es sich dabei um eine sehr unangenehme oder sogar nahezu unmögliche Aufgabenstellung. Dann sollten bei Ihnen alle Alarmglocken angehen. Sie sollten sich keinen Fehler erlauben. Vor allem einen nicht: sich zu winden oder zu versuchen, sich vor der Herausforderung zu drücken. Wer das tut, ist beim Management unten durch. Also verweigern Sie nicht!

Es geht darum, einen Geschäftsbereich zu schließen? Jawohl, wird umgehend erledigt!

Die Produktionskosten sind zu drücken? Übertarifliche Leistungen sind zu streichen? Zu Befehl! Ist schon so gut wie geschehen!

Mitarbeiter sind zu entlassen? Klar! Aber warum nur so wenige?

Indem Sie sagen: »Jawohl, das wird gemacht!« werden Sie zum Teil der Lösung. Wenn Sie es nicht tun, werden Sie für die Geschäftsführung zum Teil des Problems. Die bedingungslose Akzeptanz einer Aufgabe ist in den Augen der Unternehmensleitung viel mehr wert als der Erfolg der Aktion. Falls Sie das Ziel nicht ganz erreichen, werden sich dafür immer Gründe finden lassen – und Ihre Chefs werden sie gemeinsam mit Ihnen suchen. Für das Verweigern gibt es dagegen keine akzeptierten Gründe.

Es gibt einen weiteren Grund, weshalb Sie selbst die unmöglichsten Herausforderungen ohne Widerrede annehmen sollten. Dieser Grund drückt sich in dem Sprichwort »Es wird nichts so heiß gegessen, wie es gekocht wird« aus. Kaum ein Projekt wird nämlich so durchgeführt, wie es einmal geplant wurde. Die Rahmenbedingungen ändern sich. Bedenkenträger aus allen Bereichen melden sich (vielleicht sogar von Ihnen provoziert) und verwässern die Vorgaben. Nicht selten wird das ganze Projekt sogar gestoppt. Für Sie ist das alles gar nicht so wichtig. Denn: Gleichgültig, wie wenig von der ursprünglichen Idee übrigbleibt – bei der Geschäftsleitung haben Sie das Image, daß Sie ungeachtet aller Widrigkeiten selbst schwierigste Probleme anzugehen bereit sind.

Nun wird immer wieder das Bild des mitdenkenden Mitarbeiters strapaziert. Gilt das hier denn etwa nicht? Sollen Sie etwa nicht denken? Doch! Sie sollen nachdenken! Aber nur darüber, wie Sie die Vorgaben Ihrer »obersten Heeresleitung« am besten erreichen. Ihnen obliegt es, einen gangbaren und wirtschaftlichen Weg zu finden und zu beschreiten. Nicht, die Ziele selbst festzulegen.

Verwenden Sie Ihre Kreativität also auf die Tausende von Lösungsmöglichkeiten, die es theoretisch für jedes Problem gibt, und darauf, die beste davon herauszufinden. Sie können interne oder externe Helfer beschäftigen, Sonderschichten einlegen, Gehälter kürzen, neue Maschinen beschaffen. Nur eines sollten Sie normalerweise tunlichst nicht: ständig Bedenken äußern. Glauben Sie: Das wird bei (künftigen) Führungskräften gar nicht gerne gesehen.

»Das wird gar nicht gerne gesehen? Wie ist das dann mit den Regelverstößen?« Wieder einmal hatte mich der Alte mit einer seiner Regeln verunsichert.

»Sehen Sie eine gute Chance zu einem Regelverstoß, der Ihnen etwas bringt?« konterte der Alte.

»Nein. Ehrlich gesagt, weiß ich noch nicht einmal, was hier auf mich wartet.«

»Dann machen Sie sich erst einmal mit Ihren neuen Aufgaben und Ihrem neuen Umfeld vertraut. Ein wenig Ruhe wird Ihnen auch ganz guttun. Wie geht es übrigens Ihrer Frau?«

Sein plötzlicher Themenwechsel brachte mich aus der Fassung. »Ich ... weiß nicht.«

»Lassen Sie nur«, unterbrach er. »Das war eine überflüssige Frage. Sie sollten jetzt an die Arbeit gehen. Zeigen Sie lieber Präsenz, als in Ihrem Büro zu sitzen und zu telefonieren.«

Er hatte recht. Wir verabschiedeten uns, und ich legte auf. Bevor ich meinen Rundgang begann, nutzte ich die Ruhe, um ein Kapitel im Brevier des Alten zu lesen, das mir ins Auge gestochen war, als ich im Auto das Thema Zahlen gelesen hatte: es ging um Fragetechniken. Aus einigen Vertriebstrainings wußte ich, wie wichtig Fragetechniken waren. »Wer fragt, führt!« hatte einer der Trainer immer betont, und ich konnte für die Aufgabe, die vor mir lag, alles gebrauchen, was mich zum Führenden machte.

Wichtige Techniken – Fragen

Wenn schon keinen PC – welche Werkzeuge sollte ein Manager dann beherrschen?

Nun: Moderations- und Motivationstechniken! Rhetorik! Präsentationstechniken! Streßbewältigung! Prioritätenmanagement! Um nur einige relevante Werkzeuge zu nennen.

Eine besondere Stellung nimmt die Fragetechnik ein. Sie ist in gewissem Maße die Krönung aller Werkzeuge und zieht sich als »Grundlagentechnik« durch alle anderen Methoden hindurch. Richtig angewendet bringt die Fragetechnik schnellere und bessere Ergebnisse als alle anderen Techniken zusammen. Und trotzdem wird die Fragetechnik kaum in Seminaren ausführlich gelehrt. – Vielleicht deshalb, weil mit einem ausführlichen Rhetorikseminar mehr Geld zu verdienen ist als mit einem kurzen Frageseminar.

Wenn man versucht, die wichtigsten Karriereregeln gemäß ihrer Wichtigkeit zu ordnen, dann kommt die Regel »Sei gut mit Fragen« an vierter Stelle hinter den Regeln »Bewege dich im Zentrum der Macht«, »Sei gut mit Menschen« und »Sei gut mit Zahlen«. Gut gestellte Fragen sind der Schlüssel zu vielem. Sie erzeugen Druck nach unten, demonstrieren Übersicht und Intelligenz und können Konkurrenten den Angstschweiß auf die Stirn treiben. Letztlich lenken sie auch von eigenen Schwächen ab. Es gibt wenige Machtinstrumente, die wirkungsvoller sind als gezielte Fragen. Und kein einziges, das auf allen Hierarchiestufen so gut nutzbar ist.

Richtig fragen bedeutet, Leute dorthin zu führen, wohin man sie haben möchte. Eine klassische Managementaufgabe also. Ein Manager wird deshalb nur die wenigsten seiner Fragen zur Klarstellung eines Sachverhalts stellen – schließlich kann er das alles viel besser nachlesen –, er verwendet Fragen vor allem zur Motivation und Manipulation anderer Menschen.

Die wichtigste Grundregel lautet, keine geschlossenen und möglichst auch keine offensichtlichen Fragen zu stellen. Also keine Fragen, die mit *Ja* oder *Nein* beantwortet werden können oder die einfach vorhersehbar sind. Geschlossene Fragen setzen auf seiten des Fragenden zu viel Wissen voraus. Und auf offensichtliche Fragen wird sich Ihr Gegenüber normalerweise gut vorbereitet haben. Er wird stichhaltige Antworten liefern und den Frager gegen eine bereits vorher aufgebaute Verteidigungslinie anrennen lassen. Eine offensichtliche Frage stärkt in der Regel die Position des Befragten, anstatt ihn in Schwierigkeiten zu bringen. Denn jede seiner vorbereiteten und ausgefeilten Anworten werden ihn in den Augen der Zuhörer punkten lassen. Solche Fragen stellt man deshalb nur dann – und ausschließlich nur dann –, wenn man jemanden in Gegenwart anderer gut aussehen lassen möchte.

Auch Fragen, die Alternativen anbieten, sind schlecht. Fragen Sie also nicht: »Wollen Sie die Vertriebsorganisation mit eigenem Personal oder mit freien Handelsvertretern aufbauen?« Sie geben dem Befragten schon viel zu viel sicheren Halt für seine Antwort. Helfen Sie ihm nicht, indem Sie die Lösungsmenge von sich aus einschränken. Treiben Sie ihn ständig mit offenen »W«-Fragen (Wer? Wieso? Warum? Wann? ...) vor sich her. Geschlossene Fragen sind nur dazu da, um Positionen zu sichern, Entscheidungen zu erzwingen oder den finalen Fangschuß zu geben.

Und noch etwas: führen Sie Ihr Gegenüber auf ein Terrain, auf dem er sich unwohl oder zumindest unsicher fühlt. Angenommen ein vertriebsorientierter Manager präsentiert Ihnen einen Geschäftsplan für ein neues Unternehmen, und Sie glauben nicht, daß die genannten Investitionssummen realistisch sind. Die Frage »Was ist in der Million, die Sie für Forschung und Entwicklung vorgesehen haben, alles enthalten?« und das nachfolgende Zerpflücken der einzelnen Positionen ist wesentlich effizienter, als wenn Sie eine Frage zum Vertriebsbereich stellen würden. Da kennt er sich nämlich aus und hätte ein Heimspiel. Wenn Sie ihn stoppen wollen, lassen Sie ihn lieber auf unbekanntem Terrain kämpfen.

Geben Sie sich mit den ersten Antworten nie zufrieden! Fragen Sie nach! Bohren Sie tiefer. Es lohnt sich. Fragen sind wie bohrende Finger in einer offenen Wunde. Und setzen Sie gezielt Pausen ein. Tödliche Pausen.

Ich war froh, das Kapitel gelesen zu haben. Ich war in der Stimmung, jemanden so richtig gegen die Wand laufen zu lassen. Der Hinweis auf die Pausen hatte mich neugierig gemacht. Ich warf einen schnellen Blick auf meine Armbanduhr. Ich hatte noch ein klein wenig Zeit. Also blätterte ich durch das Heft, bis ich die Seite fand, die mit »Pausen« überschrieben war.

Wichtige Techniken – Pausen

Nachwuchskräfte werden geschult, wie man richtig redet. Viel wichtiger wäre jedoch zu lernen, wie man richtig schweigt! Und zwar in Gesprächen. Das erscheint widersinnig, ist es aber nicht. Wenn zwei oder mehrere Menschen beieinandersitzen und das Gespräch für eine Weile ruht, passiert ungeheuer viel. Dieses »Nichtstun« und »Nichtssagen« entwickelt eine riesige Kraft. Nichts kann an diese Kraft heranreichen, kein noch so brillantes Argument.

Pausen haben mit guten Fragen etwas gemeinsam: Sie setzten den Intellekt und das Wissen Ihres Gegenübers gegen ihn selbst ein. Wer gefragt wird, weiß, daß von ihm eine bestimmte Antwort erwartet wird. Wer angeschwiegen wird, weiß überhaupt nichts. Pausen verlassen die Kommunikationsebene und stoßen massiv auf der Beziehungsebene vor. Mit unerhörter Brutalität.

Es gibt wenig, was einen Menschen mehr verunsichert. Da hat er ein Stichwort gegeben und erwartet eine bestimmte Reaktion. Aber nichts geschieht. Unbehagen macht sich breit. Warum sagt der Mensch denn nichts? Warum lächelt er mich nur so wissend an? Verdammt noch mal! Er weiß es! Er hat den Schwachpunkt gefunden und will mich nun ins Messer laufen lassen! Was soll ich nur tun?

Der Angeschwiegene weiß gar nichts. Das heißt, er weiß doch etwas: nämlich, daß hier etwas nicht so ist, wie es sein sollte. Und das beunruhigt ihn. Alle seine Ängste kehren sich gegen ihn. Die Sekunden ziehen sich scheinbar wie Stunden. Und weil das die wenigsten Menschen vertragen können, platzen sie in solchen Situationen mit irgend etwas heraus. Und damit haben sie schon verloren. Zum einen geben sie Informationen, die sie normalerweise gerne für sich behalten hätten. Zum anderen haben sie sich dem anderen gebeugt, nach seinen Spielregeln gespielt. Es gibt einen Gewinner und einen Verlierer, und beide wissen es.

Eine Pause zu machen erscheint einfach. Und doch ist es ungeheuer schwer. Der durch die Pause erzeugte Druck richtet sich nämlich nicht nur gegen die anderen, sondern auch – und vor allem – gegen den, der das Gespräch zum Stillstand bringt. Es ist schwer – sogar ungeheuer schwer – auf eine Frage und den erwartungsvollen Blick des Gegenübers überhaupt nicht zu reagieren. Der Druck ist schon groß genug, wenn es sich bei dem Gegenüber um einen Mitarbeiter oder Lieferanten handelt. Er wird noch größer, wenn dieser ein Vorgesetzter oder Kunde ist. Diesen Druck scheinbar unbekümmert auszuhalten setzt Stärke voraus. Karrieristen müssen deshalb lernen, diesem Druck lächelnd zu widerstehen.

Angenommen Sie sitzen mit Ihrem Chef wegen Ihrer Leistungsbeurteilung zusammen. Im Anschluß geht es darum, Ihre Gehaltserhöhung festzusetzen.

Ihr Chef sagt: »Es freut mich Ihnen mitteilen zu können, daß ich Ihnen in Anbetracht Ihrer Leistungen eine 5%ige Gehaltserhöhung geben kann.«

Er strahlt Sie an, gerade so, als habe er Ihnen zu einem Vermögen verholfen. Alles an ihm signalisiert, daß er jetzt von Ihnen einen Kommentar erwartet. Möglichst einen positiven. Aber auch auf eine negative Reaktion ist er mit einem ganzen Sack guter Argumente vorbereitet. Sie tun ihm den Gefallen nicht. Sie schauen ihn statt dessen unverwandt skeptisch an und ziehen nachdenklich die Lippen zwischen die Zähne. *Hhm.*

Sie sind die Ruhe selbst. Er dagegen wird bereits nach fünf Sekunden unter Ihrem Blick und der Totenstille im Raum nervös.

»Na, was sagen Sie dazu?« fragt er betont forsch.

Sie scheinen es nicht gehört zu haben. Statt dessen blicken Sie ihn unverwandt an, offensichtlich ganz nach innen gekehrt. Nun wird er wirklich nervös.

»Mit den fünf Prozent liegen Sie an der Spitze der Erhöhungen. Nicht einmal der Müller bekommt mehr.«

Sehr interessant! Das hätte er normalerweise sicher nie verraten.

»Selbst wenn ich wollte, hätte ich Ihnen nicht mehr geben können.«

Sie schweigen immer noch. Jetzt wird es Ihrem Chef unheimlich.

»Sind Sie denn mit der Erhöhung nicht zufrieden?«

Sie lächeln ihn an. »Doch.«

Erleichterung! Gott sei Dank! Der Mensch spricht! »Und warum sagen Sie dann nichts.«

Ihr Lächeln bleibt unveränderlich. »Ich mußte erst nachdenken. Und ich denke, solange meine Leistung im Verhältnis zu den Kollegen auch finanziell richtig gewürdigt wird, werde ich mich mit Ihnen nie über mein Gehalt streiten müssen!«

Sie haben auf der ganzen Strecke gepunktet. Ihr Standpunkt ist wesentlich klarer bei Ihrem Chef angekommen, als wenn Sie eine halbe Stunde lang einen Monolog darüber gehalten hätten, daß Sie der Angemessenheit Ihrer Entlohnung einen sehr hohen Stellenwert einräumen.

Ein anderes Beispiel. Sie sitzen als Geschäftsführer in einer Sitzung, in der der aktuelle Status eines Werkhallenneubaus präsentiert wird. Sie fragen den Projektverantwortlichen: »Wie steht es mit dem Einzugstermin?«

»Wie geplant. Am fünfzehnten März kann die Produktion anlaufen«, sagt dieser wie aus der Pistole geschossen. Dabei sieht er sie fragend an. Er erwartet von Ihnen jetzt eine Reaktion. Sie tun ihm nicht den Gefallen. Sie schauen ihn skeptisch und unverwandt an. Er wird unruhig.

»Ich denke nicht, daß die Verzögerung, die wir durch die Estricharbeiten hatten, sich bis zum März durchziehen wird.« *So So. Die bei der Präsentation nebenbei erwähnte Verzögerung ist also nicht ganz ohne!*

Sie reagieren immer noch nicht. Aber Ihr Blick ist nach wie vor skeptisch.

Er fängt an zu schwitzen. »Und die Lieferprobleme mit den Pressen bekommen wir sicher auch hin.«

Davon hat er überhaupt nichts gesagt.

Sie sagen immer noch nichts. Erst wenn Sie sich sicher sind, daß er alles Wichtige ausgeplappert hat, nicken Sie nachdenklich mit dem Kopf. Gerade so, als hätten Sie das alles schon gewußt: »Sorgen Sie dafür, daß das alles in Ordnung kommt. Ich verlasse mich auf Sie!«

Der Projektleiter nickt mit dem Kopf und ist gottfroh, wenn er die Tür hinter sich schließen kann. Ab jetzt haben Sie bei ihm das Image, alles zu wissen. Er wird künftig sehr vorsichtig sein und es kaum wagen, Ihnen wirklich falsche Informationen zu geben.

Als Karrierist müssen Sie nicht nur lernen selbst zu schweigen. Sie müssen auch lernen, Schweigen auszuhalten, wenn es von anderen als Waffe gegen Sie eingesetzt wird. Angenommen Sie wären in obigem Beispiel nicht der Geschäftsführer, sondern der Projektleiter. Und nun sieht der Chef – und mit ihm natürlich alle am Tisch Versammelten – Sie stumm und skeptisch an. Augen bohren sich in Sie hinein. Sie stehen ganz alleine vor dem sitzenden Gremium. Die Sekunden vergehen und Sie haben dem Gesagten eigentlich nichts hinzuzufügen. Sie werden nicht den Fehler machen, mehr Information nachschieben. Natürlich könnten Sie jetzt bestimmt sagen: »Daran habe ich nicht den mindesten Zweifel!« Aber dann würden Sie keine richtigen Punkte sammeln. Sie könnten auch eine Frage stellen. Natürlich nicht eine so dumme Frage wie »Haben Sie noch Fragen?«. Sondern die naheliegendste Frage der Welt, die aber meist keiner sich zu stellen traut: »Weshalb schweigen Sie?« Damit würden Sie zum Angriff übergehen. Aber auch das ist etwas, was Sie an dieser Stelle nicht tun möchten. Also schweigen Sie ebenfalls. Sie tun es richtig. Das bedeutet, Ihre Augen beginnen nicht hektisch durch den Raum zu schießen oder die Decke nach Spinnweben abzusuchen. Ihre Arme vollführen keinen zuckenden Schlangentanz. Ihre Hände öffnen und schließen sich nicht ständig und sind auch nicht krampfhaft geballt. Statt dessen schauen Sie ruhig und abwartend auf die Nasenwurzel des Geschäftsführers. Das ist viel einfacher, als direkt in die Augen zu blicken, und wird trotzdem vom Angesehenen als direkter Augenkontakt erlebt. Jetzt ist der Geschäftsführer am Zug. Es kam schon vor, daß sich Kontrahenten in ähnlichen Situationen ohne mit der Wimper zu zucken mehrere Minuten lang angeschwiegen haben. Diejenigen jungen Manager, die eine solche Prüfung überstehen, bekommen im Gedächtnis des Geschäftsführers ein dickes Plus eingetragen. Im Management braucht man streßstabile Leute.

Anders als Fragen können Pausen nur sehr dosiert angewandt werden. Aber in den Fällen, in denen es möglich ist, sind die Ergebnisse wirklich gigantisch. Niemand sollte deshalb auf dieses Werkzeug verzichten.

Das würde mir bei meinen Gesprächen mit den Verkäufern helfen. Ich wußte, wie gerne Verkäufer mit Informationen hinter dem Berg halten. Das beste Beispiel dafür war ich selbst. Ich streckte mich noch einmal kräftig und begann dann meinen Rundgang.

»Hallo, ich bin Thomas Wille, Ihr neuer Chef!« Der junge Verkäufer schreckte zusammen, als plötzlich ein wildfremder Mensch in der Tür seines Büros stand und ihn aus dem Studium des Bundesanzeigers riß. Der Bundesanzeiger war auch meine erste Anlaufstelle gewesen, um nach neuen Projekten zu suchen, als ich im Vertrieb angefangen hatte. Man findet dort alle möglichen Ausschreibungen des Staates, angefangen von Unterhosen für die Bundeswehr bis hin zu komplexen EDV-Anlagen.

»Schäfer ... German Schäfer mein Name.« Er sah mich konsterniert an.

Ich beobachtete, wie seine Ohren rot zu leuchten begannen. Aha. Anscheinend wußte er noch nichts davon, daß man bereits einen neuen Geschäftsstellenleiter ernannt hatte. Ich fragte mich, ob es für oder gegen die Sekretärin sprach, daß sie Schäfer nicht vorgewarnt hatte, während ich in meinem Büro gewesen war. Ich entschied mich dafür, ihr das als Minuspunkt anzurechnen.

Schäfer faßte sich wieder etwas. »Sie sind der neue Geschäftsstellenleiter, habe ich das gerade richtig verstanden?«

»Ganz genau. Schön, daß ich Sie gleich an meinem ersten Tag hier antreffe!«

Er verstand ganz genau, daß ich das eben nicht schön fand. Ein Verkäufer sollte nicht am hellichten Tag im Büro sitzen und Anzeigenblätter lesen, sondern beim Kunden sein oder zumindest telefonieren. Jedenfalls begannen Schäfers Ohren wieder zu glühen. Ich fand das lustig und mußte lächeln. Er sah das als Entwarnung und seine Ohren nahmen wieder die normale hellrosa Farbe an.

»Wie laufen die Geschäfte?« Mir selbst kam die Frage reichlich platt vor. Doch Schäfers Ohren signalisierten Alarm. Ein Volltreffer.

»Schwierig ...«, stammelte Schäfer, »momentan ist mal wieder Investitionsstop, die öffentliche Hand dreht jeden Pfennig mehrmals um.«

»Ah, ich kann daraus schließen, daß Sie hier die öffentlichen Auftraggeber betreuen?«

»Ja«, bestätigte er, »aber zur Zeit geht da kaum ein Geschäft.«

»Ich verstehe. Wir werden uns in den nächsten Tagen wohl über die Aufteilung der Verkaufsgebiete unterhalten müssen. Wir sehen uns!« Ich setzte meinen Rundgang fort. Armer Kerl! Sitzt auf einem Verkaufsgebiet, das zur Zeit keine Umsätze bringt! Dafür konnte er natürlich nichts.

Das zweite Vertriebsbüro lag gleich nebenan. Und ich traf auch den zweiten Verkäufer im Büro an.

»Guten Tag! Thomas Wille!«

»Ah ... Herr Wille! Ich habe Sie schon erwartet! Albert Sternberger mein Name!« Der gewandte Mittdreißiger schüttelte fest meine ausgestreckte Hand. »Gut, daß wir uns noch treffen. Ich muß nämlich gleich zu einem Termin. Wichtige Sache. Sie verstehen. Immer im Einsatz!« Er lachte mich breit an.

Ein echter Verkäufertyp, dachte ich, während ich meine Hand losmachte. »Sie wußten von meinem Kommen?« fragte ich neugierig.

»Klar, Frau Tran, unsere Sekretärin, hat es mir gerade erzählt. Gute Kommunikation hier! Information ist alles!« Er lachte wieder.

»So so« – ich lachte mit – »und Sie sind auf dem Sprung zum Kunden?«

»Nicht direkt«, lachte Sternberger zurück, »ich treffe mich mit unserer Agentur. Wegen neuer Datenblätter. Das Zeug von unserer amerikanischen Mutter kann man ja hier nicht verwenden. Wir brauchen deutschsprachige Broschüren.« Er sah auf die Uhr. »Ich bin spät dran! Wir sehen uns! Und welcome on board!« Er verschwand um die Ecke.

Ich ließ meine Mundwinkel wieder nach unten fallen und atmete tief durch. Auch er war also nicht mit Kunden beschäftigt. Auf der anderen Seite hatte er nicht unrecht. Die Tatsache, daß ein so großes, internationales Unternehmen wie ISG nur englischsprachige Datenblätter und Broschüren hatte, war auch mir schon immer ein Dorn im Auge gewesen.

Ich ging zum nächsten Büro. Laut Türschild saß dort Ernst Brandner, Vertriebsbeauftragter Industrie. Das Büro war leer. »Gut«, dachte ich mir, »wenigstens einer ist beim Kunden.« Während ich mich freute, klopfte mir jemand unsanft von hinten auf die Schulter.

»Was machen Sie hier in meinem Büro?«

Ich blieb einen Moment regungslos und genoß die Aussicht darauf, dem guten Herrn Brandner in Kürze seinen unfreundlichen Ton vergelten zu können. Ich drehte mich langsam um. »Ich habe mich gerade gefreut, daß hier wenigstens einer beim Kunden ist. Aber ich habe mich wohl getäuscht.«

Brandner war groß. Ich mußte zu ihm aufsehen, was mich noch ein wenig aggressiver machte. Er war um die Fünfzig, sehr gut gekleidet und hatte eine stark dominante Ausstrahlung. Er ging um mich herum zu seinem Schreibtisch und legte die Brötchen, die er gerade im Supermarkt gegenüber gekauft hatte, bedächtig neben das Telefon. Offensichtlich wollte er Zeit gewinnen. Er entschloß sich, vorsichtiger zu agieren. »Mit wem habe ich denn die Ehre?« Sein Ton war deutlich freundlicher geworden.

»Ich bin Thomas Wille, der neue Geschäftsstellenleiter.«

»Hier in Düsseldorf?« Er musterte mich noch einmal unter dem neuen Aspekt, daß ich sein Chef sein könnte.

»Genau. Düsseldorf«, antwortete ich. »Das ist doch hier?«

Er lächelte säuerlich. »Ja, das ist hier. Das ging aber schnell. Plötzlich steht der neue Leiter im Büro. Aber mit der Information der Mitarbeiter hat man es ja in diesem Laden noch nie so genau genommen.«

Daß Brandner mir nun mit dieser etwas weinerlichen Tour kam, von wegen »keiner sagt uns was«, überraschte mich ein wenig. Ich stellte ihm die Gretchenfrage: »Wie laufen die Geschäfte?«

»Es geht«, bekam ich knapp zurück.

Ich sah ihm in die Augen und wartete. Er starrte unverwandt zurück. Ein Kampf entbrannte. Ich bohrte meinen fragenden Blick durch seine Augen tief in sein Gehirn. Er bohrte zurück. Meine Gewißheit, daß auch er zu wenig Umsatz machte, schwand. Er mußte sich seiner schon sehr sicher sein, wie konnte er sonst die Tortur der Pause so ungerührt überstehen? Da zuckte sein rechtes, unteres Augenlid. Kaum sichtbar, ein Hauch nur. Er zeigte Schwäche. Sofort heftete ich meinen Blick an eben dieses Lid. Das gab ihm den Rest.

Und ich zementierte meinen Sieg sogleich. »Morgen um 8:30 Uhr ist Vertriebsmeeting. Den Ort erfahren Sie im Sekretariat. Erscheinen ist Pflicht. Ich möchte Ihre Zahlen sehen. Bis dann.« Mit diesen Worten verließ ich sein Büro.

Fünf Minuten später hatte ich Frau Tran die Einladung zum Meeting diktiert. »Kopie geht an Herrn Kuhn«, schloß ich ab. »Buchen Sie einen Besprechungsraum in einem Hotel, nicht hier im Büro.«

Sie notierte. Dann sah sie mich tadelnd an. »Ihr Vorgänger hat seine e-mails immer selbst geschrieben. Das geht ja auch viel schneller.«

»Und was haben Sie die ganze Zeit gemacht? Machen Sie sich mit der Tatsache vertraut, daß ich keinen PC habe.« Ich setzte ein Lächeln auf. »Und außerdem können Sie das ja ohnehin viel besser als ich.«

Es war an der Zeit, Kuhn zu suchen. Deshalb brach ich das Gespräch ab. Eine Tür weiter hörte ich seine Stimme. Ich ging in das Zimmer.

»Da sind Sie ja!« Kuhn strahlte mich an und deutete auf einen untersetzt wirkenden Mann, etwa in meinem Alter. »Das ist Jochen Heegen, ab heute verantwortlich für den Personalbereich in Düsseldorf. Er berichtet direkt an Sie.«

»Ein eigener Personaler für die 20 Leute hier in Düsseldorf?« Ich war verdutzt.

»Wir dachten, Sie könnten in den nächsten Monaten Unterstützung von dieser Seite brauchen«, sagte Kuhn mit plötzlich deutlich gedämpfter Stimme, während er die Tür zuzog.

»Da könnten Sie recht haben«, seufzte ich und setzte mich an den Besprechungstisch.

Sekretärinnen gehören zu den Mitarbeitern im Unternehmen, die über das ausgeprägteste Hierarchiedenken verfügen. Das war jedenfalls meine Erfahrung. So verwunderte es mich nicht, daß für mich ein Zimmer in einem der teuren Hotelpaläste in Düsseldorf gebucht war. Frau Tran war auch so klug gewesen, in diesem Hotel den Konferenzraum für das Meeting am nächsten Morgen zu mieten. Daß ich Sie ein paar Stunden zuvor so angeschnauzt hatte, schien ihre Arbeitsqualität nicht zu beeinflussen. Im Gegenteil: Sie hatte erkannt, wer das neue Leittier in Düsseldorf war und sich entsprechend darauf eingestellt. Ich war mit Kuhn und Heegen abends um acht im Hotelrestaurant zum Essen verabredet. Kuhn war im selben Hotel untergebracht, Heegen hatte mit einer billigeren Unterkunft vorliebnehmen müssen. Wie ich später erfuhr, war auch er Pendler und hatte sich in Düsseldorf auf ein Leben im Hotel eingestellt.

Ich hatte am Abend eine Stunde Zeit mich auszuruhen, nachdem Kuhn um sechs Uhr unser Meeting abgebrochen hatte. Ich brachte meinen Koffer ins Hotel und legte mich ein wenig aufs Bett. Was sollte ich den Leuten im Vertriebsmeeting erzählen? Wie sollte ich mich verhalten? Ich hatte das Meeting eigentlich nur so kurzfristig angesetzt, um einen guten Abgang bei meinem kleinen Gefecht mit Brandner zu haben. Und nun war ich etwas ratlos. Schäfer war ein armer Teufel, der auf einem toten Verkaufsgebiet saß. Sternberger hatte ganz recht damit, daß wir etwas mehr lokales Marketing brauchten. Und Brandner gab mir noch Rätsel auf. Alles, was ich bisher über ihn wußte, war, daß er sich nicht in die

Karten schauen ließ. Nach einer Weile griff ich zum Telefon und rief den Alten an.

»Ich habe damit gerechnet, daß Sie heute noch einmal anrufen würden«, begrüßte er mich.

»Ja, das ist alles ganz neu für mich. Momentan fühle ich mich mehr als Schauspieler denn als Manager.«

»Das ist ja auch gar nicht weit voneinander entfernt«, beruhigte er mich. »Beide spielen eine Rolle und wollen beim Publikum etwas damit erreichen. Der Schauspieler will Emotionen wecken und Sie wollen Motivation erzeugen. Aber erzählen Sie mir jetzt, was Sie auf dem Herzen haben.«

»Ganz einfach: Ich habe für morgen früh überstürzt ein Vertriebsmeeting angesetzt, und nun weiß ich nicht, was ich dort erzählen soll. Die Verkäufer habe ich gleich am ersten Tag allesamt im Büro angetroffen. Keiner war beim Kunden. Keiner macht seine Zahlen. Zwei davon haben mir Gründe dafür genannt, der dritte hält es nicht für nötig, mir etwas zu erzählen. Mein Problem ist: Irgendwie kann ich sie verstehen! Und heute nachmittag hat mir Kuhn noch einmal klar gemacht, daß er Köpfe rollen sehen will. Er hat sogar extra dafür einen Rausschmeißer eingestellt. Einen ›jungen Personalmann mit Restrukturierungserfahrung‹ hat er ihn genannt.«

»Sie erinnern sich noch, was ich Ihnen heute geraten habe?« unterbrach mich der Alte. »Tun Sie, was man von Ihnen verlangt.«

»Aber das ist doch ungerecht den Leuten gegenüber!«

»Mag sein, aber Ihr persönliches Moralempfinden tut hier wenig zur Sache.« Die Stimme des Alten war hart geworden. »Hören Sie mir jetzt gut zu. Die folgende Regel mag Ihnen vielleicht nicht gefallen. Aber wenn Sie Ihre Karriere nicht auf dieser Stufe beenden wollen, müssen Sie über Ihren Schatten springen.«

Regel 11: Sei unnachsichtig und – wenn nötig – ungerecht

Diese Regel ergibt sich aus der Tatsache, daß ein Manager von der Leistungsfähigkeit und der Leistungsbereitschaft anderer abhängt. Das sind natürlich in erster Linie seine Mitarbeiter. Und wie ein einziger fauler Apfel den ganzen Korb verdirbt, so verdirbt ein einziger Mitarbeiter, der nicht mit ganzer Kraft an dem gemeinsamen Seil ziehen kann – oder noch schlimmer, nicht ziehen will – die gesamte Mannschaft. So einer ist ein Gegner und entsprechend zu behandeln. Versuchen Sie nicht, Verständnis zu zeigen. Seien Sie knallhart.

Es ist wichtig, von Anfang an keine unbefriedigenden Leistungen zuzulassen. Der beste Zeitpunkt, zu dem Sie sich wirkungsvoll Gehör verschaffen können, ist unmittelbar nachdem Sie die unbefriedigende Leistung erstmals erkennen. Viele Manager tolerieren in den ersten Wochen ungenügende Leistungen in ihrem neuen Aufgabenbereich. Etwa weil sie glauben, sich zunächst in Ihrem Job zurechtfinden zu müssen oder weil sie sich nicht von Anfang an Feinde im eigenen Bereich schaffen wollen. Dabei vergessen sie, welche Signalwirkung von ihren ersten Handlungen ausgeht. Es ist ja nicht so, daß nur der Manager die schlechte Leistung sieht. Meist sind sich auch die übrigen Teammitglieder und der Betroffene selbst darüber im klaren. Wer in dieser Situation den Schwanz einzieht, ist schneller als »Weichei«, »Flasche« oder »Niete in Nadelstreifen« abgestempelt, als er sich versehen kann. So ein Ruf ist schwer wieder loszuwerden.

Denken Sie immer an das Sprichwort: »Neue Besen kehren gut, aber die alten kennen die Ecken.« Die alten Besen sind Ihre Mitarbeiter, die jeden Winkel Ihres Bereiches besser kennen, als Sie dies wahrscheinlich jemals tun werden. Sie können Sie beliebig vorführen, wenn Sie das zulassen. Sie müssen also »zumindest gut kehren«.

Es gibt allerdings eine Variante: Sie rufen an Ihrem ersten Tag ein Mitarbeitertreffen ein und machen deutlich, welche Anforderungen Sie hinsichtlich Qualität, Service, Sauberkeit, etc. erwarten und daß Sie nicht bereit sind, dahinter zurückbleibende Leistungen zu akzeptieren. Dann lehnen Sie sich zurück und verkünden: »Ich werde mir das Ganze nun sechs Wochen lang ansehen, ohne etwas dazu zu sagen. Dann geht es ans Eingemachte. Sorgen Sie bitte dafür, daß es dann für uns alle nicht unangenehm werden muß.« Wichtig ist in diesem Fall, daß der Vorgesetzte während der Zeit wirklich nichts sagt (hochgezogene Augenbrauen, gekräuselte Lippen und eine in Falten gelegte Stirn beim Anblick eines unbefriedigenden Ergebnisses sind aber erlaubt und wirken oft Wunder) und nach sechs Wochen unzufriedenstellende Leistungen rigoros verfolgt und ausmerzt.

Führung muß auf gute Leistungen und nicht auf eine Kaffeekränzchenatmosphäre ausgerichtet sein. Die Mitarbeiter verstehen einen fordernden Chef nicht nur, sondern erwarten dies sogar. Wenn die Führung nicht auf das Leistungsprinzip orientiert ist, bummeln nicht nur die Versager immer mehr, sondern auch die Leistungsträger lassen in ihren Anstrengungen nach.

Angenommen, Sie haben sich entschlossen, eine ungenügende Leistung zu verfolgen: Wie tun Sie es am besten? Erst einmal warnen Sie öffentlich unter Androhung von genau beschriebenen Konsequenzen, sofern sich bis zu einem genau spezifizierten Zeitpunkt keine Änderungen ergeben. Das kann während einer Abteilungsbesprechung passieren. Namen werden dabei nicht genannt. Die betroffenen Mitarbeiter nehmen Sie sich in einem persönlichen Gespräch zur Brust. Sofern sich nach diesem Warnschuß der Zustand nicht verbessert, statuieren Sie ein Exempel. Im Firmenjargon nennt man so etwas, jemanden »schlachten«, »öffentlich hinrichten« oder auch »ans Scheunentor nageln«.

Für dieses Exempel suchen Sie sich ein geeignetes Opfer aus. Das muß nicht unbedingt immer der Hauptschuldige sein. Wählen Sie einen aus, bei dem die positiven Wirkungen auf die Abteilung am größten und die zu erwartenden negativen Konsequenzen am geringsten sind. Oft ist es wirkungsvoller, den Beliebtesten oder den Unbeliebtesten zu wählen oder den besten Freund des Hauptschuldigen. Oder einen ganz Unbeteiligten. Manchmal hilft es zum Beispiel schon, einen Externen zu opfern. Das ist unfair? Mag sein. Aber als Manager ist es nicht Ihre Aufgabe, gerecht zu sein, sondern Ihre Herrschaft zu manifestieren und Ihren Bereich auf gute Leistung »einzuNORDEN«.

Wenn Sie schnelle Ergebnisse benötigen, »nageln« Sie gleich zu Beginn Ihrer neuen Tätigkeit zur Abschreckung jemanden in aller Öffentlichkeit ans Scheunentor. Ohne vorherige Warnung! Und vielleicht sogar ohne richtigen Grund! Jeder soll sehen, wie es jemandem ergeht, der nicht mit Ihnen an einem Strick zieht. Das Spektrum der Bestrafung reicht von der öffentlichen Maßregelung, über den publikumswirksamen Entzug von Privilegien, eine Abmahnung, eine Versetzung bis zur Beendigung des Beschäftigungsverhältnisses. Es gilt die Regel: Man sollte immer eine Kleinigkeit härter reagieren, als normalerweise angemessen wäre. Feldärzte hatten eine eiserne Regel für Amputationen auf dem Schlachtfeld: Immer tief im gesunden Fleisch schneiden! Die Wundbrandgefahr war sonst zu groß.

Bei Externen kann man Exempel meist problemloser statuieren als bei eigenen Mitarbeitern. Wenn Sie beispielsweise in Ihrem Verantwortungsbereich ein Pünktlichkeitsproblem haben und aus irgendeinem Grund nicht gegen die eigenen Mitarbeiter vorgehen können: Kündigen Sie einfach das Geschäftsverhältnis mit einem Lieferanten, der nicht rechtzeitig lieferte. Möglichst den Lieblingslieferanten Ihres unpünktlichsten Mitarbeiters. Sie bestellen dazu natürlich den Geschäftsführer oder Vertriebsleiter dieses Lieferanten ein und sorgen dafür, daß die kalte Kündigung und die Begründung der »inakzeptablen Unpünktlichkeit« von Ihrem unpünktlichen Mitarbeiter live miterlebt wird. »Ich kann Unpünktlichkeit nicht ausstehen«, sagen Sie dann anschließend zu diesem Mitarbeiter, »und wenn sich das nicht deutlich verbessert, werden wir hier künftig mit ganz anderen Menschen arbeiten.« Scheinbar bezieht sich dieser Satz auf die Lieferanten. Aber seien Sie sicher: die Nachricht kommt an.

Ein anderes Beispiel: Sollten Ihre Mitarbeiter zu viel Zeit für Privatgespräche verwenden, werfen Sie die Zeitarbeitskraft, die für eine der Sekretärinnen Urlaubsvertretung macht, im hohen Bogen hinaus. Sie erzählen jedem, der es hören will, daß Sie die Dame hinausgeworfen haben, weil sie zuviel mit ihren Kolleginnen plauderte.

Viele junge Manager wenden ein, daß die Welt nicht schwarz-weiß sei, und sie haben Recht: Die große weite Welt ist wirklich nicht schwarz-weiß. Für alles gibt es gute Gründe. Da ist die Sekretärin, die nie für die häufig notwendigen Crashaktionen nach siebzehn Uhr zur Verfügung steht, weil sie als alleinerziehende Mutter ihr Kind vom Kindergarten abholen muß. Da ist der Buchhalter, der ungern mit Zahlen umgeht, aber ganz phantastische Ideen hat, wie man alles besser machen kann. Da ist der altgediente Mitarbeiter, der nicht mehr so richtig kann, aber in jungen Jahren eine tragende Säule des Unternehmens war. Und so weiter und so weiter. Schwächen stehen jede

Menge Stärken gegenüber. Wie gesagt: Die Welt ist nicht schwarz-weiß. Das heißt – die normale Welt ist es nicht. Die Welt erfolgreicher Manager ist es aber doch.

Wenn Sie im Management weiterkommen wollen, müssen Sie sich angewöhnen, schwarz-weiß zu sehen und zu denken. Und entsprechend zu handeln. Nur so können Sie schnelle und eindeutige Entscheidungen treffen und diese konsequent zum Wohle des Unternehmens (oder zu Ihrem eigenen!) umsetzen, ohne dabei Ihren Seelenfrieden zu verlieren. Manager, die alle Grautöne des Lebens wahrnehmen und berücksichtigen, steuern sich selbst von einer Gewissensnot in die nächste und treffen letztlich verspätete, verwässerte und wirkungslose Entscheidungen. Oder sie treffen überhaupt keine, weil sie überall Ungerechtigkeit entdecken. Und das ist dann das Ende der beruflichen Laufbahn dieser armen Menschen. Gehören Sie also nicht dazu.

Wenn Crashaktionen nach siebzehn Uhr in Ihrem Geschäft zwingend notwendig sind und die Punkt siebzehn Uhr aus dem Raum schwebende Sekretärin die Motivation der zurückbleibenden Sekretärinnen vermindert, dann ist sie falsch auf ihrem Platz. Sie ist schwarz. Und wenn sie zehnmal alleinerziehende Mutter ist, sich ansonsten sehr bemüht: Sie ist schwarz und bleibt schwarz. Sie ist nicht nur ein »bißchen« schwarz, sondern »tiefschwarz«, und Sie müssen dafür sorgen, daß sie entweder auch nach siebzehn Uhr arbeitet, ihre Abwesenheit den Rest der Mannschaft nicht mehr demotiviert oder aber, daß sie ihren Platz räumt. Und zwar schnell! Sie müssen unnachsichtig sein. Natürlich brauchen Sie in dieser Situation nicht zum Monster werden. Sie könnten versuchen, ihr einen anderen Platz im Unternehmen zu besorgen. Eine Stelle, auf der sie pünktlich um siebzehn Uhr aufhören kann und auf der sie mit all ihren Fähigkeiten und Eigenschaften blütenweiß erscheint. Aber auf ihrer jetzigen Position ist sie schwarz, und es ist Ihre Aufgabe, unnachsichtig dafür zu sorgen, daß alle Positionen in Ihrem Bereich blütenweiß besetzt sind.

Am schwersten fällt es jungen Managern, Härte bei sympathischen, allseits beliebten Mitarbeitern zu zeigen oder bei jenen, die über phantastische Fähigkeiten verfügen, die sie in ihrer jetzigen Position aber nicht einsetzen können. Von schwachen Managern werden diese Mitarbeiter häufig ihrer »Beliebtheit« oder ihres »Potentials« wegen gehalten. Das ist vollkommen indiskutabel. Die Schlüsselfrage ist: »Erfüllt der Mitarbeiter die Anforderungen, die wir an ihn auf seiner Position stellen?« Wenn jemand nicht die Anforderungen seines Jobs erfüllt, dann ist er trotz seiner anderen positiven Eigenschaften am falschen Platz und damit schwarz, schwarz, schwarz und nochmals schwarz. Wenn Sie ihn als sein Vorgesetzter dennoch auf seiner Stelle belassen, verhalten Sie sich wie ein Koch, der zu gekochten Kartoffelknödeln eine Tomatensauce verwendet, weil »diese doch zu Nudeln so gut schmeckt«; er wird zu Recht als verrückt abgetan. Einem Manager, der eine ähnliche Begründung für eine Stellenbesetzung vorbringt, geht es nicht anders. Potential ist vollkommen uninteressant! Leistung zählt!

Der Manager, der in seinem Verantwortungsbereich »Grautöne« zuläßt, erfüllt seinen Job in einem zentralen Punkt nicht, nämlich im zielorientierten Managen von Menschen. Und damit wird er in den Augen seiner Vorgesetzten selbst schwarz. Sogar sehr schwarz. Wenn der Vorgesetzte gut ist, war es das dann. Wenn der Chef selbst schwach ist, fliegt der Manager wahrscheinlich nicht raus. Aufsteigen wird er aber auch nie wieder.

Denken Sie deshalb immer daran: Wirklich gute Manager sehen schwarzweiß. Die ganz guten mögen sich der damit verbundenen Problematik bewußt sein. Aber sie werden trotzdem nie Grautöne an sich heranlassen. Sie können es sich um ihrer selbst willen gar nicht leisten. Sie werden auf Basis der Schwarz-Weiß-Kategorisierung unnachsichtig Entscheidungen fällen und sie durchsetzen. Und es ficht sie nicht an, daß sie dabei einigen Menschen ein wenig oder ganz gewaltig Unrecht tun.

»Aha«, hakte ich ein, »das ist eben schon ein Problem für viele Manager. So leicht verdaut das keiner, bewußt ungerecht zu sein.«

»Stimmt. Vielen geht das auf Dauer an die Nieren. Das ist Teil des Preises, den man für eine zügige Karriere zahlen muß. Natürlich fällt es leichter, wenn man nicht mit einem ausgeprägten Gerechtigkeitssinn belastet ist.«

»Schön formuliert!« lachte ich zynisch. »Aber im Ernst: wenn ich nach Ihrer Regel gehe, müßte ich mir den Schwächsten aussuchen und an ihm ein Exempel statuieren, richtig?«

»Genau. Jemand, der sich nicht besonders gut wehren kann, ist das optimale Bauernopfer. Das Signal wird von den anderen verstanden werden, und Ihrem Chef zeigen Sie, daß Sie nicht unter einem überzogenen Harmoniebedürfnis leiden.«

»Das heißt, es wird morgen hart für Schäfer«, murmelte ich in mich hinein.

»Sie sagten etwas?« fragte der Alte nach.

»Nein, nein, ich habe mich nur gerade für ein Opfer entschieden.«

»Ich hoffe, Sie haben sich nicht ausgerechnet den härtesten Brocken ausgesucht.«

»Nein, den Schwächsten. Obwohl der gerade den triftigsten Grund für seine momentan schlechte Leistung hat.«

»Na wunderbar! Ich sehe, Sie lernen schnell!« Der Alte schien zufrieden mit mir. »Sie sind gerade dabei, die hohen Weihen des Karrieremachens zu erlangen. Sie wollen doch noch Karriere machen? Oder haben Sie schon genug?«

»Nein, nein«, erwiderte ich müde, »ich bin noch nicht am Ziel.«

»Dann bereiten Sie sich jetzt besser auf morgen vor. Auf Wiederhören.«

Er legte auf. Ich starrte noch ein wenig an die Decke, ermattet auf dem Bett liegend. Dann raffte ich mich auf und ging unter die Dusche.

»Wie haben Sie denn Frau Tran so schnell um den Finger gewickelt?« lachte Kuhn mich an, als wir abends vom Kellner zu unserem Tisch im Hotelrestaurant geführt wurden.

»Wie meinen Sie das?«

»Na, üblicherweise ist sie etwas sparsamer bei der Auswahl der Hotels!«

»Ich bin ihr auf die harte Tour gekommen.«

»Gut«, sagte Kuhn nur, »sehr gut«. Heegen schaute Kuhn fragend an. Der schaute ihm unverwandt in die Augen. »Trauen Sie sich das hier zu, Heegen?«

»Ich sehe schon, das wird ein Gemetzel«, versetzte der. »Aber das ist ja nicht mein erstes.«

Wieder nickte Kuhn zufrieden. Mir war klar, welches Spiel Kuhn hier spielte. Er hatte zwei Killer angesetzt, mit dem Ziel, daß weder Heegen noch ich es riskieren würden, voreinander Schwäche zu zeigen. Deshalb hatte er Heegen überhaupt eingestellt. Ich fragte mich insgeheim, was er wohl mit ihm anstellen würde, wenn Düsseldorf wieder funktionierte.

Da hatte ich plötzlich einen großartigen Geistesblitz. Düsseldorf würde nie wieder funktionieren.

Am nächsten Morgen wachte ich mit Kopfschmerzen auf. »Gut«, sagte ich mir, »dann bist du wenigstens so richtig schlecht gelaunt.« Wir hatten am Vorabend natürlich zu viel getrunken. Auch das hatte Kuhn wohl so beabsichtigt, um Heegen und mich auf das gemeinsame Ziel einzuschwören. Und dieses Ziel hieß: in der Geschäftsstelle Düsseldorf ein derartiges Schlachtfest zu veranstalten, daß auf Jahre hinaus jedem Mitarbeiter klar sein würde, wie unbarmherzig ISG bei mangelnder Performance gegen die Versager vorgeht. Ich vermutete außerdem, daß Kuhn irgendwelche persönlichen Ziele oder Rachegefühle mit dieser Aktion verband, aber das tat nichts zur Sache.

Ich verstaute meine Fähigkeit zu Mitgefühl und Toleranz in einem kleinen Kämmerchen und schloß ab. Schließlich mußte ich an meine Karriere denken. »Wenn ich nicht durchgreife, dann tut es ein anderer«, redete ich mir ein. Ich kämmte mein Haar an diesem Morgen besonders sorgfältig. Dann zog ich meinen besten Anzug an und betrachtete mich noch einmal im Spiegel. Perfekt, dachte ich mir. Ich wußte, wie wichtig gerade in kritischen Situationen das Äußere ist. Noch ein paar Tage zuvor hatte ich in Weisers Brevier ein Kapitel darüber gelesen.

Aussehen

Wer Karriere machen will, sollte gut aussehen. Untersuchungen zeigen, daß attraktive Menschen weiter kommen und mehr verdienen als ihre häßlicheren Kollegen. Hübsche Menschen erhalten auf der gleichen Position einen Attraktivitätsbonus (ca. 10%) und häßliche einen Häßlichkeitsmalus (zwischen –5 und –10%). Ein Blick in die obersten Führungsriegen von Politik und Wirtschaft offenbart einen überraschend hohen Anteil von hochgewachsenen, attraktiven Männern. Männer wie J.F. Kennedy, Helmut Schmidt, Bill Clinton und Gerhard Schröder wurden nicht zuletzt Ihres Aussehens wegen zu Fixpunkten für ganze Bevölkerungsgruppen. (Helmut Kohl war auch einmal schlanker. Und er ist überdurchschnittlich groß.) Manager sind Führer, und es ist wichtig, daß die Geführten sich gerne ihren Anweisungen unterwerfen. Das tun sie offensichtlich bei attraktiven Menschen lieber als bei weniger attraktiven.

Nun ist nicht jeder Mensch mit der Statur eines griechischen Gottes und dem Gesicht von Clark Gable oder Katharine Hepburn ausgestattet. Aber man kann ja an sich arbeiten.

Am einfachsten kann man durch Kleidung gewinnen. Kleider machen bekanntlich Leute. Achten Sie deshalb stets darauf, was Sie anhaben! Ziehen Sie sich korrekt an. Ganz gleich, was »man« in Ihrem Unternehmen trägt: Sie sind ab jetzt immer eine winzige Spur eleganter oder fescher angezogen, als Ihre Kollegen. Hüten Sie sich vor unmodernen Kleidungsstücken! Auch wenn die Krawatte noch vollkommen in Ordnung ist und zudem einer Ihrer Lieblingsbinder war und auch wenn der Anzug wie neu aussieht: Falls die Mode darüber hinweggegangen ist – was in der Regel ein Jahr nach dem Kauf der Fall sein dürfte –, dann werfen Sie die Kleidungsstücke in den Sack für die Altkleidersammlung. Dort gehören solche Dinge hin. Aber nicht in Ihren Schrank und noch weniger an Ihren Körper.

Denken Sie daran, daß auch Schuhe zur Bekleidung gehören. Das vergessen die meisten, und mancher Vorgesetzte hat es sich deshalb angewöhnt, die Mitarbeiter nach dem Zustand der Schuhe zu beurteilen. Hüten Sie sich also vor abgelaufenen Absätzen und schmutzigem Oberleder! Mehr noch als bei der Kleidung ist beim Schuhwerk auf peinliche Sauberkeit zu achten.

Kümmern Sie sich um ein gepflegtes Aussehen. Ihre Haare sind nicht immer akkurat geschnitten? Sorgen Sie dafür, daß es nicht wieder vorkommt! Sie sollten mindestens einmal pro Monat beim Friseur sitzen. Wenn es öfters ist, dann schadet das mit Sicherheit auch nichts.

Putzen Sie sich mindestens dreimal pro Tag Ihre Zähne, und tun Sie etwas gegen Mundgeruch. Versuchen Sie nicht, die tägliche Dusche durch Deo zu ersetzen und schneiden Sie sich regelmäßig die Nägel. Ihre Mutter wollte das doch auch schon immer! Es macht sich ebenfalls nicht gut, wenn Sie mit einem Zeigefinger, dessen Nagel schwarze Trauerränder aufweist, auf eine Stelle in einem Dokument deuten müssen. Manchen wird vielleicht verwundern, daß ich hier solche Selbstverständlichkeiten verbreite. Aber vor allem junge Naturwissenschaftler, die gerade von der Universität kommen, haben da oft noch Probleme. Sie haben die letzten Jahre in einem Umfeld verbracht, in dem Kleidung und Aussehen absolut unwichtig waren. Was zählte, war der »Inhalt« und nicht die »Form«. Aber in dem Augenblick, in dem Sie in eine Firma kommen und Karriere machen wollen, zählt Ihr Äußeres mindestens so viel wie Ihre Fähigkeiten – manchmal sogar mehr. Seien Sie sich dessen bewußt. Und wenn Sie Probleme mit der Auswahl Ihrer Kleidung haben: Lassen Sie sich einfach von jemandem helfen.

Frauen ist es nicht nur erlaubt, Vorteil aus den unterschiedlichen Kosmetika zu ziehen, sondern in höchstem Maße geraten, von diesen Hilfsmitteln Gebrauch zu machen. Immer mehr Männer in Managerkreisen tun es ihnen übrigens nach und helfen ihrem Aussehen diskret mit Cremes und dezenten Kajalstrichen nach. Auch als Mann sollten Sie sich nicht zu schade dafür sein, regelmäßig Cremes und Öle zu verwenden und vielleicht sollten Sie es gelegentlich mit einer Gesichtsmaske versuchen, wenn die Haut so überhaupt nicht frisch aussehen will. Kosmetiksalons berichten neuerdings von einer wahren Flut von männlichen Kunden, und es sind nicht die Erfolglosen, die den Weg in diese Einrichtungen finden.

Zu einem guten Aussehen gehört ferner, daß sich Ihr Körper in einem guten Zustand befindet. Treiben Sie deshalb regelmäßig Sport. Gymnastik ist dabei besser als Fußball. Saunieren Sie häufig und lassen Sie sich massieren. All das wird man Ihnen ansehen. Zu einem sportlichen Erscheinungsbild gehört auch das, was gemeinhin als »ein gesunder Hautton« bezeichnet wird. Auch wenn dieser »gesunde Hautton« nur durch ziemlich ungesunde Höhensonnen erzielt werden kann: opfern Sie sich und nutzen Sie im Winter gelegentlich eine dieser Bräunungsstationen. Sie müssen sich ja nicht grillen. Eine dezente Bräunung sieht erheblich besser aus, als eine deutlich sichtbare Solariumbräune.

Drastischere Maßnahmen sind notwendig, wenn man eine körperliche Besonderheit hat, die das Aussehen stört. Sie gehören dazu? Tun Sie etwas dagegen! Ihre Schneidezähne sind verfärbt und verschoben? Lassen Sie sie überkronen! Die Nase ist schief? Weshalb ist sie noch nicht gerichtet? Wenn Sie sich dafür zu gut sind, gefährden Sie Ihre Karriere.

Natürlich gibt es immer wieder Personen, die gegen jeden Kleiderkodex verstoßen und die dennoch stets im Mittelpunkt stehen. Diese Personen sind von Ihrer Persönlichkeit so stark, daß Sie es schaffen, für sich einen eigenen

Standard zu setzen. Die Chance, daß ausgerechnet Sie dazu gehören, ist ziemlich gering. Aber selbst wenn Sie wirklich das Potential dazu haben: Sie werden feststellen, daß es sich bei kaum einem dieser Verweigerer oder Nonkonformisten um einen Entscheidungsträger handelt. Meist sind es Fachleute, technische Gurus oder andere Kapazitäten, denen ob ihres Wissens Narrenfreiheit eingeräumt wird, solange sie auf ihrem jeweiligen Fachgebiet überlegene Leistungen abliefern.

Fazit: Sehen Sie der Tatsache ins Auge, daß gutes Aussehen die Karriere fördert! Falls Sie nicht einmal bereit sind, für einen gepflegten und eleganten Auftritt zu sorgen, werden Sie wohl auch nicht andere, wesentlich schwieriger umzusetzende Maßnahmen angehen. Das ist in Ordnung. Aber vergessen Sie dann ihren Karrierewunsch.

Ich ging ohne zu frühstücken direkt zum Konferenzraum, der für uns reserviert war. Obwohl ich eine Viertelstunde zu früh dort war, standen Kuhn und Heegen bereits ebenfalls vor der Türe. Sie rauchten eine Zigarette.

»Haben Sie eine für mich?«

Kuhn lächelte mich an und hielt mir die halbvolle Schachtel hin. Ich bediente mich.

Heegen gab mir Feuer. Er grinste mich an. »Ist das die erste Restrukturierung für Sie?«

Ich zog kräftig an der Zigarette und blies den Rauch nach oben. »Ja, sieht man mir das an?«

Heegen deutete auf die Zigarette, die ich etwas ungeschickt zwischen den Fingern hielt. »Nein, aber ich habe Sie gestern nicht rauchen gesehen.« In diesem Augenblick kamen Schäfer und Sternberger um die Ecke.

»Wo ist Brandner?« fragte ich in die Runde.

»Habe ich noch nicht gesehen«, antwortete Sternberger, während er seine Aktentasche auf den Boden stellte und sich ebenfalls eine Zigarette anzündete. »Aber er hat ja auch noch 10 Minuten Zeit.«

Sternberger wandte sich mir zu. »Werden Sie nach Düsseldorf ziehen?«

Ich schaute ihm in die Augen. »Ich weiß noch nicht, das hängt davon ab, ob wir den Laden hier wieder auf Trab bringen.«

»Na, so schlimm ist es ja nun auch wieder nicht«, wiegelte Sternberger ab. »Jeder Bereich hat einmal ein Tief.«

»Und wir haben eine ganze Reihe interessanter Projekte in der Pipeline«, ergänzte Schäfer mit roten Ohren. »Wenn erstmal der Investitionsstop bei den öffentlichen Auftraggebern aufgehoben ist, kommt alles auf einmal. Wir sollten uns überlegen, mehr Berater einzustellen, um die Projekte dann auch abarbeiten zu können.«

»Sieh da«, erwiderte ich kalt, »ich dachte, wir unterhalten uns heute über die schlechte Performance der Geschäftsstelle. Halten Sie das für einen guten Zeitpunkt, über Neueinstellungen zu sprechen?«

Schäfer schwieg. Seine Ohren glühten. Sternberger zog nachdenklich an seiner Zigarette und drückte sie dann aus. Kuhn und Heegen folgten ihm.

Ich schaute auf die Uhr. »Fangen wir an, ich habe keine Lust, auf Brandner zu warten.« Ich war verärgert über das Signal der Mißachtung, das mir Brandner mit seinem Nichterscheinen gab. Wir gingen in den Besprechungsraum. Ich vergegenwärtigte mir noch einmal ein Kapitel aus dem Brevier des Alten, das ich einige Tage zuvor gelesen hatte.

Meetings/Besprechungen

Die Welt der Entscheidungsträger ist voller Meetings. Das Spektrum reicht dabei von formalen, regelmäßig stattfindenden Veranstaltungen bis hin zu informellen, schnell angesetzten Ad-hoc-Besprechungen, wie sie in Kaffeeküchen und auf den Fluren der Unternehmen täglich zu Hunderten stattfinden.

Fast scheint es so, als brächten die entscheidenden Leute nahezu ihre gesamte Zeit in Besprechungen zu. Kaum einer von ihnen hat die Zeit, das dabei Besprochene in die Tat umzusetzen, denn schon steht die nächste Besprechung an. Wer etwas zu sagen hat, ist in Meetings, und derjenige, der künftig etwas zu sagen haben möchte, ist gut beraten, ebenfalls dort zu sein.

Besprechungen sind eminent wichtig. Nicht, weil dort die Weisheit mit Löffeln gefressen wird, sondern weil in Besprechungen die Informations- und Beziehungsströme des Machtapparats zusammenlaufen. Wer bei einer bestimmten Besprechung nicht präsent ist, läuft Gefahr, Informationen nicht zu erhalten, Trends nicht rechtzeitig zu erkennen oder in Abwesenheit zum Sündenbock für einen Mißerfolg gemacht zu werden. Oder er erhält arbeitsintensive und wenig ruhmversprechende Arbeiten aufs Auge gedrückt.

Karrieristen müssen bei allen wichtigen Meetings dabei sein. Dabei definiert sich »wichtig« nicht so sehr über die Themen, sondern über die Leute, die daran teilnehmen. Ein informeller Arbeitskreis zur Ideensammlung für das fünfzigjährige Jubiläum des Unternehmens, an dem einige Direktoren teilnehmen, ist wesentlich wichtiger als ein Strategiemeeting, in dem niedrigere Ränge wichtigtuerisch versuchen, im Auftrag der Firmenleitung die Neuausrichtung des Konzerns zu formulieren. Weshalb? Weil eine kurze, zwischen die Diskussion über die Blumengestecke und die Gästeliste flüchtig hingeworfene Bemerkung darüber, daß man sich, sollten diese Spinner im Strategiearbeitskreis wirklich ihre verrückten Ideen durchsetzen können, wohl keine Sorgen mehr darüber zu machen brauche, wie die Einhundertjahrfeier auszusehen habe, eine Diskussion vom Zaun bricht, in deren Verlauf das Ergebnis des Strategieausschusses einfach zu diskreditieren ist. Und der Strategieausschuß wundert sich dann anschließend, daß seine Ergebnisse bei der Endpräsentation vom höheren Management zerrissen und als Spinnerei abgetan werden.

Neben der Möglichkeit der aktiven Einflußnahme bieten hochrangig besetzte Besprechungen die Gelegenheit, an vertrauliche Informationen zu gelangen. Gleichgültig, was der offizielle Anlaß der Besprechung ist; man kann darauf wetten, daß immer irgendwelche brisanten Dinge zur Sprache kommen. »Da fällt mir etwas ein, was ich mit Ihnen am Rande abklären wollte«, sagt plötzlich einer und manchmal wirft er dabei auch einen zweifelnden Blick auf den einzigen Teilnehmer im Kreis, der aufgrund seines Ranges eigentlich von der Information ausgeschlossen sein sollte. Aber in 90% der Fälle wird er nicht verlangen, daß dieser den Raum verläßt. Schließlich ist es nur eine kleine Sache und dauert lediglich zehn Minuten. Deshalb nickt man dem Mann lieber gönnerhaft zu und sagt ihm: »Das was Sie hier hören, ist natürlich strengstens vertraulich!« So erfährt man im Fünfzigjahrfeierausschuß beispielsweise, daß der Fuhrpark auch dieses Jahr die Kostenziele nicht erreichen und deshalb ausgelagert werden wird, daß die offiziellen Übernahmeverhandlungen mit einem kleineren Wettbewerber bald abgebrochen werden können, weil man inzwischen alle geheimen Geschäftsdaten, die man durch das Gebot erhalten wollte, in Besitz hat oder aber, daß keiner der anwesenden Direktoren Einwände erhebt, Herrn Schmidt, den Leiter des Strategieausschusses, in die Wüste zu schicken. Es ist erstaunlich, was man alles hört, wenn man mit den richtigen Leuten zusammen ist.

Vertrauliche Informationen zu besitzen bringt Vorteile. Die liegen natürlich in den Informationen selbst, aber vor allem in dem damit entstandenen Vertrauensverhältnis. Schließlich teilt man nun Geheimnisse mit wichtigen Menschen, und das verbindet.

Besprechungen mit wichtigen Teilnehmern sind die mit Abstand wichtigsten Besprechungen für den Manager. Als hierarchisch niedrigster Vertreter in der Runde muß er jedoch aufpassen, nicht zu sehr mit Arbeit überhäuft zu werden. Aber auch wenn der Neue mehr tun muß als die Höhergestellten: Die Teilnahme an diesen Meetings ist die zusätzliche Arbeit wert.

Beinahe ebenso wichtig sind die Besprechungen, die man selbst einberuft. Es gibt jede Menge Gründe, weshalb man das tun mag. Vielleicht will man Ideen sammeln. Oder die Teilnehmer motivieren. Oder man möchte durch Einbindung bestimmter Leute bei der Entscheidung die spätere Durchsetzung vereinfachen. Vielleicht will man durch intensive Diskussion der Vorschläge auch das Endergebnis verbessern. Oder Arbeit auf andere Schultern und vielleicht sogar andere Abteilungen verlagern. Oder man will einfach demonstrieren, wie die Machtverhältnisse sind. Oder man hat einfach keine Lust, wirklich zu arbeiten. Häufig möchte man durch eine Besprechung später auch nur die Verantwortung auf das Gremium abschieben können. Schließlich kann man ein Gremium, das sich für eine bestimmte Lösung ausgesprochen hat schlechter feuern als eine Einzelperson.

Meiden sollten Sie tunlichst Besprechungen, bei denen man sich von weniger wichtigen Menschen Arbeit einfangen kann. In diese Meetings schickt man lieber einen Mitarbeiter, dem man vorher derart restriktive Vorgaben auf den Weg mitgibt, daß er keine wirklich wichtigen Verpflichtungen eingehen kann.

Für einen erfahrenen Manager gibt es also Meetings, bei denen er nicht anwesend sein sollte. Für jene ambitionierten Karrieristen, die erst am Beginn ihrer Laufbahn stehen, sind jedoch alle Besprechungen ein absolutes Muß. Ein junger Karrierist sollte deshalb versuchen, in so vielen zu sein, wie es nur geht. Da ihm selbst noch keine eigene tragende Rolle im »Besprechungstheater« zukommt, kann er die Auftritte der anderen Teilnehmer vollkommen unbelastet studieren.

Bei geschäftlichen Besprechungen geht es bei weitem nicht alleine darum, Fachprobleme zu erörtern und zu lösen. Ein wesentlicher Teil der Meetings findet auf der Beziehungsebene statt. Manchmal ist die soziale Komponente sogar der mit Abstand wichtigste Zweck des Zusammentreffens. Das sieht dann so aus, daß ein Tagesordnungspunkt, der gut und gerne in wenigen Minuten hätte abgehandelt werden können, von den anwesenden Männern zwei Stunden lang zerredet wird. Kritiker übersehen dabei vollkommen, daß es bei der Diskussion gar nicht darum geht, ob künftig auch rote Firmenwagen erlaubt sein sollen, sondern darum, Hackordnungen im – vorwiegend männlichen – Rudel entweder in Frage zu stellen, zu verteidigen oder zu zementieren. Wer das nicht versteht, wird auch auf der Sachebene kaum einen Stich machen können.

Ganz extrem ist dieses Phänomen in Vertriebsorganisationen zu spüren. Nahezu jedes Unternehmen mit einem eigenen Außendienst veranstaltet monatlich oder zweimonatlich ein Verkäufermeeting, zu dem alle Verkäufer eines Verkaufsgebiets anreisen. Meist sitzen dann zehn bis dreißig Verkäufer mit ihrem Chef zusammen, um sich – wie es offiziell heißt – über die Geschäftsentwicklung zu unterhalten. Die Verkäufer berichten dazu der Reihe nach über die von ihnen gefahrenen Projekte und die daraus zu erwartenden Umsätze und Gewinne. Die offizielle Begründung, man möchte ein gegenseitiges Verständnis für die Projekte erreichen, ist natürlich purer Blödsinn. Es ist vollkommen unnötig, alle Verkäufer sich langweilen zu lassen, während jeweils ein anderer seine Zahlen präsentiert. Es geht darum, den Verkäufern, die den größten Teil ihrer Zeit als Einzelgänger bei den Kunden unterwegs sind, zu zeigen, daß sie Bestandteil des Rudels sind und sich dessen Zwängen zu unterwerfen haben. Der Vertriebsleiter demonstriert, daß er der Rudelführer ist, der alles zu entscheiden hat. Er unterbricht den Vortrag seiner Verkäufer, stellt bohrende Fragen, macht bissige Bemerkungen, weist zurecht oder lobt. Damit definiert er gleichzeitig die Hackordnung innerhalb seiner Gruppe. Wenn er beispielsweise einen Großauftrag des Starverkäufers nur kopfnickend zur Kenntnis nimmt und sich wortreich und lobend über den kleineren Auftrag eines anderen Verkäufers ausläßt, so kann dies bedeuten, daß er diesen kleinen Auftrag wirklich als einen Schlüsselauftrag betrachtet.

Viel wahrscheinlicher ist aber, daß er dem jungen Verkäufer, der den Vertrag abschloß, mehr sozialen Status innerhalb der Gruppe geben möchte. Und noch weitaus wahrscheinlicher ist es, daß er dem Starverkäufer signalisieren will, daß er bei weitem nicht so toll und unangreifbar ist, wie er sich das im Augenblick vorstellt.

Nahezu bei jedem Verkaufsmeeting wird einer der Anwesenden vom Vertriebsleiter »geschlachtet« und für alle anderen sichtbar »ans Scheunentor genagelt«. Es kann jeden Verkäufer erwischen. Das Signal geht an die Gruppe. Und wenn der Chef bei dem Spruch »Ich werde eine solche Schlamperei bei keinem durchgehen lassen!« eindringlich den Starverkäufer ansieht, dann weiß der ganz genau, daß mit dem Ausbruch eigentlich nicht das arme Würstchen am Tageslichtprojektor gemeint ist, sondern er.

Der Karrierist tut gut daran, diese Mechanismen zu erlernen. Der einzige Ort, an dem er das tun kann, sind Besprechungen. Deshalb kommt der Anfänger während seiner »Lehrzeit« immer als erster in den Besprechungsraum. Er setzt sich an einen Platz im Hintergrund, von dem aus er ungestört alle Beteiligten beobachten kann. Am besten ist es, wenn er bei seinen Beobachtungen zunächst die Sachebene vollkommen ausschaltet. Ihn interessiert also nicht, über was gesprochen wird, sondern wie es getan wird. Wer kommt wann und mit wem? Wer begrüßt wen? Wie tut er das? Macht er Unterschiede? Bei wem? Wohin setzen sich die einzelnen Leute? In jedem Raum gibt es einen Sitzplatz, der die Macht ausdrückt. Davon ausgehend gibt es »wichtige« und »weniger wichtige« Plätze. Welche Parteien sitzen sich gegenüber? Das weist auf Fraktionen hin. Wer eröffnet wann das Meeting? Wie tut er das? Kommt jemand zu spät? Um wieviel Minuten? Wie reagiert der Vorsitzende? Wer bringt neue Themen oder neue Aspekte hoch? Wen sieht er dabei an? Wer reagiert auf neue Argumente wann und wie? Wer stellt wem Fragen? Sind es unterstützende Fragen oder eher aggressive? Wer wechselt die Ebenen, zieht die Sachfrage ins Lächerliche, Unglaubwürdige oder Groteske? Wer wird von wem angegriffen? Wer unterstützt? Wer hält sich aus der Sache heraus? Wer lächelt? Wann? Wen lächelt er an? Gibt es eine Haltung, mit der man sich aus dem Gespräch zurückhalten und bei der Verteilung von Arbeit übergangen werden kann? Wie viel Zeit wird mit Witzen, Geschichten oder anderen Themen verbraten? Wieviel Zeit wird für das eigentliche Thema verwandt?

Wenn seine Sinne erst einmal für die Feinheiten der zwischenmenschlichen Interaktion sensibilisiert sind, wird es dem Karrieristen leicht fallen, die unterschiedlichen Rollen und Verhaltensmuster schnell zu erkennen. Dann ist es an der Zeit, eine aktive Rolle in den Besprechungen zu übernehmen. Dazu muß er aus der Sitzecke des Underdogs herauskommen und bei der nächsten Besprechung den Platz eines »Wolfes dritter Klasse« einnehmen. Jetzt ist er Teil des Spiels. Er muß die Rolle spielen, die einem »Wolf dritter Klasse« zukommt. Also beispielsweise seine Meinung nicht zu spät, aber auch nicht zu früh äußern. Dem Entscheidungsträger (Rudelführer) die Bälle zuwerfen, die dieser erwartet. Einen Blick auf die Riege der Wölfe zweiter Klasse haben und sich überlegen, welchen er am einfachsten beerben könnte. Und vieles mehr.

Spätestens, wenn Sie Ihr erstes eigenes Meeting einberufen, wird sich zeigen, ob Sie die Regeln gelernt haben. Wenn Sie sich als Initiator nicht auf den »Machtplatz« setzen, die Teilnehmer nicht gemäß ihrer Rangordnung im Rudel behandeln und unbotmäßige Übertretungen der geheimen Rudelordnung nicht mit scharfer Zunge sanktionieren, wird man Sie »als zur Rudelführung nicht geeignet« abtun.

In den wenigsten Meetings wird ein Protokoll geschrieben – meist geht jeder Teilnehmer mit seinen persönlichen Notizen nach Hause. Wenn die Ergebnisse wichtig für Sie sind, sollten Sie dafür sorgen, daß ein Protokoll entsteht. Und Sie sollten die Kontrolle darüber haben – also es entweder selbst schreiben oder es von einem Ihrer Vertrauten schreiben lassen. Dafür gibt es einen einfachen Grund: Derjenige, der das Protokoll kontrolliert, bestimmt letztendlich, was beschlossen wurde. Beschlußlagen lassen sich umbiegen, ohne den Protest der Teilnehmer heraufzubeschwören. Weil viele Menschen die Protokolle nicht lesen – vor allem dann nicht, wenn diese einige Zeit nach dem Meeting eintreffen, an das sich die Teilnehmer dann ohnehin nur noch undeutlich erinnern können –, kommt man mit ziemlich vielem durch.

An das Blatt, auf dem die Regel stand, hatte Weiser einen Zettel geheftet. Es handelte sich offensichtlich um ein aus einem Schreibblock gerissenes Blatt. Eingerahmt von den typischen Schmierereien, die man in langweiligen Meetings produziert, standen in beinahe unleserlicher Schrift einige wohl nicht so ernst gemeinte Ratschläge.

Organisationsrichtlinien für ein »gutes Meeting«

Veröffentliche möglichst keine Tagesordnung!
Das erhöht die Spannung der Beteiligten beträchtlich. Ferner kannst du dadurch jederzeit neue Themen aufnehmen oder unangenehme Themen zwischendurch einfach fallen lassen.

Sage nie, was du bei den einzelnen Tagesordnungspunkten erwartest!
So ist es dir möglich, aus einem »Beschlußpunkt« jederzeit einen lang anhaltenden Informationsaustausch zu machen. Diese Flexibilität wissen alle Teilnehmer wirklich zu schätzen.
Informiere die Teilnehmer nie vorab über Details!
Auf diese Weise ist garantiert, daß alle Beteiligten beim gleichen (Un)Kenntnisstand aufsetzen. Vor allem wird so auch vermieden, daß konkrete Lösungsvorschläge vorab bekannt werden. Dies würde die wesentlich kreativeren Vorschläge der anderen zu stark behindern.

Beginne nie pünktlich!
In einer Welt, in der Leistung mit »Arbeit dividiert durch Zeit« definiert ist, zeigst du den Pünktlichen, wer Herr über ihre Zeit ist.

Lege keinen Zeitpunkt für das Ende der Besprechung fest!
So gibst du allen das Gefühl, daß du bereit bist, viel Zeit in ihre Belange zu investieren. Außerdem kannst du dann die wirklich wichtigen Punkte kurz vor dem Abflug der Maschinen der anderen im Eiltempo durchpeitschen und so deine Interessen durchsetzen. Oder du kannst die anderen aussitzen und dann ganz alleine entscheiden. Darüber hinaus gibt dir ein offenes Ende natürlich auch die Gelegenheit, all jene lustigen Anekdoten zu erzählen, die die anderen Teilnehmer so gerne hören.

Halte dich nicht an die Agenda, wenn es eine gibt!
So kannst du zeigen, wer in diesem Laden die Hosen anhat. Selbst als absolu-

ter Neuling kannst du einem erlauchten Kreise deine Kompetenz klar machen, indem du »kurz, vorab ein kleines Thema« zur Diskussion bringst und es für eine Stunde am Laufen hältst.

Unterbrich die anderen in ihren Ausführungen!
Vor allem, wenn deine Kommentare witzig sind, den Sachverhalt also auf die unsachliche Ebene ziehen, wird sie jeder gerne als erfrischende Unterbrechung akzeptieren. Außerdem demonstrierst du, wer letztendlich die Bewertung der Ausführungen vornimmt, und auf welcher Ebene du sie ansiedelst.

Frage auf keinen Fall nach dem Status der beim letzten Meeting beschlossenen Sachverhalte!
Dies könnte diejenigen Teilnehmer, die ihre Hausaufgaben nicht erledigt haben – und dies dürften im Zweifelsfalle alle sein – in Bedrängnis bringen. Sofern es nicht darum geht, einen der Teilnehmer vor den anderen vorzuführen, sind diese negativen Gefühle auf jeden Fall aus dem Meeting fernzuhalten.
Unterbinde jede Protokollierung!
Das Meeting ist Bestandteil der Privatsphäre der Teilnehmer. Diese unterliegt dem Datenschutz. Außerdem verhindern Protokolle, daß du dasselbe Thema so oft zur Diskussion stellen kannst, bis dir der Beschluß paßt.

Ich lächelte vor mich hin, als ich mir den geeigneten Platz suchte. Einige der Regeln des Kapitels hatte ich ja für dieses Meeting bereits eingehalten. Die fehlende Agenda würde es mir erlauben, mich an jedem Schwachpunkt, den ich sehen würde, festzubeißen und ihn nach Belieben breitzutreten.

Die Tische im Besprechungsraum waren in U-Form angeordnet. In der Öffnung des U stand der Overhead-Projektor. Wie es bei ISG üblich war, setzte ich als Vorsitzender mich an die vom Präsentierenden aus gesehen linke Ecke des U. Das bietet zwei beträchtliche Vorteile gegenüber dem üblichen »Vorstandsplatz« an der Krümmung des U: man kann den Präsentierenden mit leiser Stimme ansprechen, anstatt laut durch den Raum brüllen zu müssen. Und man muß sich nicht an den anderen vorbeiquetschen, wenn man einmal kurz an das Flipchart oder den Projektor will. Außerdem erlaubt dieser Platz die optimale Beobachtung der anderen Zuhörer.

Kuhn nahm am anderen Ende des U Platz. Ihm ging es vor allem um einen günstigen Beobachtungsposten. Vielleicht wollte er aber auch nur den typischen Oppositionsplatz besetzen, um zu verhindern, daß diesen starken Platz ein anderer einnehmen konnte. Ich erwartete nicht, daß er in das Meeting eingreifen würde. Heegen saß direkt neben mir. Als letzte nahmen Schäfer und Sternberger nebeneinander Platz, mir gegenüber, durch einige freie Stühle von Kuhn getrennt. Sie fühlten sich wohl so vor Kuhn sicherer, der sich nun zur Seite wenden mußte, um sie zu sehen. Sie ahnten wohl nicht, daß die größte Gefahr von Heegen und mir ausging.

»Fangen wir an, meine Herren.« Ich lehnte mich zurück und schaute abwechselnd Schäfer und Sternberger an. Kuhn schloß die Tür, die direkt hinter ihm war.

»Da Herr Brandner offenbar Schwierigkeiten mit dem Thema Pünktlichkeit hat, bitte ich Herrn Sternberger zu beginnen.« Ursprünglich hatte ich geplant, Schäfer gleich als Einstimmung für die anderen hart anzupacken. Aber ich wollte sicher gehen, daß Brandner der Zeremonie beiwohnte, deshalb wartete ich damit.

Sternberger wirkte nervös, als er, einen Packen Folien in der Hand, an Kuhn vorbei zum Projektor marschierte. Er wußte, daß ein unangenehmer Tag bevorstand, in dessen Verlauf auch er das Opfer sein könnte. Einige Jahre im Vertrieb hatten seinen Instinkt geschärft. Seine Nervosität ließ ihn jungenhafter wirken. Er war mir in diesem Augenblick symphatisch. Ich war froh, daß ich nicht ihn als Opfer vorgesehen hatte.

»Die ersten zwei Quartale liefen nicht gut.« Sternberger schien die schlechten Nachrichten schnell hinter sich bringen zu wollen. Ich wollte zunächst einmal mehr hören. »Meine Quote liegt bei 15 Millionen für dieses Jahr. Davon haben wir in den ersten sechs Monaten ca. 5 Millionen in Rechnung gestellt.«

»Was heißt circa?« unterbrach ich ihn.

Er präsentierte eine recht übersichtliche Tabelle. »Hier, sehen Sie, in der zweiten Zeile. Es sind genau 4,9 Millionen.«

Ich verzichtete darauf, seine Aufrundung zu kommentieren. Schließlich hätte ich es selbst ja auch nicht anders gemacht.

Sternberger fuhr fort: »Im letzten Geschäftsjahr sah es zu diesem Zeitpunkt etwas besser aus. Aber viel mehr als ein Drittel der Quote hatte ich da auch nicht in Rechnung stellen können. Und im Endeffekt habe ich letztes Jahr die Zielvorgabe erreicht.«

»Lassen Sie uns doch lieber über dieses Jahr sprechen.« Ich mußte langsam ein wenig aggressiver werden.

Sternberger legte eine Liste mit den laufenden Verkaufsprojekten auf: zehn Projekte, geordnet nach dem geplanten Monat des Vertragsabschlusses. »Das sind alles Projekte, die schon recht weit fortgeschritten sind. Dieser Vertrag hier«, er deutete auf eine Zeile mit einem Umsatz von einer Million, »wird wahrscheinlich nächste Woche unterzeichnet.«

»Was heißt wahrscheinlich? Sie müssen schon etwas exakter sein. Wie soll ich mir denn ein Bild von der Situation hier machen, wenn alles, was ich höre, nur ›circa‹ und ›wahrscheinlich‹ ist? Bitte kommen Sie auf den Punkt.«

Sternberger zuckte zusammen. »Wahrscheinlich heißt, daß wir eine schriftliche Absichtserklärung vom Kunden haben. Die Ausschreibung haben wir gewonnen. Ich bin nächste Woche beim Einkauf. Es gibt nur noch ein paar Kleinigkeiten bezüglich der Konditionen zu klären.«

Ich lachte auf. »Alte Einkäufertaktik! Die wollen Sie noch mal kräftig im Preis drücken.«

»Ja, ich weiß«, erwiderte Sternberger, »bin ja kein Anfänger.« Er lächelte. »Das, was mir der Einkauf noch bei den Dienstleistungen herauspressen wird, habe ich bei der Software schon aufgeschlagen.«

»Gut.« Mein Blick fiel auf die letzte Zeile seiner Aufstellung. »Was heißt denn »Sonstige« auf Ihrer Liste? Das ist ja ein seltsamer Firmenname!«

»Na ja«, antwortete Sternberger, dem sein Lächeln wieder vergangen war, »das sind die Kleinaufträge, die wir üblicherweise bekommen. Zusatzgeschäft bei bestehenden Kunden und dergleichen.«

»Wie lange sind Sie denn schon bei ISG?« fragte Heegen plötzlich.

Sternberger schaute erst Heegen, dann mich, dann Kuhn an. »Fünf Jahre.«

Heegen lehnte sich zurück. »Immer im Vertrieb?«

»Ja, ich habe hier als Vertriebstrainee angefangen.«

»Und wie oft haben Sie Ihre Quote geschafft?«

»Die ersten zwei Jahre hat es noch nicht geklappt. Danach lief es gut. Ich war zweimal im Hundert-Prozent-Club.«

»Die Zeiten sind hart«, philosophierte Heegen, »ich möchte nur, daß Ihnen klar ist, daß es so etwas wie Schonzeiten bei uns nicht mehr gibt. Sie verdienen hier sehr gut. Wir erwarten, daß Sie nicht nur ab und zu Ihre Quote schaffen, sondern immer. Jedes Jahr. Auch dieses.«

Ich war dankbar, daß Heegen für mich in die Bresche gesprungen war. Ich nahm mir vor, daß das bei Schäfer nicht notwendig sein würde.

Die nächste Stunde verbrachten wir damit, Sternberger über jedes einzelne seiner Projekte auszufragen. Er schlug sich tapfer, und als ich sah, daß Kuhn gähnte, beendete ich die Vorstellung.

»Na ja, den Hauch einer Chance sehe ich noch, daß Sie es schaffen. Ich danke Ihnen, Herr Sternberger. Sie können sich wieder setzen. Schicken Sie mir ab jetzt wöchentlich einen Bericht, aus dem hervorgeht, was sich getan hat. In ganzen Sätzen bitte.«

Sternberger ging erleichtert zurück zu seinem Platz. Ich sah die Angst in Schäfers Augen. Ich entschloß mich, seine Nervosität noch etwas zu steigern. »Machen wir fünf Minuten Pause. Dann geht es mit Ihnen weiter, Herr Schäfer.«

Die Pause sollte dem armen Schäfer Zeit geben, sich auszumalen, wie schrecklich die kommende Stunde für ihn sein würde. Dementsprechend hektisch zog er an seiner Zigarette. Ich unterhielt mich mit Heegen und Kuhn über das ausgezeichnete Abendessen vom Vorabend, von Schäfer abgewandt, um das Elend nicht sehen zu müssen. Als die fünf Minuten vorbei waren und Brandner noch immer nicht erschienen war, ließ ich Heegen bei Frau Tran anrufen, um nachzufragen. Er kam nach zwei Minuten zurück.

»Brandner ist auf dem Weg hierher. Er war im Büro und hat angeblich noch ein paar wichtige Anrufe zu erledigen gehabt.«

»Na toll. Das wird ihm leid tun.« Ich gab das Signal zum Weitermachen. Als alle Platz genommen hatten, sprach ich Schäfer an. »Warum haben Sie sich denn wieder hingesetzt? Sie sind jetzt dran!«

Er eilte zum Projektor. Man sah seine Hand zittern, als er die erste Folie auflegte.

»Was soll denn das sein?« unterbrach ich ihn, bevor er überhaupt ein Wort gesagt hatte. Ich sah auf eine mit mäßiger Qualität kopierte Folie, auf der sich klein gedruckt eine ansehnliche Liste von Projekten drängte.

»Das ... das sind meine Projekte.« Schäfer wußte, daß er das Opfer war. Seine Ohren leuchteten in einem leicht bläulichen Rot.

»Auch bei Ihnen möchte ich erst einmal etwas über Ihre Quote und den momentanen Stand hören. Legen Sie die Übersichtsfolie auf.«

»Ich ... ich habe keine Übersichtsfolie.«

»Und wie gedachten Sie mir einen Überblick über Ihr Geschäft zu geben?« Ich war zufrieden mit dem scharfen Ton in meiner Stimme.

»Na ja«, stammelte Schäfer, »mit der Projektliste halt.«

»Schalten Sie den Projektor ab, Herr Schäfer.« Ich machte eine wegwerfende Handbewegung. »Gehen Sie zum Flip-chart. Sie haben Ihre Zahlen ja sicher im Kopf.«

Schäfer nahm einen der Stifte, die in der Ablage des Flip-charts lagen. Quietschend zog er Linien, die sich zu einer Tabelle ergänzten.

»Nehmen Sie einen anderen Stift. Das Gequietsche hält ja keiner aus!« Ich spürte, wie ich in Fahrt kam.

Schäfer wußte nun: egal was er tun oder lassen würde, es würde falsch sein. Er nahm einen anderen Stift und füllte die Zellen mit Zahlen.

Die Tür öffnete sich und Brandner kam herein. Er zog die Tür hinter sich zu, nickte allen Anwesenden kurz zu und nahm an der Stirnseite des U Platz. Ich ignorierte ihn und wandte mich Schäfer zu.

»Bitte strapazieren Sie unsere Geduld nicht, Herr Schäfer. Wenn ich eines nicht leiden kann, dann ist es, wenn jemand schlecht vorbereitet ist. Also machen Sie bitte schneller.« Dabei schaute ich kurz zu Brandner herüber, der mich überrascht fixierte. Die kühle Atmosphäre im Meeting hatte er wohl nicht erwartet. Um so besser.

Schäfer hatte seine Tabelle endlich fertig. Er begann zu erklären. »Hier die Zahlen des Vorjahres ...«

»Erst das aktuelle Jahr«, unterbrach ich ihn. »Quote und aktuelle Zielerreichung.« Mit fast väterlichem Tonfall fügte ich hinzu: »Herr Schäfer,

Sie haben doch gesehen, was ich von Herrn Sternberger wissen wollte. Spannen Sie uns doch bitte nicht so auf die Folter.«

Schäfer brach innerlich in sich zusammen. Er wirkte abwesend, während er Zahlen herunterratterte, die natürlich stets nicht das waren, was ich gerade hören wollte. Vor Aufregung verhaspelte er sich ständig, und selbst die einfachsten Zahlen fielen ihm nicht mehr ein. Er hatte kaum eine Chance, etwas zu präsentieren, da ich ständig meine Unzufriedenheit über seine schlechte Vorbereitung äußerte, ihn andere Folien auflegen ließ, Projektor an, Projektor aus, Flip-chart, Quote, Interessenten, nein, doch erst Umsätze bis dato und so weiter und so fort.

Nach einer halben Stunde war es genug. Schäfer war völlig aufgelöst und den Tränen nah.

»Setzen Sie sich wieder, Herr Schäfer.« Ich machte ein grimmiges Gesicht. »Herr Heegen, arrangieren Sie bitte einen Termin für uns und Herrn Schäfer.« Ich lehnte mich zurück, atmete tief durch und bat mit entnervtem Tonfall Herrn Brandner an den Overhead.

»So«, begann ich, während Brandner sich gelassen zum Projektor begab, »Sie hatten ja eine ganze Menge Zeit, sich vorzubereiten, Herr Brandner! Ich gehe davon aus, daß Ihre Folien etwas aussagekräftiger sind als die Ihres Kollegen!« Aus den Augenwinkeln sah ich, daß Sternberger und Schäfer sich bemühten, unsichtbar zu wirken. Mit dem Eindruck, den ich bei den beiden hinterlassen hatte, konnte ich schon einmal ganz zufrieden sein. Sie waren sichtlich schockiert. Schäfer knabberte noch an der Erniedrigung, durch die er gerade gegangen war, und Sternberger ging wohl im Geiste die Liste der ihm bekannten Headhunter durch. Ich beugte mich zu Heegen herüber und flüsterte ihm zu, er möge sich Gedanken machen, ob und wie wir Sternberger nach Frankfurt holen könnten. Ich hätte mich kurzfristig entschieden, Düsseldorf zu schließen.

Er sah mich überrascht an. »Was??«

»Sie haben richtig gehört. Wir machen den Laden dicht. Heute abend werde ich Kuhn davon überzeugen, daß das der einzig richtige Weg ist. Das spart uns Unmengen von Geld.« Ich grinste Heegen an. Der grinste zurück.

»Kann ich beginnen?« unterbrach uns Brandner.

»Ja, ja, fangen Sie ruhig an«, gab ich uninteressiert zurück. »Zuerst Quote und Status Ihrer Zielerreichung.«

»Kennen Sie meine Quote denn nicht?« gab Brandner frech zurück. »Ich dachte Sie sind unser neuer Geschäftsstellenleiter?«

Das war gar nicht schlecht. Der Kampfgeist erwachte in mir. »Ach, lieber Herr Brandner«, erwiderte ich gelangweilt, »ersparen Sie uns doch bitte überflüssige Diskussionen. Was ich hier sehe und höre, ist nicht sehr ermunternd. Ich kann nicht sagen, daß mir diese Veranstaltung Spaß macht.« Meine Stimme bekam einen scharfen Unterton. »Was Ihre Quote angeht, so kann ich Ihnen versichern, daß ich diese Zahl sehr wohl kenne. Ich bitte Sie, fangen Sie jetzt an.«

Brandner zeigte sich über meine aggressive Antwort überrascht. Allerdings brachte ich ihn damit auch nicht sonderlich aus der Ruhe. Er legte eine Folie auf. Die sauber formatierte Tabelle trug rechts unten kleingedruckt das Kürzel von Frau Tran. »Delegieren kann er«, dachte ich mir.

Mit ruhiger Stimme begann Brandner seine Ausführungen. »Meine Quote liegt bei 19 Millionen. Jemandem eine so hohe Quote zu geben ist zwar eine Unverschämtheit, aber es sieht trotzdem nicht schlecht aus.«

Ich unterbrach ihn. »Wenn Sie sich von Ihrem Vorgesetzten eine Quote aufdrücken lassen, die nicht erreichbar ist, dann sind Sie ein schlechter Verkäufer.« Ich wandte mich Sternberger zu. »Finden Sie Ihre Quote auch zu hoch?« Ich war neugierig zu sehen, ob Sternberger zu Brandner stehen oder sich vom potentiellen Opfer absetzen würde.

Er setzte sich ab. »Nein, ich hielt sie für erreichbar, als ich den Provisionsvertrag unterzeichnet habe. Das mache ich doch nicht, wenn ich nicht glaube, daß das zu schaffen ist.«

Guter Mann. Ich bekam mit, wie Heegen ihm zunickte, während ich mich wieder Brandner zuwandte. »Also bitte, kommen wir zum Thema.« Ich versuchte, so ungeduldig wie möglich zu wirken, um ihm nicht die Zeit für einen guten Konter zu geben.

Er fuhr ungerührt fort.«Von den 19 Millionen sind in den ersten zwei Quartalen 6 Millionen in Rechnung gestellt worden. Kein Wunder, daß es nicht mehr war. Unsere Forderung nach mehr Beratern ist ja ignoriert worden. Und jetzt hängen wir mit den Projekten hinterher. Bei einem Projekt sind wir so weit hinter dem Zeitplan zurück, daß der Kunde langsam Schwierigkeiten macht. In solch einer Situation ist es natürlich besonders hilfreich, wenn jemand kommt, der das Geschäft hier nicht kennt und sich trotzdem über die Zahlen beschwert.«

Oh … er wurde zynisch. Das konnte ich natürlich auch. »Na phantastisch! Da schafft jemand seine Zahlen nicht, und dann beklagt er sich auch noch darüber, daß die Firma damit nicht einverstanden ist. So den Spieß umzudrehen, das habe ich bisher noch nicht erlebt. In einer ruhigen Minute müssen Sie mir den Trick noch einmal erklären.« Ich wurde leiser. »Und jetzt Ihre Projektliste, bitte.« Ich sah, wie ein Lächeln über Kuhns Gesicht huschte.

Brandner legte eine neue Folie auf. Unsere Wortgefechte hatten ihn nicht aus der Ruhe gebracht. Ein verdammt harter Brocken! »Was macht den nur so selbstsicher?« fragte ich mich insgeheim. Ich beschloß, etwas vorsichtiger zu agieren. Mit solch lausigen Zahlen eine solche Sicherheit auszustrahlen, da mußte etwas dahinterstecken. Vielleicht ein guter Draht zur Geschäftsleitung. Vielleicht war er aber auch schon satt. Brandner betreute bei ISG schon seit über 15 Jahren Großkunden. Da mußte sich auf seinem Bankkonto eine ganze Menge angesammelt haben. Ich wollte kein Risiko eingehen und ließ ihn jetzt in Ruhe seine Projekte vorstellen. Da unterließ auch er seine kleinen Attacken. Waffenstillstand.

Nachdem er seine Präsentation beendet hatte, ließ ich ein paar Sandwiches kommen. Abgesehen von Schäfer, dem wohl der Appetit vergangen war, schlang jeder gierig und im Stehen das pappige Zeug in sich hinein.

Heegen hatte sich an Sternberger herangemacht und plauderte mit ihm über die Möglichkeiten, die Düsseldorf am Abend bietet. Schäfer und Brandner mümmelten abseits ihre Sandwiches. Ich ging mit Kuhn vor die Tür, um ihn für meine Idee zu begeistern, Düsseldorf dicht zu machen. Mit Düsseldorf hatte ich ein faules Ei übernommen. Um die Geschäftsstelle wieder in Fahrt zu bringen, würde ich mindestens zwei Jahre brauchen. Mindestens ein Jahr lang würde ich mit schlechten Ergebnissen in Verbindung gebracht werden. Das konnte nicht in meinem Interesse sein. Auch hatte ich keine Lust, mich auf einen langen Kampf mit Brandner einzulassen.

Kuhn schien auch selbst schon mit diesem Gedanken gespielt zu haben, denn er wirkte nicht sehr überrascht. Er wunderte sich nur darüber, daß der Vorschlag ausgerechnet von mir kam, weil ich mich doch damit arbeitslos machen würde.

Doch das hatte ich schon einkalkuliert. »Wissen Sie, Herr Kuhn, daß man in dieser Firma arbeitslos wird, diese Befürchtung habe ich nicht. Dazu gibt es hier viel zu viel zu tun.« Der Alte würde stolz auf mich sein. Ich hatte, bevor ich hier überhaupt richtig angefangen hatte, bereits meinen Absprung auf die nächste Stufe der Karriereleiter vorbereitet. Wir unterhielten uns kurz darüber, wie realistisch der Vorschlag war. Kuhn versprach, die Sache mit Pauli, dem Vorsitzenden der Geschäftsführung, zu bereden.

Als alle wieder an ihren Plätzen saßen, beendete ich das Meeting, ohne die übliche Schlußpräsentation, ohne die üblichen warmen oder bösen Worte. Ich wußte, was ich wissen wollte, und hatte einen von den drei Verkäufern an das Scheunentor genagelt. Das plötzliche Ende der Veranstaltung hatte außerdem den Effekt, daß ich die anderen darüber im unklaren ließ, mit welcher Stimmung und mit welchen Schlußfolgerungen ich aus dem Meeting ging. Ich war zufrieden.

Die nächsten Wochen wartete ich vor allem auf eine Entscheidung Paulis. Ich hatte für Kuhn ein sauberes und schlüssiges Konzept für die Schließung vorbereitet. Doch Pauli stand den Schließungsplänen skeptisch gegenüber. Das lag nicht zuletzt an seinem engen Kontakt zu Brandner. Die beiden hatten gleichzeitig bei ISG in Frankfurt angefangen. Pauli hatte Karriere gemacht, Brandner war Verkäufer geblieben. Mehr hatte er nie gewollt und so hatte sich die Freundschaft zu Pauli gehalten, auch als dieser an ihm vorbeizog.

In dieser unglücklichen Situation kam mir der Zufall zu Hilfe. Pauli hatte sich bei James Locksley, unserem CEO, mit einigen Aussagen zum Stellenwert der europäischen Organisation unbeliebt gemacht. Kuhn, der als Geschäftsführer für den Vertrieb naturgemäß über gute Kontakte zur Zentrale in den USA verfügte, nutzte die Gelegenheit, um unsere Sache voranzubringen. Er hatte bei unserem Vice President Sales and Marketing, Paul Carlton, wohl eine Bemerkung fallen lassen, daß Pauli sich unverständlicherweise gegen die Schließung einer unrentablen Geschäftsstelle sperrte. Wissend, daß man sich mit Munition gegen Pauli bei Locksley beliebt machen konnte, hatte Carlton das natürlich sofort weitergetragen.

Um seinen Hals zu retten, mußte Pauli ein Bauernopfer bringen: Düsseldorf. Als ich erfuhr, daß Pauli sein O.K. gegeben hatte, glaubte ich wieder einmal, unschlagbar zu sein. Ich war einfach ein Glückskind. Nun, im Endeffekt war die Wendung natürlich auf Kuhns politisches Geschick zurückzuführen. Aber ohne Paulis Lapsus bei Locksley hätten wir keine Chance gehabt. Ich erinnerte mich an ein Kapitel aus dem Brevier des Alten, das auf diese Situation zu passen schien wie die Faust aufs Auge.

Glück und Zufall

Beinahe jeder kennt mindestens einen Menschen, dem der Erfolg offensichtlich stets ohne eigenes Zutun in den Schoß fällt. So mancher dieser Erfolgreichen verstieß sogar gegen wirklich jede Regel des Karrieremachens. Aber anstatt abzustürzen, wie zu erwarten gewesen wäre, schaffte er es trotzdem bis ganz nach oben.

Da gibt es beispielsweise den jungen Studienabgänger Teo Wolff, der entgegen jedem gesunden Menschenverstand in das stagnierende kleine Unternehmen in der Provinz eintrat. In ein Unternehmen zudem, in dem die Chancen, seinen gerade einmal vier Jahre älteren, ebenfalls hoch qualifizierten Chef zu ersetzen, minimal waren. Denn der gehörte zum Umfeld der Gründerfamilie und hatte aufgrund des ebenfalls noch jungen Eigentümers die nächsten zwanzig Jahre selbst keine Möglichkeit zum Aufstieg. Doch ein Jahr nach dem Eintritt von Teo Wolff schlug das Schicksal zu. Sein Chef wurde von seiner Frau bei einem Seitensprung erwischt. Sie trennte sich von ihm, und er wurde fristlos gefeuert. Sein logischer Nachfolger: Teo Wolff. Schließlich hatte man keine Zeit, aufwendig nach einem Externen zu suchen. Kaum zwei Jahre später verunglückte der dreiundvierzigjährige Inhaber tödlich. Seine Familie betraute Teo Wolff mit der Aufgabe, die Firma interimistisch weiterzuführen. Doch das Schicksal würfelte weiter. Die Familie entschloß sich, das Unternehmen zu verkaufen. Wolff führte die Verhandlungen mit Interessenten. Sein zielorientiertes Wesen und sein Verhandlungsgeschick fielen dem Verhandlungsführer der Gegenseite auf, und er bot ihm einen Geschäftsführerposten bei einer Tochterfirma des Konzerns an. Teo Wolff nahm an und war vier Jahre nach seinem Studienabschluß der Chef über viele hundert

Menschen. Er ist auch heute noch in diesem Konzern und wird als der Kronprinz des inzwischen zum Vorstand aufgestiegenen Direktors gehandelt. Wenn der Vorstand in fünf Jahren in Rente geht, hat er die besten Chancen, sein Nachfolger zu werden.

Solche Geschichten passieren tatsächlich! Aber sie sind äußerst selten. Um so häufiger werden diese Ausnahmen kolportiert. Es verhält sich damit ähnlich wie mit den Geschichten, die Raucher über Onkels, Großväter oder ehemalige Arbeitskollegen zu erzählen wissen, die hundert Jahre alt wurden – und das, obwohl sie täglich mehrere Packungen Zigaretten geraucht hatten. Irgendeinen solchen Onkel hat es natürlich gegeben. Aber auf diesen einen sind mindestens fünfzig andere Raucher gekommen, die die Wahrscheinlichkeit gegen sich hatten und viele Jahre früher gestorben sind, als nötig gewesen wäre. Ebenso kommen auf einen Manager, der es »ohne eigenes Zutun« geschafft hat, fünfzig Verlierer, die weit hinter ihren Möglichkeiten zurückgeblieben sind und noch auf ihrem Sachbearbeiterposten sitzen.

Wer Karriere machen will, sollte sich tunlichst nicht auf Glück und Zufall verlassen. Er sollte seine Karriere planen und sich aktiv »richtig« im Sinne einer weiteren beruflichen Entwicklung verhalten. Er sollte wissen, daß Karriere »gemacht« wird und einem nicht »zufällt«. Glück und Zufall können allerdings eine wichtige Rolle spielen.

Selbst wenn es so aussieht, als sei in den so häufig zitierten seltenen Fällen alles »ganz von selbst« für den Karrieristen gelaufen, so stimmt das bei näherem Hinsehen doch nicht ganz. Meist starteten diese Personen unter ungünstigen Voraussetzungen und erhielten durch Zufall eine Chance. Und sie ergriffen sie. Das ist nicht selbstverständlich! Im Gegenteil. Die Welt ist voller Beispiele von verpaßten Gelegenheiten. Teo Wolff muß einiges richtig gemacht haben. Sonst hätten die Eigentümer nicht ausgerechnet ihn als Ersatz für seinen Chef berufen. Sonst wäre er nicht mit der Verhandlungsführung betraut worden. Er muß die angebotene Stelle bei dem großen Konzern selbstbewußt und ohne langes Überlegen ergriffen haben, selbst wenn dies einen Umzug bedeutete und zwei Größenordnungen über seinen momentanen Erfahrungen lag.

Der Spruch vom »Glück des Tüchtigen« hat durchaus seine Berechtigung. Es gibt kaum einen erfolgreichen Manager, der nicht unumwunden zugibt, daß er ein oder mehrere Male zum richtigen Zeitpunkt das notwendige

Quentchen Glück hatte, ohne das er niemals bis ganz nach oben gekommen wäre.

Weil weder Glück noch Pech vorhersehbar sind, muß der Karrierist die Signale erkennen und richtig interpretieren. Der größte in diesem Umfeld gemachte Fehler ist der, solche Gelegenheiten einfach zu übersehen, weil sie scheinbar nicht in die einmal festgelegte Planung passen. Andere erkennen sie zwar, sehen manchmal auch ein, daß »man« etwas tun müßte oder tun könnte, machen sich aber nicht die Mühe, das Geschehen in all seinen Konsequenzen zu durchdenken und ihre bisherige Planung umzustoßen.

Bill Gates war ein Universitätsabbrecher, der mit einer kleinen Klitsche namens Microsoft BASIC-Compiler für exotische Kleinstrechner entwickelte und damit mehr seinen eigenen Neigungen als dem Gelderwerb nachging. Als IBM 1980 ihn damit beauftragte, den zwischen Pizzakartons entwickelten BASIC-Compiler auf einen neuen PC zu portieren, war das für Bill Gates ein größeres, aber immer noch normales Geschäft. Das änderte sich erst schlagartig, als er erfuhr, daß Gary Kidall, der Entwickler des damals meist verbreiteten Betriebssystems für Microcomputer, IBM versetzt hatte. Spontan ergriff Gates die sich bietende Chance und bot IBM ein Betriebssystem für deren neuen PC an. Daß er zu diesem Zeitpunkt überhaupt kein Betriebssystem hatte, störte ihn dabei kaum. Er erwarb von einem Freak namens Tim Patterson für eine Handvoll Dollar das Betriebssystem QDOS, das für »Quick and Dirty Operating System« stand, strich den Buchstaben Q und änderte die Bezeichnung in »Disk Operating System« (Obwohl viele Menschen der Meinung waren, die ursprüngliche Bedeutung des D sei wesentlich zutreffender). Der Rest ist Geschichte. Hätte er damals diese Gelegenheit nicht gesehen – und vor allem: nicht ergriffen –, wäre Bill Gates heute wahrscheinlich ein Mann, der mit seinen Compilern die ein oder andere Million gemacht hätte. So aber hat er viele Milliarden gemacht und es zu einem der reichsten Menschen der Erde gebracht.

Auch mit dem Gegenteil von Glück, mit dem Pech, muß der Karrierist zu leben lernen. Darunter versteht man jene unvorhersehbaren, nicht der eigenen Beeinflussung unterliegenden Ereignisse, die zunächst unmittelbare negative Auswirkungen auf die eigene Karriere haben. Ausgesprochenes Pech ist es beispielsweise, wenn der Vorstand, der einen bisher als Mentor stets besonders förderte, plötzlich aus dem Unternehmen ausscheidet und sein erbittertster Gegner die Nachfolge antritt. Dieser wird den Zögling seines alten Widersachers sicher nicht besonders gut behandeln. Auch hier gilt, daß man die Situation zunächst erkennen muß – was allerdings meist wesentlich einfacher ist als bei Glücksfällen. Auf keinen Fall darf man die Schuld für Pech bei sich selbst suchen, das bringt nicht weiter. Auch darf man nicht in Vogel-Strauß-Politik die Augen schließen und hoffen, daß sich das Thema irgendwann einmal – vielleicht durch Glück, schließlich hört man überall, daß der neue Vorstand mit seinem Porsche viel zu schnell durch die Gegend rast – erledigen wird. Man muß seine Optionen prüfen und dann entschlossen handeln.

Die Formulierung »negatives Glück« ist für einen Karrieristen wesentlich zweckdienlicher als das Wort »Pech«. Und zwar deshalb, weil sich für denjenigen, der bewußt damit umgeht, solche überraschenden Ereignisse am Ende häufig doch als »richtiges« Glück herausstellen. Denn eines tut ein solches negatives Ereignis mit Sicherheit: Es rüttelt den Betroffenen wieder einmal richtig wach. Der alltägliche Trott wird unterbrochen. Der Karrierist fängt an, plötzlich wirklich alle seine Optionen zu prüfen – nicht nur die naheliegenden und bequemen innerhalb der Firma. Vielleicht merkt er dann plötzlich, daß er sowieso viel besser bei dem wesentlich dynamischeren Konkurrenzunternehmen aufgehoben wäre. Vielleicht ist der Vorstand sogar zur Konkurrenz gegangen und der Karrierist kann ihn dort anrufen und ihn fragen, ob er nicht eine interessante Aufgabe für ihn habe. Viele Firmenwechsel, die durch solches »negative« Glück initiiert wurden, führten zu beeindruckenden Karrieren. – Es gibt viele Manager, die behaupten: »Also wenn damals nicht mein Geschäftsbereich geschlossen worden wäre – ich würde immer noch auf meinem Hauptabteilungsleiterposten bei der Alt AG sitzen. Was Besseres als diese Schließung konnte mir gar nicht passieren. Wenngleich es sich damals für mich natürlich ganz anders darstellte. Damals glaubte ich, die Welt würde zusammenbrechen.«

Napoleon soll bei der Ernennung von neuen Generälen, nachdem er sich alle beruflichen Fähigkeiten und Erfolge des jeweiligen Anwärters hatte schildern lassen, immer gefragt haben: »Und hat er auch Glück?«

Ich fühlte mich wie ein General unter Napoleon. Einfach großartig. Die Schlacht konnte beginnen.

So eine Standortschließung ist ein hartes Stück Arbeit. Heegen und ich hatten uns die Aufgaben geteilt. Ich kümmerte mich darum, die Kunden im Düsseldorfer Raum von unserem Entschluß zu informieren und sie zu beruhigen. Ich hatte sie davon zu überzeugen, daß sie aus Frankfurt mit der gleichen Reaktionsgeschwindigkeit und mit höherer Kompetenz betreut würden als aus Düsseldorf.

Heegen hatte den schwierigeren Part übernommen. Er mußte den Düsseldorfer Mitarbeitern zu möglichst geringen Kosten kündigen, und die wenigen, die wir halten wollten, zu einem Umzug nach Frankfurt bewegen. Für Sternberger fanden wir eine Sonderregelung. Er bekam ein Büro in Frankfurt, durfte aber die meiste Zeit von zu Hause aus arbeiten. Schäfer war mit einer kleinen Abfindung zufrieden. Brandner war ein härterer Brocken. Zunächst hatte er versucht, seinen Kontakt zu Pauli zu nutzen und Heegen damit gedroht, dieser müsse sich vor Pauli rechtfertigen, wenn er ihn, Brandner, kündige, und das würde sehr unangenehm für ihn werden. Heegen, der die Situation genau kannte, hatte Brandner daraufhin gebeten, Pauli doch gleich anzurufen, und das Zimmer für zehn Minuten verlassen. Als er wieder in sein Büro zurückkam, legte Brandner den Hörer gerade wieder auf und war sehr blaß. Die Sache ging dann noch vor das Arbeitsgericht, wo Brandner Provisionen einklagen wollte, die ihm bei Erreichen seiner Quote zugestanden hätten. Heegen konnte das Gericht davon überzeugen, daß dazu ohnehin keine Chance bestanden hätte. Kurzum: Heegen machte einen ausgezeichneten Job. Abends gingen wir oft gemeinsam aus, um uns auszutauschen und weitere Aktionen zu besprechen. Seine professionelle, völlig entspannte Art, mit Moral und Mitgefühl umzugehen, rang mir immer wieder Bewunderung ab. Gewissensbisse hatte dieser Mensch wohl nie. Anna hatte mir in letzter Zeit öfter vorgeworfen, gefühlskalt zu handeln. Sie hätte erst mal Heegen sehen müssen!

Mit Anna hatte ich ohnehin immer wieder Probleme. Da mein Einsatz in Düsseldorf zeitlich begrenzt war, hatte ich meinen Stützpunkt in Frankfurt behalten. Unter der Woche wohnte ich in Düsseldorf in einem Hotel. Am Wochenende war ich meistens zu Hause. Obwohl ich Anna immer wieder sagte, daß dieser Zustand nicht ewig andauern würde, beklagte sie sich ständig darüber. Und vor allem sah sie einfach nicht ein, daß, wie ich ihr immer zu erklären versuchte, das Arbeitsleben eben nicht aus Gefühlsduselei besteht, sondern oft eine gewisse Härte verlangt. Sie beschwerte sich, ich würde mich verändern, ich sei nicht mehr der Alte. Natürlich war ich das nicht. Irgendwann muß man auch mal erwachsen werden. Ich nahm mir aber vor, mich wieder etwas mehr um Anna zu kümmern, sobald ich wieder in Frankfurt war. Ich mußte eben meine Ehe professioneller managen. Aber man kann sich ja nicht um alles gleichzeitig kümmern.

Die Auflösung des Düsseldorfer Büros dauerte fast ein dreiviertel Jahr. Ich mußte mich mit Mietverträgen, unruhigen Kunden und einem Haufen Verwaltungskram herumschlagen. Kuhn hatte mir in Frankfurt den Rücken freigehalten. Seiner Unterstützung nach zu schließen hatte er vor allem großes Interesse daran, Brandner loszuwerden. Nach der Trennung von Brandner war Kuhn so froh über den geglückten Coup, daß er mir die Gelegenheit geben wollte, beim nächsten Besuch unseres CEO in Frankfurt eine Präsentation über die erfolgreiche Aktion zu halten.

Als Locksley sein Erscheinen in Frankfurt ankündigte, gab es in Düsseldorf nur noch ein leeres Büro, für das der Mietvertrag in drei Monaten ablaufen würde. Ich war vor allem damit beschäftigt, die Betreuung der ehemaligen Düsseldorfer Kunden von Frankfurt aus zu organisieren. Dazu hatte ich ein Büro neben Kuhn, auf der Geschäftsleitungsetage bezogen. Obwohl noch nicht klar war, mit welchen Aufgaben man mich in Zukunft betrauen würde, hatte ich einen ausgezeichneten Stand in Frankfurt. Ich freute mich über die kleinen Aufmerksamkeiten und Statussymbole, auf die man automatisch Anspruch hat, wenn man nur in der richtigen Etage sitzt. Der Parkplatz in der Tiefgarage nahe an der Tür zum Aufzug, der Kaffee, der einem gebracht wird, das Telefon, das so viele Funktionen hat, daß man Wochen mit dem Studium der Gebrauchsanweisung verbringen könnte, all das genoß ich. Auch die aufmerksame Art, mit der Kuhns Sekretärin mich behandelte, war mir alles andere als unangenehm.

Mir war klar, daß ich hier nur geparkt wurde. Vielleicht wollte Kuhn mir mit dem Aufenthalt auf der Geschäftsleitungsetage den Mund für eine Top-Position so richtig wässrig machen. Bis zu einem Stammplatz in dieser Etage würde es noch ein weiter Weg sein.

Und ein wichtiger Schritt dahin war natürlich die Präsentation, die ich gemeinsam mit dem nun ebenfalls in der Frankfurter Zentrale arbeitenden Heegen vorbereitete. Der offizielle Grund für die Schließung des Düsseldorfer Büros war leider nicht erfreulich – um die Gewinnerwartungen der amerikanischen Mutter zu befriedigen, mußten die Kosten heruntergeschraubt werden –, und das reichte natürlich nicht aus, um einen amerikanischen CEO zu begeistern. Also entwickelten Heegen und ich eine Präsentation, die die Auflösung des Büros zu einem Modell für ganz ISG machte: weg von den alten, regional gegliederten Fürstentümern, hin zu einer schlanken Organisation, die, ausgestattet mit modernsten Kommunikationsmitteln und mobilen Mitarbeitern, völlig unabhängig von der räumlichen Nähe zum Kunden erfolgreich agieren konnte. Da Qualifikation und Motivation der Mitarbeiter in diesem Konzept eine wichtige Rolle spielten, hatten wir die Präsentation in zwei Blöcke geteilt, einen für Heegen und einen für mich. Zwei Vortragende machen eine Präsentation ohnehin interessanter – dachte ich. Und Heegen hatte mir sehr geholfen. Sollte er sich ruhig auch vor dem CEO produzieren können.

An einem Sonntagabend kam mir der Gedanke, doch einmal wieder bei Gregor Weiser anzurufen. Es war ziemlich unhöflich von mir gewesen, mich so lange nicht zu melden.

Weiser freute sich über meinen Anruf. Von Verärgerung war nichts zu spüren. »Wie ist es Ihnen denn im letzten Jahr ergangen? Ist Düsseldorf wieder in Schuß?«

Klar, er wußte ja nicht, daß ich den Laden dicht gemacht hatte. »Nein, Düsseldorf ist überhaupt nicht mehr. Ich habe die Geschäftsstelle geschlossen.«

Es dauerte einige Sekunden, bis der Alte die Nachricht verdaut hatte. »Geschlossen?« fragte er vorsichtig nach.

»Ja, geschlossen. Ich hatte einfach keine Lust, mir solch ein faules Ei ins Nest zu legen. In zwei Jahren hätte ich dort vielleicht wieder gute Gewinne gemacht. Das dauerte mir zu lange.«

Er lachte. »An Ungeduld mangelt es Ihnen nicht! Hoffentlich haben Sie sich diesen Schritt vorher gut überlegt.«

»Also um ehrlich zu sein, fiel die Entscheidung sehr schnell und nicht sehr überlegt«, gab ich zu. »Als ich wußte, daß Kuhn – den kennen Sie ja, wenn ich mich richtig erinnere – die Aktion unterstützen würde, habe ich losgelegt. Bei der Gelegenheit: Woher kennen Sie den Kuhn denn eigentlich? Das habe ich ihn damals überhaupt nicht gefragt.«

Der Alte ließ sich mit der Antwort Zeit. »Ehrlich gesagt hatte ich diese Frage etwas früher erwartet. Kuhn und ich waren einmal Kollegen. Bevor Kuhn bei ISG eingestiegen ist, haben er und ich gemeinsam bei Mega Computers Großrechner verkauft. Als Mega dann von den Japanern übernommen wurde, blieb ich dort, und er ging als Geschäftsstellenleiter zu ISG nach Düsseldorf. Wir blieben noch eine Weile in Kontakt, haben uns dann aber aus den Augen verloren. Wie das halt so ist. Der Beruf nimmt einen völlig in Beschlag. Aber genug davon. Nun erzählen Sie mir, was Ihnen die letzten neun Monate gebracht haben.«

Ich hakte nach. »Kuhn war Geschäftsstellenleiter in Düsseldorf? Das ist ja interessant.«

»Ja«, antwortete der Alte, »aber nur ein halbes Jahr. Das war, soweit ich mich noch erinnern kann, keine besonders erfreuliche Zeit für ihn. Er hatte ziemlich Probleme, sich dort durchzusetzen, und ist dann sehr schnell für ISG ins Ausland gegangen, bevor das Desaster in Düsseldorf offensichtlich wurde. Das letzte, was ich von ihm erfahren habe, ist, daß er nach zwei sehr erfolgreichen Jahren in der Schweiz gegen den Willen der deutschen Geschäftsleitung von den Amerikanern zum Vertriebsleiter Deutschland gemacht wurde. Dann habe ich den Kontakt verloren. Erst von Ihnen habe ich erfahren, daß er es immerhin zum Geschäftsführer Vertrieb gebracht hat.«

»Dann ist alles klar«, rief ich aus. »Deshalb war er so scharf darauf, in Düsseldorf Tabula rasa zu machen. Rachegefühle.«

»Ja«, bestätigte der Alte, »und Sie haben in einem Spiel mitgespielt, dessen Regeln Sie nicht kannten, das Sie nicht beeinflussen konnten und bei dem Sie sich nie über die wahren Kräfteverhältnisse im klaren waren. Sie haben großes Glück gehabt, daß Sie dabei nicht unter die Räder gekommen sind. Wobei wir das noch nicht einmal wissen.« Er zögerte kurz. »Was, sagten Sie, werden Sie nun tun?«

Er wußte genau, daß meine Zukunft momentan ungeklärt war, der alte

Fuchs. Ich war alarmiert. »Glauben Sie denn nicht, daß Kuhn sich mir erkenntlich zeigen wird?«

Der Alte versuchte, mich etwas zu beruhigen. »So weit ich Kuhn kenne, läßt er nicht so schnell jemanden fallen. Aber garantieren würde ich dafür nicht. Auch er will schließlich weiterkommen. Und welche Rolle Sie in seinen Plänen spielen, das wissen weder Sie noch ich.«

»Klar«, stimmte ich zu. »Das war verdammt unbedacht von mir. Was mache ich jetzt nur? Ich sitze im Büro neben ihm und bin ihm auf Gedeih und Verderb ausgeliefert. So eine bescheidene Situation!«

»Gebrauchen Sie lieber Ihren Verstand, anstatt herumzufluchen«, wies der Alte mich zurecht. »Wenn Sie Karriere machen wollen, dann hilft Ihnen nur ein klarer Kopf. Keine Emotionen. – Sie wollen doch noch Karriere machen?«

»Natürlich! Glauben Sie, ich habe das alles getan, um jetzt aufzuhören? Warum fragen Sie eigentlich immer wieder dasselbe?«

Weisers Tonfall wurde wieder freundlicher. »Ich will nur sicher gehen, daß unsere Gespräche in die richtige Richtung gehen. Also. Was haben Sie vor?« Ich spürte förmlich, wie sein Gehirn wieder zu arbeiten begann. Es machte ihm Spaß, Lösungen für knifflige Situationen zu finden. Wahrscheinlich spielte er in seiner Freizeit Schach.

»Momentan arbeite ich mit einem Kollegen an einer Präsentation für unseren CEO.«

»Dann haben Sie ja ohnehin eine Möglichkeit, sich auch ohne Kuhns Unterstützung zu positionieren.« Er schien beinahe ein wenig enttäuscht. »Aber gestatten Sie mir die Frage: Warum machen Sie das zu zweit? Arbeitet Ihnen der Kollege zu?«

»Nein, nein«, erwiderte ich, »wir erarbeiten die Präsentation gemeinsam, und wir werden sie auch gemeinsam halten. Mein Kollege hat einen ziemlich großen Anteil am Erfolg. Er hat es verdient.«

Der Alte atmete tief durch. »Verdient hat er es, so, so. Ist dieser Kollege hierarchisch auf dem gleichen Level wie Sie?«

»Nein, er hat in Düsseldorf an mich berichtet. Er hat die Personalangelegenheiten geregelt. Und das hat er sehr gut gemacht.«

»Natürlich«, säuselte der süffisant, »und deshalb darf er Ihnen beim CEO auch die Show stehlen.«

»Wieso sollte er mir denn die Show stehlen? Wir arbeiten ausgezeichnet zusammen!« Mir schwante bereits, worauf der Alte hinaus wollte.

»Es gibt da eine Regel«, fuhr der Alte unbeirrt fort. »Ich hätte nicht geglaubt, daß ich sie Ihnen noch erzählen muß. Aber anscheinend ist es nötig.«

Regel 12: Teile niemals Erfolg in Gegenwart von wichtigen Leuten

Obwohl in Deutschland Individualismus bis zum Exzeß betrieben wird, gibt es bei jungen Managern seltsamerweise die Tendenz, nicht nur Mißerfolge, sondern auch Erfolge sozialisieren zu wollen. Die treibende Kraft dahinter ist weniger der so häufig beschworene Teamgeist, sondern vielmehr der Wunsch, sich nicht die Sympathien des Teams zu verscherzen. In einer Gesellschaft, in der das Wort »Elite« einen schlechten Klang hat, will der noch unerfahrene Manager nicht aus der Menge herausragen. Also kommt er auf eine scheinbar phantastische Idee: Warum stelle ich nicht noch den ein oder anderen zu mir aufs Podest? Dann bin ich nicht ganz so einsam im hellen Rampenlicht. Dabei läßt er völlig außer acht, daß sie ihm die Show stehlen können. Und das sollte er nicht zulassen.

Solange Ihnen die großen Tiere nur kurz zur Verfügung stehen, sollten Sie sich niemals wertvolle Zeit für Ihre Selbstdarstellung nehmen lassen. Außerdem ist nie völlig auszuschließen, daß Ihr Koreferent besser wirkt als Sie. Das ist ein Risiko, das Sie meiden sollten.

Ein häufig gehörter Einwand der jungen Manager lautet, daß »die Geschäftsleitung es zu würdigen weiß, wenn man seine Mitarbeiter einbindet und am Erfolg partizipieren läßt«. Das ist absoluter Blödsinn. Die Geschäftsleitung hat nicht die Mitarbeiter, sondern den Manager mit der Aufgabe betraut. Und deshalb will die Firmenleitung auch, daß er zu seinem Erfolg steht.

Natürlich weiß die Geschäftsleitung, daß Sie den Erfolg nicht alleine zustande brachten. Wozu sind Sie schließlich Manager? Wozu hat das Unternehmen Ihnen eine Mannschaft zur Seite gestellt? Doch wohl nur dafür, daß Sie die Leute für die Zielerreichung einsetzen. Und genau das haben Sie erfolgreich getan. Also ist es primär Ihr Erfolg und nicht der der Gruppe. Die Gruppe war Werkzeug und hat prima funktioniert. Erlauben Sie aus diesem Grund nie Mitarbeitern, eine gemeinsame Aktion vor wichtigen Leuten zu präsentieren. Sie schießen sich damit unter Umständen ein Eigentor.

Sorgen Sie höchstpersönlich dafür, daß Ihre Untergebenen alle Anerkennung bekommen, die sie verdienen. Aber das muß nicht in Form eines persönlichen Vortrags sein, bei dem sich das Gesicht und der Name in die Gehirne Ihrer Chefs einbrennen könnte. Loben Sie statt dessen Ihre Mitarbeiter, klopfen Sie ihnen heftig auf die Schultern und schreiben Sie ihnen gute Bewertungen, die in Personalakten verschwinden und von niemandem mehr gelesen werden. Sie sprechen bei Ihrer Präsentation natürlich auch immer von »wir«, schon deshalb, weil das weniger egozentrisch wirkt. Müssen Sie Namen nennen, dann zählen Sie gleich mehrere auf. Das kann sich keiner der Zuhörer merken. Sie können das Projektteam auch an der Präsentation teilnehmen lassen. – Natürlich nur als Zuhörer. Dann können sie das Team wie einen Mann aufstehen lassen und sagen: »Das sind die Frauen und Männer, die den Erfolg möglich machten.« Das wird gut bei den Mitarbeitern ankommen, und auch die Firmenleitung wird es als eine motivierende Geste ansehen. Wahrscheinlich werden die Herren und Damen sogar klatschen. All diesen Maßnahmen ist eines gemein: Sie sind es, der Anerkennung erhält und weiterverteilt. Die Hackordnung wird zementiert, keiner stiehlt Ihnen die Show, Ihre Mitarbeiter werden stolz darauf sein, zu einem so strahlenden Helden zu gehören, der göttergleich hoch über ihnen steht.

Es gibt nur sehr wenige Ausnahmen von der Regel, niemals vor wichtigen Leuten Erfolg mit anderen zu teilen. Wenn die hohen Tiere viel Zeit haben, zum Beispiel. Einen ganzen Tag lang alleine zu präsentieren ist äußerst anstrengend und wirkt auch auf die Zuhörer ermüdend. In diesem Fall können

Sie Ihre Mitarbeiter vorsichtig einsetzen. Allerdings trifft das so gut wie nie zu. Wirklich hohe Tiere haben nämlich keine Lust, sich einen ganzen Tag mit einem einzigen Thema zu beschäftigen.

Eine andere Ausnahme von der Regel kommt dann zum Tragen, wenn Sie den betreffenden Vorgesetzten sehr häufig sehen und er Sie deshalb bereits bestens kennt. Zum einen sind die Präsentationsminuten in solch einem Fall weniger kostbar – ja vielleicht überhaupt nichts mehr wert –, und zum anderen können Sie vorher zu ihm gehen, den Erfolg darstellen und dann gönnerhaft sagen: »Bei der offiziellen Präsentation werde ich übrigens ein paar jungen Leuten die Chance geben, sich ein wenig zu profilieren«. Die Chancen stehen gut, daß sich der Chef bei der Präsentation dann sogar entschuldigt und verschwindet. Allerdings besteht auch in diesem Fall die Gefahr, daß das Auge der Geschäftsleitung auf einem der Vortragenden hängenbleibt. »Ein ganz interessanter Mann!« könnte dann das Urteil lauten.

Nicht betroffen von der Regel sind normalerweise jene Situationen, in denen sich der Vortrag um einen winzigen Aspekt der Gesamtaufgabe dreht. Hier kann durchaus der zuständige Spezialist vortragen. Der Abstand zwischen Ihnen und dem Spezialisten ist für den zuhörenden Manager nämlich derart groß, daß er gar nicht auf die Idee kommt, diesen mit Ihnen zu vergleichen. Der Spezialist »kämpft in einer völlig anderen Klasse«. Allerdings gilt auch hier: Wenig Zeit ist kostbare Zeit, und die sollten Sie für sich nutzen.

Fazit: Es gibt jede Menge Gründe, weshalb Sie bei Erfolg alleine vor wirklich wichtigen Leuten stehen sollten. Aber es gibt keinen einzigen wirklich stichhaltigen, weshalb Sie diese Möglichkeit auch jemand anderem geben sollten.

»Gut« wandte ich ein, »der Zuhörerkreis ist wirklich wichtig. Das gebe ich ja zu. Aber das Thema selbst ist ja nicht so weltbewegend. Wir haben halt eine Geschäftsstelle geschlossen und eine schöne Story daraus gemacht. Deshalb hat uns die Präsentation ja auch schon so viel Zeit und Mühe gekostet. Aber das machen wir in erster Linie, um überhaupt das Interesse des CEO zu wecken.«

»Sie sagen immer noch wir«, bemerkte der Alte.

»Das heißt nicht, daß ich die Regel nicht für sinnvoll halten würde.

Aber wie soll ich meinen Kollegen denn jetzt ausbooten, wo wir schon einige Tage gemeinsam daran gearbeitet haben?«

»Das ist jetzt nicht mehr so einfach«, stimmte er zu. »Aber Ihnen ist doch wohl klar, daß mit dieser Präsentation Ihre Zukunft steht oder fällt?«

»Ja, ich habe ja verstanden«, rief ich. Er hatte wie immer recht. Aber der Gedanke, Heegen rausdrängen zu müssen, war mir reichlich unangenehm. »Ist denn das Thema wirklich so wichtig, daß die Präsentation mir wirklich etwas bringen könnte?«

»Aber, aber, junger Mann! Sie haben doch selbst gesagt, daß Sie eine gute Story daraus gemacht haben! Und ich kann Ihnen nur raten: blasen Sie die Aktion auf, so weit Sie können!«

Regel 13: Mache aus jeder Mücke einen Elefanten

Es soll wirklich Leute geben, die glauben, es würde vollkommen genügen, im Verborgenen hervorragende Leistungen zu erbringen, um beruflich weiterzukommen. Sie hassen es, sich mit ihrer Leistung zu brüsten und lehnen es vehement ab, sich selbst herauszustellen. Dafür warten sie aber sehnlichst darauf, daß ein hoher Vorgesetzter, der von ihren guten Leistungen gehört hat, auf sie zukommt, ihnen vor versammelter Mannschaft auf die Schulter klopft und ruft: »Hervorragend! Ganz hervorragend! Sie müssen unser neuer Abteilungsleiter werden!«

Diese Menschen verhalten sich wie ein Mauerblümchen beim Abschlußball, das darauf wartet, daß ihr Märchenprinz sie im Dunkel des Saales entdeckt. Das kommt nicht einmal im Märchen vor. Selbst Aschenputtel – der

Prototyp des deutschen Mauerblümchens – ergriff die Initiative und ging herausgeputzt und aufwendiger gekleidet als alle anderen weiblichen Besucher auf den Ball. Und zwar mitten hinein ins helle Licht. Sie sorgte dafür, daß über sie gesprochen wurde. Ihr Märchenprinz konnte gar nicht umhin, sie zu bemerken.

Wenn Sie Karriere machen wollen, müssen Sie die Initiative ergreifen und selbst aktiv für sich werben. Ihr Name muß bei Ihren Vorgesetzten zu einem Markenzeichen mit hohem Wiedererkennungswert und positiver Belegung werden. Dazu ist jede Möglichkeit zu nutzen. Wirklich jede.

Bringen Sie sich also ins Gespräch. Man muß über Sie reden. Darüber, was Sie getan, gesagt und erlebt haben. Dazu muß es natürlich zunächst einmal »Gesprächsstoff« geben. Und weil es wahrscheinlich auch in Ihrem Leben nicht so viele aufregende Dinge gibt, müssen Sie eben auch die kleinen, weniger aufregenden Begebenheiten entsprechend aufbereiten. Mit etwas Übung schaffen Sie es ganz einfach, ständig neue Anekdoten zu fabrizieren.

Sie blasen jedes Ereignis so lange auf, bis aus der kleinen Stechmücke ein riesiger Elefant geworden ist. Und dann pressen Sie die solchermaßen großartig gemachte Angelegenheit aus, bis auch der allerletzte Tropfen an Unterhaltungswert herausgetropft ist. Glauben Sie nur nicht, eine Geschichte wäre mit der erstmaligen Verlautbarung langweilig und allgemein bekannt. Erstens vergessen Leute sehr schnell und zweitens gibt es mehr Menschen, als Sie denken. Wenn Sie gestern Herrn Maier etwas erzählten, weiß es Frau Schmidt heute noch lange nicht. Und Dr. Müller, mit dem Sie morgen verabredet sind, kennt die tolle Geschichte auch noch nicht. Also erzählen Sie die Geschichte so häufig, bis sie Ihnen selbst aus den Ohren herauskommt. Und danach erzählen Sie sie immer weiter. Achten Sie darauf, daß Sie nicht plötzlich Dinge weglassen oder im Eiltempo durch die Angelegenheit rasen. Erzählen Sie die Begebenheit immer so, als würden Sie sie zum allerersten Male von sich geben; exklusiv für Ihren jeweiligen Gesprächspartner. Denken Sie an den alten Merkspruch der Werbung: Erst wenn die Wiederholung dem Werbetreibenden bereits zum Hals heraushängt, beginnt die Zielgruppe die Nachricht überhaupt wahrzunehmen.

Ständig über sich selbst sprechen? Das macht man nicht? Haben Sie eine Ahnung! Woher kommen denn wohl die vielen Anekdoten, die es über berühmte Menschen gibt? Lief damals etwa ständig ein Biograph mit durch die Gegend, der all die kleinen Erlebnisse druckreif festhielt? Mitnichten! Die Leute haben ihre besten Erlebnisse so häufig erzählt, bis sie im Gedächtnis ihrer Umgebung fest verankert waren. Tun Sie es diesen berühmten Menschen nach! Hören Sie erst auf damit, wenn Ihre Geschichte zum Gemeingut geworden ist und von den anderen auch dann weitererzählt wird, wenn Sie nicht dabei sind. Und das ist die wirkungsvollste Werbung, die man sich vorstellen kann. Dann beherrschen Sie nämlich die Gedanken der Menschen auch an Orten, an denen Sie selbst nicht sind. Sie sind präsent. Wichtiger noch: Solange man über Sie spricht, spricht man nicht über einen Ihrer Konkurrenten.

Einmal etabliert, wird Ihnen eine gute Geschichte immer wieder begegnen. Es kann vorkommen, daß Sie Jahre später in einer Besprechung sitzen und irgend jemand wird sagen: »Das ist so ähnlich wie damals, als Maier & Co unbedingt einen Rabatt von Herrn Boss wollte.« Alle Augen werden sich dann auf Sie richten, und einer aus der Runde wird zwangsläufig fragen: »Was war denn damals? Erzählen sie doch.« Und Sie werden mit der Hand abwinken und sagen: »Ach, das sind doch alles olle Kamellen. Außerdem kennt die Geschichte doch schon jeder.« Ein oder zwei Junge in der Runde werden lebhaft widersprechen, und einer der Älteren wird etwas wie »die Geschichte könnte ich mir jeden Tag anhören« sagen. Also werden Sie sich seufzend zurücklehnen: »Nun gut, wenn Sie unbedingt wollen.« Dann werden Sie jenes genüßliche Lächeln auf das Gesicht zaubern, das Sie damals für diese Geschichte immer hervorgezogen hatten und beginnen: »Also ich war damals noch ein kleiner unbedeutender ...«. Seien Sie sicher: Der Mythos wird weiterleben.

Stellt sich nur die Frage: Sind denn andere überhaupt an dem interessiert, was Sie ihnen erzählen können? Sind es vor allem Ihre Vorgesetzten? Kann sich das obere Management für Ihre kleinen Erfolge und Ihre witzigen oder schlagfertigen Bemerkungen erwärmen? Freut es sie, von Ihnen über das Mißgeschick anderer zu erfahren?

Darauf können Sie Gift nehmen!

Manager lechzen förmlich nach guten und witzigen Neuigkeiten! Vielleicht brauchen sie Ablenkung vom harten Geschäft, vielleicht auch nur etwas interessanten Gesprächsstoff für das nächste langweilige Meeting. Was es auch ist: Manager lieben Nachrichten und Tratsch mindestens ebenso wie

Putzfrauen. Vor allem wollen sie Positives oder Besonderes hören. Tun Sie den Herren (und seltener: den Damen) also den Gefallen!

Angenommen, Sie fahren im Fahrstuhl, und der Vorstand steigt ein. Sie sagen: »Haben Sie es schon gehört? Wir haben geschafft, die Ausschußquote um 10% zu senken! Herr Bauer strahlt wie ein Honigkuchenpferd.« Damit haben Sie etwas Positives gesagt. Und es ist auch lustig. Denn während seiner gesamten dreißigjährigen Betriebszugehörigkeit hat noch niemand den griesgrämigen Produktionsleiter Bauer lachen sehen. Der Vorstand verzieht den Mund. Wenig später wird er wahrscheinlich seinem Kollegen erzählen: »Es geschehen noch Zeichen und Wunder. Bauer soll wirklich ansatzweise die Mundwinkel verzogen haben, als er den neuen Ausschußbericht erhielt.« Der Vorstand schuldet Ihnen nun schon mal einen Lacher. Vielleicht wird er von seinem Kollegen auch gefragt, woher er diese ziemlich unglaubliche Information habe. Er wird antworten: »Dieser junge Gruppenleiter aus dem Werk 10, dieser ..., na, Sie wissen schon, wen ich meine – dieser aufgeweckte Junge halt –, der hat es mir gerade im Aufzug erzählt.« Und schon ist Ihr Bild in den Köpfen von zwei wichtigen Leuten. Wahrscheinlich wird die Geschichte an diesem Tag noch einige Male erzählt. Und mit jedem Lacher, den der Vorstand aufgrund Ihrer kleinen Geschichte erzielt, begibt er sich mehr in Ihre Schuld. Machen Sie es sich also zur Regel, niemals eine Person zu treffen, ohne etwas Interessantes gesagt zu haben.

Die Regel, aus einer Mücke einen Elefanten zu machen, legt nahe, alles etwas bedeutender aussehen zu lassen, als es wirklich ist. Statt beispielsweise nur einen Vertrag abzuschließen, haben Sie es geschafft, »erstmals in diesem strategisch wichtigen Marktsegment Fuß zu fassen«. Oder Sie haben »den Einbruch des härtesten Wettbewerbers, der Konkurrenz AG, in die Kundenbasis verhindert«. Sie werden erzählen: »Der Schmidt von der Konkurrenz AG wußte ganz genau, daß der Auftrag bei Müller & Co für den gesamten Markt Signalwirkung haben würde. Und er dachte wirklich, er hätte den Vertrag im Sack. Ich wette, der hatte die Champagnerflaschen schon aufgemacht. Sie hätten einmal sehen sollen, wie wutschnaubend er abgezogen ist, als ihm Herr Müller dann sagte, daß wir den Auftrag erhalten!« Sie haben den Schmidt zwar nicht abziehen gesehen. Aber vorstellen können Sie sich die Szene ziemlich gut. Und Ihr Chef kann es nun auch. Den Schmidt hat er noch nie leiden können. Ha! Seien Sie auf Nachfragen gefaßt! An guten Nachrichten, und vor allem an Schadenfreude kann man sich besonders gut laben, und Entscheidungsträger tun es gerne sehr intensiv. Sie werden Sie nach dem genauen Gesichtsausdruck von Schmidt fragen. Hat er wieder die Augen so nach innen verdreht? War sein Kopf wieder angelaufen wie ein kurz vor der Explosion stehender Wasserkessel? Ha, Ha, Ha.

Wenige Menschen sind bezüglich guter Nachrichten so leichtgläubig wie Manager.

Aber reden Sie unbedingt auch über Ihre Mißerfolge! Denn wenn Sie es nicht tun, werden andere es für Sie erledigen, und Sie können sich sicher sein, daß diese es nicht so tun, wie Sie es gerne möchten. Gehen Sie zum Angriff über. Es ist unglaublich, wie positiv ein Mißerfolg sein kann.

Sie haben den Auftrag verloren? Fünf Millionen Euro Umsatz gehen an Ihnen vorbei?

Macht nichts!

»Wir haben Müller & Co endlich einmal deutlich gemacht, daß man mit uns nicht so verfahren kann. So nicht! Ich habe dem Einkäufer gesagt, daß er Aufträge, bei denen nur Geld verloren wird, gerne anderen geben kann. Die Konkurrenz AG wird ihre wahre Freude an dem Auftrag haben. Ich bin sicher, daß es meinen Kollegen Schmidt in einem halben Jahr dort nicht mehr geben wird. Der Auftrag kostet seinen Kopf.«

oder:

Es gab so richtig Zoff in Ihrer Abteilung? Einen kleine Rebellion gegen Sie? Die Mitarbeiter gingen auf Sie los? Das ist auch bei den Nachbarabteilungen nicht unbemerkt geblieben?

Macht nichts!

»Das muß ich ab und zu mal provozieren. Sonst schlafen mir die Leute ja ein. Es gibt nichts Schlimmeres als ein träger, vor sich hindümpelnder Mitarbeiterhaufen. Sie hätten dabei sein sollen! Mein lieber Schwan! Da war wirklich was los! Der Maier hat sogar mit Kündigung gedroht. Sein Kopf war so knallrot wie ein Puter. Ich dachte, es würde ihn jeden Moment zerreißen. Nun ja. Es hat geholfen. Jetzt sind sie wieder alle friedlich und vor allem für die nächsten sechs Monate wieder wach. Mir wäre es zwar lieber, wenn es auch anders ginge, aber so ist nun mal die Welt. Man muß ab und zu einfach im Ameisenhaufen stochern.«

Wenn Sie über Mißerfolge interner Konkurrenten reden, ziehen Sie nicht zu sehr vom Leder. Nicht daß Sie etwa einfach sagen: »Dieser Versager Maier hat vergessen, den Mietvertrag für das leere Bürogebäude in der Wilhelmstraße zu kündigen. Jetzt müssen wir für weitere 12 Monate jeden Monat eine viertel Million zahlen.« Das ist zu plump. Es macht sich viel besser, wenn sie traurig den Kopf schütteln und sagen: »Der Maier hat aber auch wirklich ein Pech. Hoffentlich reißen sie ihm dieses Mal nicht den Kopf dafür runter. Drei Millionen sind zwar eine Menge Geld, aber ...«. Sie sind voller Verständnis, für den »leider immer etwas unglücklich agierenden Kollegen«, und Sie sorgen auch dafür, daß solche Ereignisse nicht vergessen werden. Schließlich neigt der Mensch gemeinhin zur Vergeßlichkeit, und es ist Ihre Aufgabe, dagegen anzuarbeiten. Immer wenn künftig in einem Meeting von einer Mietvertragskündigung die Rede ist, werden Sie dem dann zuständigen Verantwortlichen gutgelaunt den Rat geben: »Aber passen Sie auf, daß es Ihnen nicht so geht wie damals Herrn Maier.« Mehr ist nicht notwendig, um das Kainsmal des Kollegen über viele Jahre zu pflegen. Neue Mitarbeiter, die zu der damaligen Zeit überhaupt noch nicht im Unternehmen waren, werden sich erkundigen, was es mit der launigen Bemerkung auf sich hat, und danach ebenfalls Herrn Maier als denjenigen kennen, der einmal vergessen hatte, einen teuren Mietvertrag fristgerecht zu kündigen. »Der Hausbesitzer hat sich ins Fäustchen gelacht.«

Sofern Sie nichts Negatives über Ihre internen Konkurrenten erzählen können, unterlassen Sie es gefälligst, deren Namen in den Mund zu nehmen; damit machen Sie nämlich Werbung für sie. Der Wettbewerber darf nicht Ihr Denken bestimmen und noch weniger das Ihres Chefs.

Machen Sie Ihre Geschichten stets greifbar. Lassen Sie sie von Menschen mit Fleisch und Blut handeln. Sprechen Sie zum Beispiel nicht in Funktionen, wie »der Einkaufsleiter von Müller & Co ...«, sondern in Namen: »Herr Gmehling, der Einkaufsleiter von Müller & Co ...«. Geben Sie diesen Leuten Eigenschaften. Sie sind dick, blöde, ambitioniert, gerissen. Und wenn irgendwann einer Ihrer Vorturner Sie fragt: »Ich habe schon lange nichts mehr von diesem gerissenen Gmehling gehört. Was ist denn los mit dem? Brütet der etwa etwas aus?« Dann haben Sie es geschafft. Und sollten Sie einmal Unterstützung brauchen, zum Beispiel weil Herr Gmehling einen Vertreter des hohen Managements sehen möchte, haben Sie kein Problem, den Geschäftsführer zu einem Besuch zu überreden. Denn den Gmehling, diesen gerissenen Hund, von dem er schon so viele Geschichten gehört hat, den wollte Ihr Chef schon immer einmal persönlich kennenlernen.

Noch ein Wort zum Wortschatz: Karrieristen müssen das sein, was amerikanische Computerfachleute als »buzz word compatible« bezeichnen. Also, frei übersetzt: »schlagwortsicher«. Gewöhnen Sie sich deshalb an, jeden neuen Begriff der Managementlehre sofort in Ihren täglich genutzten Wortschatz aufzunehmen – selbst wenn Sie noch nicht so richtig wissen, was es bedeutet. Wenn »Lean Management« gerade gefragt ist, ist bei Ihnen alles »lean«. Wenn »Shareholder Value« angesagt ist, muß sich dem alles unterordnen. Es ist immer gut, wenn Sie die Schlagworte als erster benutzen, denn dadurch gewinnen Sie intern den Ruf eines Innovators. Davon abgesehen orientieren Sie sich in Ihrem Wortschatz an Ihren Vorgesetzten. Sollte die Firmenleitung bevorzugt mit Fremdworten um sich werfen, so tun Sie das auch. Und wenn der Chef Abkürzungen liebt, dann kürzen Sie ebenfalls alles ab. »War neulich wegen TQ bei AFS. Die haben die COS durch gezielte DSP um 30DPAs gedrückt. Wirklich beeindruckend!« Die gemeinsame Sprache bildet eine gemeinsame emotionale Basis, und dieses Wir-Gefühl bringt Sie voran. Sobald ein Schlagwort auf dem Markt oder in Ihrem Unternehmen in Ungnade gefallen ist, sollten Sie es sofort aus Ihrem Wortschatz verbannen. Und zwar nachhaltig. Nichts ist so antiquiert wie die Heilslehren der Vergangenheit. Sicher steht schon eine neue bereit, die Sie publikumswirksam zitieren können.

Fazit: Beherzigen Sie den PR-Spruch »Tue Gutes und rede darüber«. Wenn Sie wollen, können Sie diesen Spruch auch verkürzen auf »Rede darüber!« Tun Sie es immer und überall. Denken Sie daran, daß man alles positiv darstellen kann. Meldungen, die in der Zeitung unter der Rubrik »Klatsch & Tratsch« oder »Vermischtes« gedruckt würden, haben mit Abstand das größte Potential. Selbst kleine und unbedeutende Ereignisse können derart aufgeblasen werden, daß sie Unterhaltungswert haben.

»Gut, ich habe verstanden. Mit der Story, die wir für die Präsentation konzipiert haben, liegen wir ja schon ganz gut. Aber das mit Heegen ist mir trotzdem unangenehm.« Aber ich wußte, daß mir nichts anderes übrig blieb.

»Ich weiß, daß das unangenehm ist«, erwiderte Weiser. »Aber eines sollten Sie bisher gelernt haben: Karriere und Gefühlsduseleien vertragen sich überhaupt nicht. Die beiden Dinge sind wie Feuer und Wasser. Sie müssen das noch stärker verinnerlichen.«

»Das tue ich ja. Auf der anderen Seite sagt Anna, meine Frau, immer das Gegenteil. Sie meint, ich dürfe mich nicht so stark verändern.«

Das Thema schien ihn zu interessieren. »Hat Ihre Frau Schwierigkeiten mit der Tatsache, daß Sie Karriere machen?«

Ich hatte keine Lust, darüber zu sprechen. »Ach, das ist eine Sache, über die könnten wir jetzt stundenlang diskutieren. Das ist momentan nicht so wichtig. Ich muß mir jetzt überlegen, wie ich Heegen dazu bekomme, mich alleine präsentieren zu lassen.«

»Na gut«, sagte er. »Überlegen Sie sich etwas. Dazu brauchen Sie mich nicht. Ich wünsche Ihnen viel Glück.«

»Danke! Das kann ich gebrauchen. Und danke auch für den Tip.« Wir verabschiedeten uns.

Ich grübelte zwei Tage lang über eine Lösung nach. Dann ging ich zu Kuhn.

»Ich habe ein kleines Problem, Herr Kuhn«, begann ich. »Mit Heegen.«

»Ich dachte, Sie arbeiten ganz gut zusammen?« erwiderte Kuhn überrascht.

»Ja, ja. Das schon. Es geht auch primär um die Präsentation vor Locksley. Heegen möchte da irgendwelche personalrechtlichen Geschichten erzählen. Ich glaube, wir langweilen Locksley damit nur. Das bringt uns nichts. Kurzum: Ich muß ihm leider den Zahn ziehen, dort seine Personal-Theorien zu präsentieren. So wichtig das alles ist – Locksley interessiert nunmal nur Business.«

»Ich verstehe«, nickte Kuhn. »Aber«, er stand auf und schloß seine Türe, »wir haben da ohnehin ein Problem mit dem Mann. Er hat seinen Job in Düsseldorf ganz gut gemacht. Aber wir brauchen ihn hier nicht mehr. Er ist noch genau so lange hier, wie Sie ihn sinnvoll einsetzen können. Wenn Sie sagen, Sie brauchen ihn nicht mehr, dann lasse ich ein Abfindungsangebot für ihn vorbereiten.«

Ich schluckte. »Das ist hart. Auch wenn wir ihm den Ausstieg versüßen: nur neun Monate bei einer Firma, das macht sich nicht gut im Lebenslauf.« Ich fand es nicht gerade nett von Kuhn, die Verantwortung für Heegens Zukunft in meine Hände zu legen.

»Nein, das macht sich nicht gut«, stimmte Kuhn mir zu. »Aber so ist das eben. Wenn Sie einen Bereich schließen, dann fließt da Blut. Manchmal mehr, als man ursprünglich beabsichtigt hat.«

Ich horchte auf. War das eine Anspielung auf meine eigene Zukunft?

Ich überlegte kurz. »Und wenn wir ihn ins Ausland schicken? Als Restrukturierer ist er ja wirklich gut. Es muß doch noch mehr faule Eier in Europa geben.«

Kuhn nickte. »Viel zu viele.« Er zog ein Blatt mit einer Tabelle heraus. »Hier, sehen Sie. Das sind die Mid-Year-Ergebnisse der europäischen Organisationen im Vergleich zum Budget. Es sieht fast überall nicht besonders gut aus.«

Ich sah mir das Blatt an. Besonders schlimm stand es in Großbritannien. Dort waren die Kosten doppelt so schnell gestiegen wie die Umsätze. »Vielleicht schicken wir ihn nach Großbritannien?«

»Das können wir von Deutschland aus nicht entscheiden«, winkte Kuhn ab. »Da unsere amerikanischen Freunde kein gesamteuropäisches Management installiert haben – wohl aus Angst vor einem zu starken Machtblock –, muß eine solche Sache immer über USA geregelt werden.«

»Toll!« strahlte ich Kuhn an. »Damit weiß ich auch schon, warum Heegen nicht an der Präsentation teilnehmen kann. Ich muß nämlich dort, als persönliches Anliegen, mit Locksley über seine Zukunft sprechen. Das geht viel besser, wenn er nicht dabei ist. Ich werde ihn als einen ausgezeichneten Personaler empfehlen, der überaus geeignet scheint, die Personalkosten in Großbritannien in den Griff zu bekommen. Wenn ich das Ganze zu meinem persönlichen Anliegen mache, kann Locksley es nicht abschlagen. Vorausgesetzt natürlich, er ist zufrieden mit meiner Präsentation. Wenn nicht, dann habe ich ohnehin ganz andere Probleme ...«

Kuhn nickte.

Am nächsten Tag sprach ich mit Heegen über seine prekäre Situation. »Das geht aber schnell hier«, lachte er mich an. Nachdenklich fügte er hinzu: »Zu schnell in meinem Fall. Ich hatte eigentlich mindestens zwei Jahre bei ISG geplant. Gibt es einen Ausweg?«

»Ja«, beruhigte ich ihn. »Ich sehe eine Chance.« Ich berichtete ihm von meinem Plan.

Heegen war nicht begeistert davon, sah aber keinen besseren Weg. »Mir bleibt wohl nichts anderes übrig, als dir zu vertrauen.«

Ich fand nun, daß es ein Fehler gewesen war, ihm das »Du« anzubieten. Das war in einem schwachen Augenblick in einer der Düsseldorfer Altstadtkneipen passiert. Ich nahm mir vor, das nie wieder zu machen. Die starke persönliche Note, die das »Du« mit sich brachte, wirkte in dieser Situation wie eine Fessel auf mich.

Ich versprach ihm, mein Bestes zu tun, und hatte es ausnahmsweise auch wirklich vor.

Anna war in dieser Zeit nicht besonders hilfreich für mich. Ich hatte ihr erzählt, daß ich noch nicht wußte, was ich in Zukunft machen würde. Anstatt mich moralisch zu unterstützen, gab sie ihrer Hoffnung Ausdruck, ich würde bei ISG überhaupt keinen Job mehr finden. Ich hatte keine Zeit, mich mit ihr darüber zu streiten. Bei Gelegenheit würde ich sie deswegen zur Rede stellen.

Am Tag der Präsentation sah ich Locksley zum ersten Mal aus der Nähe. Ich fragte mich, was an ihm nun das Besondere war, das ihn zum CEO machte. Sein Händedruck war relativ weich gewesen, hatte so überhaupt nichts Zupackendes. Unter seinen Augen betonten dicke Tränensäcke sein Alter.

Trotz seines relativ hohen Alters – Locksley war 62 – gehörte er schon zur zweiten Führungsgeneration bei ISG. Der Firmengründer war vor sieben Jahren ausgestiegen und hatte Locksley zu seinem Nachfolger ernannt. Und nun saß er vor mir, nicht besonders groß, nicht besonders schön und ohne besondere Ausstrahlung.

Die Präsentation selbst lief wie geplant. Der Aufhänger – die Schließung einer deutschen Geschäftsstelle – schien ihn daran zu erinnern, daß sich ISG zum ersten Mal seit Bestehen mit einem Negativwachstum auseinandersetzen mußte. Das hatte ich vorausgesehen und war deshalb nur ganz kurz darauf eingegangen. Als ich dann aber von der schönen, neuen, aufregenden Welt sprach, für die die Schließung von Düsseldorf nur ein erster Pilot sei, da erwachte der Glanz in Locksleys Augen. Da stand doch tatsächlich jemand vor ihm, der es schaffte, aus den schlechten Nachrichten – ISG wächst nicht mehr so schnell und hat zudem Kostenprobleme – gute Nachrichten zu machen: ISG ist auf dem Weg, ein schlankes Unternehmen zu werden, das durch moderne Konzepte auf einem harten, zunehmend vom Verdrängungswettbewerb geprägten Markt Wettbewerbsvorteile für sich schafft.

Ich glaubte an dieses Konzept. Und deshalb konnte ich es auch mit Begeisterung vertreten. Der Funke sprang über. Als ich dann noch einige von Heegens Folien auflegte, die deutlich machten, wie radikal wir die Personalkosten gesenkt hatten und mit welcher Härte wir das durchgesetzt hatten, beendete Locksley meine Präsentation mit den Worten: »You can stop now. I am convinced.« Und an Pauli, Kuhn und die anderen im Raum gewandt: »That's the kind of stories I need for the analysts and our shareholders.« Er genoß es sichtlich, auf diesem Weg Pauli unter die Nase zu reiben, daß dieser ihm eben nicht die Stories geliefert hatte, die er, Locksley, brauchte. Und mir fiel etwas an ihm auf: seine Stimme. Er hatte eine außergewöhnlich tiefe Stimme. Ob das Veranlagung war oder antrainiert, wußte ich nicht. Aber diese tiefe Stimme strahlte Ruhe, Selbstsicherheit und eben Autorität aus. Ich nahm mir vor, in Zukunft bewußt etwas tiefer zu sprechen.

Locksley wandte sich wieder an mich, der ich noch immer am Overhead-Projektor stand, und fragte mich, ob ich mir eine solche Aktion auch in einem größeren Maßstab zutrauen würde.

Ich lächelte: »With the right team, absolutely.«

Locksley beauftragte Pauli damit, mit den anderen europäischen Geschäftsführern binnen einer Woche eine Task Force aufzusetzen, deren Leiter ich sein sollte. Jedes Land möge einen Mitarbeiter für das Team abstellen. Ich sollte mit diesen Leuten ein Kick-off Meeting veranstalten und dann entscheiden, ob das Team die richtige Zusammensetzung habe. Wenn es Probleme gäbe, sollte ich mich direkt an ihn wenden. Er selbst würde einen Mann aus der amerikanischen Zentrale für das Team benennen. Als Standort für das Team legte er Brüssel fest, das Headquarter der kleinsten europäischen ISG-Organisation. Auf diese Art und Weise wollte er wohl sicherstellen, daß keiner der Geschäftsführer zu großen Einfluß auf die Arbeit nehmen konnte. Die Task Force sollte sechs Monate Zeit haben, ein Konzept für Europa vorzulegen, und weitere sechs Monate, um die Ländergesellschaften bei der Umsetzung zu unterstützen.

»You have a bunch of work to do now. Thank you.« Mit diesen Worten verabschiedete Locksley mich. Während ich den Raum verließ, hatte er sich bereits dem nächsten Thema zugewandt.

Draußen fiel mir ein, daß ich mich überhaupt nicht um Heegens Angelegenheit gekümmert hatte. »Was soll's«, dachte ich mir, »ich werde ihm erst einmal erzählen, daß ich ihn mit nach Brüssel nehme. Und wenn das nicht klappt, dann muß ich ihm wenigstens nicht in die Augen schauen, wenn er seinen Job verliert. Dann bin ich weit weg.« Ich erschrak ein wenig über meine eigenen Gedanken.

Die Aussicht, mich mit Pauli abstimmen zu müssen, machte mich ein wenig nervös. Ich hatte mit ihm noch kaum zu tun gehabt. Mich wunderte auch ein wenig, daß Locksley ausgerechnet Pauli beauftragt hatte, das Ganze zu organisieren, wo beide sich doch zur Zeit nicht riechen konnten. Aber ganz konnte wohl selbst Locksley nicht an Pauli vorbei. Ich nahm mir fest vor, mich nicht mehr in anderer Leute Auseinandersetzungen verwickeln zu lassen, wie ich das im Falle Kuhn und Düsseldorf getan hatte. Die Warnung des Alten war mir noch zu frisch in Erinnerung. Also ging ich in mein Büro und nahm den Hörer in die Hand, um mich um Räumlichkeiten für die Task Force im Brüsseler Büro zu kümmern. »Nur schnell Fakten schaffen«, sagte ich mir, »bevor die Sache versandet.«

Pauli brachte tatsächlich eine Woche nach dem Termin mit Locksley eine Liste mit Leuten aus allen europäischen Ländern zusammen. Er ließ mir die Liste durch seine Sekretärin schicken. Aha. Er wollte mit der Task Force also nichts zu tun haben. Sonst hätte er wohl persönlich Kontakt zu mir aufgenommen. Überhaupt interessierte das Thema in meinem Umfeld kaum jemanden. Lediglich Kuhn half mir ab und zu, wenn ich bei der Organisation des Teams auf Hindernisse stieß. Bevor ich das erste Meeting anberaumte, schrieb ich Locksley noch, daß das Team in Ordnung war, so wie es Pauli vorgeschlagen hatte. Ich würde einen Teufel tun und mich mit Pauli anlegen. Ich bräuchte lediglich noch einen in Restrukturierungsmaßnahmen erfahrenen Personalfachmann. Locksley stimmte dem zu, und so sparte ich mir ein paar Gewissensbisse.

Ich hatte mir schon Gedanken darüber gemacht, wie ich es schaffen sollte, mit dem wild zusammengewürfelten Team überhaupt zu einem Ergebnis zu kommen. Es war anzunehmen, daß Locksley schnell Resultate sehen wollte, damit er den Börsen-Analysten etwas zu erzählen hatte. Also beschloß ich, der Task Force mein Konzept als von Locksley abgesegnet zu präsentieren. Die Task Force hatte dann nur noch die Aufgabe, dieses Konzept auf die einzelnen Länder anzupassen. Und das konnte jeder für sich machen. Unter meiner Aufsicht natürlich. Ich riskierte auf diese Weise nicht, daß mir irgendwelche gruppendynamischen Prozesse das Heft aus der Hand nehmen würden. Ich weihte Heegen in meine Pläne ein und bat ihn, die Augen offen zu halten und mich zu benachrichtigen, sobald sich irgendwo Widerstand regte.

Als das Team feststand, Räume für uns vorbereitet waren und die Arbeit beginnen konnte, stand für mich die Entscheidung an, entweder wieder zu pendeln, also die ganze Woche in einem Hotel zu verbringen, oder mit Anna nach Brüssel zu ziehen. Ich hatte das Gespräch mit ihr so lange wie möglich vor mir hergeschoben, aber nun war es so weit. Ich hatte einen Tisch in einem Restaurant bestellt. Da ich ohnehin bis in den Abend hinein arbeiten mußte und es sich nicht lohnte, extra heimzufahren, wollten wir uns gleich im Restaurant treffen. Ich kalkulierte, daß sie mir dort im Falle einer Auseinandersetzung keine große Szene machen würde. Das hätte mir gerade noch gefehlt. Die Vorbereitung für die Arbeit in Brüssel bereitete mir schon genug Streß.

Wir hatten einen Tisch, an dem man sich ungestört unterhalten konnte. Der Kellner war besonders aufmerksam und diskret, da er von mir satte Trinkgelder gewohnt war, wenn ich mit Geschäftspartnern dort essen war. Also beste Voraussetzungen.

Nachdem wir angestoßen hatten, grinste Anna mich an: »Zu was möchtest du mich denn heute überreden? Ich weiß gar nicht, wann wir das letzte Mal zu zweit groß zum Abendessen ausgegangen sind. Irgend etwas willst du doch von mir?«

»Stimmt«, fiel ich mit der Türe ins Haus, »ich möchte, daß du mit mir nach Brüssel ziehst.«

»Welche Überraschung«, sagte sie – überhaupt nicht überrascht. »Hast du endlich den Mut gefunden, mit mir darüber zu sprechen? Dann schieß mal los!«

»Nun, viel gibt es da nicht zu sagen. Ich bin mindestens ein Jahr dort beschäftigt. Und noch ein Jahr Wochenendbeziehung tut uns sicher nicht gut. Deshalb möchte ich, daß du mit nach Brüssel kommst.«

Anna sah mich mit großen Augen an. »Du schaffst es wirklich immer wieder, mich zu erstaunen. Einmal davon abgesehen, daß du zu feige bist, dieses Gespräch zu Hause zu führen, weil du Angst vor einer Szene hast: Glaubst du wirklich, daß du mich so einfach dazu bringst, hier alles aufzugeben? All die Dinge, die ich in Ermangelung eines anwesenden Ehemannes aufgebaut habe? Meinen Beruf? Ja, ich arbeite übrigens auch! Meine Freunde hier in Frankfurt? Sag mir doch einmal, was ich dafür bekomme, daß ich mich von all dem trenne.«

»Wir sind ja nicht aus der Welt«, wandte ich ein.

»Nein«, spottete sie, »ist ja nur ein Katzensprung von Brüssel nach Frankfurt. Kein Problem für mich, wenn du wieder erst um Mitternacht aus dem Büro kommst, mal eben mit Freunden in Frankfurt ins Kino zu gehen.«

Das Gespräch lief in eine Richtung, die mir ganz und gar nicht gefiel. Es war sehr klug gewesen, dafür ins Restaurant zu gehen. Von wegen Feigheit. Planung!

»Spar dir bitte diesen Zynismus. Das bringt uns nicht weiter. Ich will doch auch, daß wir wieder mehr Zeit füreinander haben. Deshalb möchte ich ja gerade, daß du mitkommst.«

Der Kellner kam und brachte die Vorspeise. Anna wartete, bis er die Teller plaziert und uns einen guten Appetit gewünscht hatte.

Dann schaute sie mich ernst an. »Wir können dieses Gespräch abkürzen. Auch wenn ich es hasse, es dir so leicht zu machen: Ich werde mit nach Brüssel kommen. Ich habe mich sogar schon mit meiner Firma arrangiert, damit ich von dort aus arbeiten kann.«

»Das ist ja ...«

Sie unterbrach mich. »Ich tue das nicht um des Mannes willen, der du jetzt bist. Ich tue das um des Mannes willen, der du einmal warst. Nenn es Nostalgie. Ich will es einfach nicht wahrhaben, daß eine Firma es schafft, mich für dich in so kurzer Zeit überflüssig und unsichtbar zu machen. Und ich habe die Hoffnung noch nicht aufgegeben, daß noch etwas von dem alten Thomas, in den ich mich einmal verliebt habe, in dir steckt.« Sie schüttelte den Kopf. »Eigentlich ist das Blödsinn, es jetzt noch einmal zu versuchen. Und ich werde es auch nur tun, wenn du mir jetzt und hier schwörst, daß du zumindest versuchst, aus unserer Ehe wieder mehr als eine Wohngemeinschaft zu machen. Wenn du das nicht versprechen kannst, dann sag es mir jetzt.«

»Ich schwöre«, sagte ich leichten Herzens. »Ich werde es versuchen.«

»Seltsam«, sagte Anna, »ich bin mir nicht einmal mehr sicher, daß dir ein Eid noch etwas bedeutet.«

Ich mußte an diesem Abend noch einige Versprechungen und Zusagen machen. Natürlich sagte ich, was Anna hören wollte. Wenn wir erst einmal in Brüssel wären, dann hätte ich wieder mehr Zeit für sie, dachte ich. Jetzt galt es in erster Linie sicherzustellen, daß sie mitkam. Und das gelang mir auch.

In der Nacht blätterte ich noch ein wenig in Weisers Brevier, stieß auf das Thema Karrierefrauen und fragte mich, ob ich umgekehrt einen solchen Schritt mitmachen würde ...

Frauen und Karriere

Der weibliche Anteil in den oberen Führungsetagen liegt deutlich unter zehn Prozent. Ganz oben auf der Vorstandsebene sind Frauen zumeist nur als Sekretärinnen zu finden. Die wenigen Ausnahmen gehören meist zur Gründerfamilie oder haben das Unternehmen gar selbst geschaffen. Die Frauen, denen es in Deutschland gelang, sich aus dem Angestelltenverhältnis auf dem normalen Weg durch die Hierarchien hochzuarbeiten, kann man an einer Hand abzählen. Daß es nicht an mangelnden Fähigkeiten liegen kann, sieht man an den so erfolgreichen Frauen wie Grete Schickedanz, die Quelle zu dem machte, was es heute ist, oder Jil Sander, die ein renommiertes Unternehmen aus dem Boden stampfte.

Der ständig vorgebrachte Einwand, Frauen hätten innerhalb der männerdominierten Hierarchien keine Chance aufzusteigen, ist nur bedingt gültig. So schlüssig diese Begründung scheinen mag – der geringe Anteil von Frauen im oberen Management liegt in erster Linie nicht in den Schwierigkeiten begründet, die Männer ihren Kolleginnen böswillig in den Weg legen, sondern in den Frauen selbst. Frauen spielen das Karrierespiel nicht mit – sei es, weil sie es nicht wollen, oder – was wohl in der überwiegenden Anzahl der Fälle zutrifft – weil sie die Regeln nicht kennen. Und wie in allen Spielen gilt auch im Karrierespiel die universell anwendbare Erkenntnis: Wer nicht aktiv mitspielt – oder nicht richtig spielt –, der kann auch nicht gewinnen.

Frauen glauben viel mehr als Männer daran, daß Karriere »einem passiert«, anstatt daran, daß Karriere »gemacht« wird. Sie glauben noch an die uralte Mär, derjenige (bzw. in diesem Zusammenhang: diejenige) mit der besseren Leistung würde automatisch weiter kommen. Sie werfen sich deshalb voller Elan in ihre Arbeit, leisten in unzähligen Überstunden Erstaunliches und liefern am Ende regelmäßig perfekte Leistungen ab. Anschließend wundern sie sich, daß ihnen bei der Beförderung männliche Kollegen vorgezogen werden, die sich »ständig nur in unproduktiven Meetings herumgetrieben und nie eine vernünftige Leistung erbracht haben«. Dabei haben diese im Hinblick auf die berufliche Weiterentwicklung nur ihre Zeit besser genutzt als ihre weiblichen Konkurrentinnen, zum Beispiel zum Aufbau eines persönlichen Netzwerks. Manchmal haben sie auch nur eines getan: ihrem Chef gesagt, daß sie erwarten, befördert zu werden!

Der erste Schritt für die Karriere ist, daß frau sich und anderen deutlich macht, daß frau weiterkommen möchte und sehr unzufrieden wird, wenn das nicht innerhalb absehbarer Zeit geschieht. Wenn frau schweigt, wird ihr Chef nur zu gerne davon ausgehen, daß sie in ihrer jetzigen Position zufrieden ist und keine weiteren Ambitionen hegt. Er wird schon deshalb sehr gerne davon ausgehen, weil er sich damit eine hervorragende Arbeitskraft erhält und nicht abwägen muß, ob er bei der Besetzung einer höheren Stelle jetzt »den Müller« oder »die Maier« verärgert. Sie müssen ihm deshalb klar machen, daß »die Maier« mit Sicherheit sehr, sehr böse sein wird, wenn ihr »der Müller« vorgezogen wird. Erinnern Sie sich noch an das englische Sprichwort: »The squeaky wheel gets the grease?« Bei Chefs kommt man am besten mit Druck weiter. Diejenigen, die ihn nicht aufbauen, werden tendenziell den kürzeren ziehen.

Die Karrieristin muß alle jene Bremsklötze über Bord werfen, die als typisch weibliche Tugenden bezeichnet werden, als da sind: Bescheidenheit,

Selbstlosigkeit, Gewissenhaftigkeit, Perfektionismus, Gerechtigkeitsinn, Teamgeist und Harmoniebedürfnis. Frau muß selbstbewußt sein oder zumindest so wirken. Frau muß auch die richtigen Prioritäten setzen. Und nicht zuletzt eine gute Portion Egoismus mitbringen. Dazu gehört auch, daß sie lernen muß, ihre eigenen Ziele über die des Unternehmens zu stellen. Erfahrungsgemäß tun sich Frauen damit schwerer als Männer.

Das gleiche gilt für das Treffen von Entscheidungen und damit für den Umgang mit der Macht. In einer Führungsposition muß frau Entscheidungen auch auf der Basis unzureichender Information treffen. Das weibliche Verantwortungsgefühl sagt ihr dabei, daß »Schnellschüsse aus der Hüfte« fatale Folgen haben können. So recht sie damit hat: Sie muß die Entscheidungen treffen und auch mit Fehlentscheidungen leben lernen. Ein ehemaliger deutscher Vorstand führte in einem Interview seinen Erfolg darauf zurück, daß während seiner aktiven Zeit nur die Hälfte (!!!) seiner Entscheidungen falsch gewesen seien. Auch wenn dies etwas übertrieben erscheint, so muß eine Führungskraft die Folgen der Scherbenhaufen, die sie im Laufe ihrer Karriere zwangsläufig hinter sich läßt, emotional wegstecken können.

Oft machen Frauen den Fehler, »Verantwortung übernehmen« mit Selbstbezichtigung zu verwechseln. Während Männer bei Fehlentscheidungen für gewöhnlich die Schultern zucken, »Pech« murmeln, die Schuld für das Scheitern nicht kontrollierbaren äußeren Zuständen zuschieben und dann zum Tagesgeschäft übergehen, werden Frauen von Fehlentscheidungen – vor allem wenn sie Ungerechtigkeiten und Härten für andere Menschen zur Folge hatten – über einen langen Zeitraum innerlich verfolgt.

Der bei Frauen wesentlich stärker als bei Männern ausgeprägte Hang zum Selbstzweifel steht ihnen nicht nur bei Mißerfolgen im Wege, sondern sogar bei ihren Erfolgen. Nur wenige Frauen können Erfolge von sich aus vorbehaltlos genießen. Anstatt das Erreichte einzig und allein auf sich selbst zurückzuführen – was Männer mit der größten Selbstverständlichkeit tun –, sehen Frauen viel mehr Glück, Zufall oder die Leistung eines anderen oder eines Teams als die wirkliche Ursache für den errungenen Erfolg an. Nicht selten betonen sie dies sogar ausdrücklich und sagen ihrem erstaunten Vorgesetzten, daß »sie eigentlich gar nichts für den Erfolg könnten«. Sie begeben sich damit einer Quelle von Selbstbestätigung und nehmen gleichzeitig der gewonnenen Schlacht jeglichen Glanz. Der Chef, der ihnen eigentlich gerade einen Orden verleihen wollte, steckt daraufhin natürlich das Edelmetall wieder diskret in die Tasche. Schließlich will er sich nicht blamieren, indem er einen Zufall auszeichnet. Außerdem kann er den nunmehr herrenlosen – und damit frei verfügbar gewordenen – Erfolg nach oben für sich selbst reklamieren. Das Widersinnige daran ist, daß die Frauen mit ihrer Abschwächung eigentlich Widerspruch provozieren wollen. Sie möchten sich durch den vehementen Widerspruch bestätigen lassen, daß ihr Team oder sie selbst eben doch entscheidend für den Erfolg waren. Diese Bestätigung ist ihnen viel wert. Meist mehr als eine finanzielle Anerkennung. Deshalb lassen sich Frauen auch einfacher mit Lob und guten Worten abspeisen als Männer. Karriereorientierte Frauen müssen lernen, weniger auf Lob der anderen zu warten und sich stattdessen selbst mehr Selbstbestätigung zu verschaffen.

Das in beruflichen Belangen im Vergleich mit ihren männlichen Kollegen mangelnde Selbstbewußtsein (oder, wie es die meisten Frauen sehen: der mangelnde Größenwahn) läßt Frauen auch lange vor höheren Positionen zurückschrecken. Sie messen der angeblich so schwerwiegenden Verantwortung der hohen Positionen einen viel zu hohen Stellenwert bei und fühlen sich im Anbetracht der viel zu hoch gelegten Latte »noch nicht fit genug«, sie zu überspringen. Nur sehr selten sagt ihnen jemand, wie unsinnig diese Einstellung ist.

Auch wenn die Haupthindernisse für verpaßte Karrieren in den Frauen selbst liegen, so darf nicht übersehen werden, daß ihre Karrieren in einer zumindest bis dato von Männern dominierten Welt stattfinden müssen. Karrieristinnen müssen deshalb zusätzliche Regeln beherzigen, die für Männer keine oder nur eine untergeordnete Rolle spielen.

Das betrifft schon die Auswahl des Unternehmens. Karrieristinnen sollten alteingesessene Betriebe in Traditionsbranchen wie der Stahlindustrie und der Energiewirtschaft meiden. Deren Strukturen sind gemeinhin ebenso inflexibel und archaisch wie die dort gepflegte Ausdrucksweise. Nur besondere Umstände sollten eine karriereorientierte Frau dazu bewegen, in ein solches Unternehmen einzutreten. Besser sind dynamische junge Industrien im Dienstleistungsbereich, in denen die Köpfe und Strukturen nicht versteinert sind und in denen eine große Nachfrage nach engagierten und weltoffenen Kräften besteht. Am besten sind dabei jene Unternehmen geeignet, in denen bereits Frauen in der oberen Etage sitzen. Zum einen werden (hoffentlich) diese Frauen andere Frauen besonders fördern – was der Karriere sicher nicht abträglich ist. Zum anderen gelten in frauengeführten Unternehmen die männlichen Rituale nicht mehr uneingeschränkt. Dies vereinfacht die Sache für eine Frau drastisch.

In männerdominierten Unternehmen führt für Frauen kein Weg an einer Akzeptanz der männlichen Regeln vorbei. Vorgesetzte bevorzugen im Gegensatz zur landläufigen Meinung nämlich nicht grundsätzlich männliche Kandidaten. Sie bevorzugen vielmehr grundsätzlich diejenigen, die die Regeln einhalten, und sie ignorieren alle diejenigen, die sich – zumindest aus ihrem Blickwinkel betrachtet – vollkommen daran vorbeibenehmen.

Frauen, die bewußt das Thema Karriere angehen und sich nicht scheuen, für eine gewisse Zeit nach fremden Regeln zu spielen, haben in der heutigen Wirtschaft mindestens ebenso gute Chancen auf eine Karriere wie ihre männlichen Kollegen. Wahrscheinlich sogar noch bessere, denn die Wirtschaft möchte unter allen Umständen den Anteil der Frauen am Management erhöhen. Allerorten gibt es offizielle oder inoffizielle Quotenregelungen, im Rahmen derer frau sich mit etwas Geschick qua Geschlecht an höher qualifizierten, aber leider männlichen Wettbewerbern vorbeischieben kann. Noch wird überall geklagt, daß sich viel zu wenige Frauen für Karriere interessieren würden. Das stimmt aber so nicht. Die meisten Frauen kennen nur die Spielregeln des Karrierespiels nicht und sind brav, geduldig, fleißig und selbstlos. Dabei gilt die Aussage des Buchtitels »Brave Mädchen kommen in den Himmel, böse überall hin« nirgends so uneingeschränkt wie im Berufsleben.

Manche Frau verzichtet allerdings von vornherein aus privaten Gründen auf eine Karriere. Frauen tendieren nämlich gemeinhin dazu, ihrem Privatleben eine sehr viel höhere Bedeutung zu geben als Männer dies tun. Sie sind deshalb häufig nicht bereit, auf ebenso viel Privates wie jene zugunsten der Karriere zu verzichten.

Meist muß eine Karrieristin wesentlich mehr von ihrem Privatleben opfern als ihre männlichen Kollegen. So läßt sich der Kinderwunsch für Männer viel einfacher mit einer Karriere verbinden als für eine Frau. Kein Wunder also, daß männliche Führungskräfte ungefähr viermal häufiger Kinder haben als weibliche. Wenn eine Karrieristin ein Kind zur Welt bringt, kann sie nur ganz kurz im Beruf aussetzen. Sie weiß, wie tödlich eine mehrjährige Abwesenheit für ihre Karriere wäre und läßt den Nachwuchs deshalb von einer Haushälterin oder ihrem Mann großziehen.

Auch auf die Partnerbeziehung wirkt sich der berufliche Erfolg einer Frau gemeinhin oft negativ aus. Zwar steigt der Anteil der Männer, die mit der Karriere ihrer Partnerin emotional zurechtkommen, und die sich sogar selbst in der Rolle des kindererziehenden Hausmannes vorstellen können ständig an, doch insgesamt sind es noch so wenige, daß die Chance, genau an solch einen Mann zu geraten, äußerst gering ist. Der überwiegende Teil des starken Geschlechts straft diese Beziehungen Lügen und bekommt über kurz oder lang Probleme, wenn die Partnerin wesentlich erfolgreicher ist als er selbst. Wenn es nicht der Erfolg ist, der Spannungen in die Partnerbeziehung bringt, dann tun es häufig die Persönlichkeitsänderungen, die ein hektischer Arbeitstag voller Entscheidungen in der Frau bewirkt. Sie muß sich von ihrem Partner anhören, sie habe sich verändert, sei plötzlich kalt, dominant und entschieden geworden. Dagegen kann sie wirklich wenig einwenden, denn in der hochpolitischen und schnellebigen Wirtschaftswelt sind Veränderungen der Persönlichkeit nicht zu verhindern. Eine zielstrebig verfolgte Karriere verändert zwar eine Frau um keinen Deut stärker als einen Mann, aber Eigenschaften wie »Härte« oder »Kälte« werden ihr im privaten Umfeld erheblich stärker angekreidet.

Die Erfahrung zeigt, daß hinter einem erfolgreichen Mann eine starke Frau steht. Sie zeigt leider auch, daß hinter einer erfolgreichen Frau mehrere zerbrochene Beziehungen liegen. Einsamkeit – nicht nur an der Spitze des Unternehmens, sondern auch im Privatbereich – trifft eine erfolgreiche Frau wesentlich häufiger als ihren männlichen Kollegen. Manche Frau erschrickt ob dieser Vorstellung und nimmt schnell vom Karrierewunsch Abstand. Man kann es auch anders betrachten: Vielleicht stellen sich Frauen einfach die entscheidende Frage viel früher, als viele Männer das tun: »Will ich denn wirklich Karriere machen, und bin ich denn wirklich bereit, den Preis dafür zu zahlen?«

Für den Umzug nach Brüssel hatte ich mir einen Tag frei genommen. Bis die Arbeit dort richtig los ging, hing ich ohnehin etwas in der Luft, und ich konnte Anna zeigen, daß ich mich auch um unsere Privatangelegenheiten kümmerte. Anna hatte vorgeschlagen, eine ganze Woche freizunehmen, aber das war mir dann doch zu viel. Wir bezogen eine Altbauwohnung, ganz in der Nähe meines neuen Büros. Bei schönem Wetter konnte ich sogar zu Fuß zur Arbeit gehen. Ich freute mich auf die neue Aufgabe.

Die Task Force lief gut an. Bereits nach zwei Monaten konnten wir, dank meines Beharrens auf dem bereits vorliegenden Konzept, erste Ergebnisse vorlegen. Ich hatte die zwei kritischsten Mitarbeiter damit beauftragt, ein Konzept für eine neue Kommunikations-Infrastruktur zu machen, also festzulegen, welche Technologien uns helfen würden, auch ohne regionale Niederlassungen immer mit Kunden und Mitarbeitern in Kontakt zu bleiben. Damit waren die beiden vollauf beschäftigt. Ich konnte mich also darauf konzentrieren, die Strukturen der Ländergesellschaften auf Einsparpotentiale zu durchleuchten. Mir schien, daß wir mit einer europäischen Zentrale eine ganze Menge Overhead einsparen könnten. So unter anderem den zweiten Geschäftsführer, den wir in jedem Land hatten. Ich nahm an, daß Locksley eine europäische Zentrale bisher deshalb vermieden hatte, weil sie ihm zu viel politisches Gewicht im Unternehmen gehabt hätte. Nun, dachte ich mir, wenn dieser Europa-Manager ein Amerikaner wäre, dann dürfte Locksley kein Problem damit haben. Und an dieser Stelle kam jener Mann ins Spiel, den Locksley aus der Zentrale in die Task Force entsandt hatte: Richard Barkowsky. Einer von denen, die kurz vor dem Sprung auf eine Top-Position stehen, aber in Ermangelung einer freien Stelle für eine gewisse Zeit im Ausland geparkt werden. Mit dem Job in Brüssel wollte man vermeiden, daß er diesen Karrieresprung bei der Konkurrenz machte.

Barkowsky war Anfang vierzig, ein großer, etwas rundlicher Mann mit einer ungeheuren Auffassungsgabe und stoischer Ruhe. Er war sehr kooperativ und bemüht, sich keine Feinde zu machen. Er wußte sehr wohl, daß es für ihn nur darauf ankam, in Brüssel nicht unangenehm aufzufallen, und darüber hinaus seine Kontakte in die USA gut zu pflegen. Ich hatte im Brevier des Alten ein Kapitel gelesen, dessen Inhalt Barkowsky geradezu perfekt personifizierte.

Auslandsaufenthalt

Nahezu jeder spricht davon, wie außerordentlich wichtig Auslandserfahrung in einer global agierenden Wirtschaft für die Karriere ist. In großen, international agierenden Unternehmen trifft dies im großen und ganzen auch zu. Dort werden die Spitzenpositionen zunehmend mit Mitarbeitern besetzt, die einige Jahre Managementerfahrung in fremden Kultur- und Sprachräumen mitbringen. Aber speziell in kleineren, vorzugsweise lokal tätigen Unternehmen ist der Auslandseinsatz ein Privatvergnügen, von dem sich der Karrierist keine Vorteile erhoffen darf. Im Gegenteil – er wird dieses Vergnügen damit bezahlen, daß in seiner Abwesenheit andere an ihm vorbeiziehen. Und dieses Phänomen ist nicht nur bei kleineren Unternehmen zu beobachten: Selbst bei multinational agierenden Firmen kommt es vor, daß kein einziger Direktor oder Vorstand jemals für längere Zeit im Ausland gearbeitet hat. Von solchen Leuten eine Wertschätzung für Auslandsaufenthalte zu erwarten, ist vergebliche Liebesmühe. Wenn Sie in solch einem Unternehmen arbeiten, lassen Sie die Finger von längeren Auslandsaufenthalten. Gleichgültig, was Ihnen andere erzählen!

Aber angenommen, Sie arbeiten in einem großen internationalen Unternehmen, und ein Auslandsaufenthalt ist wirklich sinnvoll: Wann ist für den Sprung ins Ausland der richtige Zeitpunkt und wohin sollten Sie gehen?

Zum richtigen Zeitpunkt gibt es eine Faustregel. Sie lautet: Sie müssen dann gehen, wenn es Ihnen privat am allerwenigsten paßt! Oder anders formuliert: auf keinen Fall dann, wenn Sie sich die neue Erfahrung sogar wünschen würden! Also niemals unmittelbar nach der Ausbildung. Denn was können Sie in diesem Alter in der Fremde schon lernen? Doch wohl nur, wie man in diesem Land ißt, trinkt, redet und den Anweisungen des lokalen Managements Folge leistet. Das ist zwar alles wichtig – weshalb Sie diese Erfahrung hoffentlich schon im Rahmen eines Praktikums oder während eines Freisemesters gesammelt haben –, aber bei weitem nicht wichtig genug, um den Nachteil der Ferne vom Zentrum der Macht auszugleichen.

Ein Auslandseinsatz bringt nur dann etwas, wenn man damit etwas für die künftigen Positionen Wichtiges lernen kann: die *Führung* von Personen mit anderem kulturellen Hintergrund. Dazu muß man im eigenen Land bereits Managementaufgaben wahrgenommen haben. Das ist für gewöhnlich nicht in dem Lebensabschnitt der Fall, in dem man ledig und relativ ungebunden ist, sondern später, wenn bereits das eigene Haus gekauft ist und der engere Freundeskreis so klein geworden ist, daß man ihn nicht völlig verlieren möchte. Wenn die Kinder zur Schule gehen und die Frau eine wichtige Position als Elternsprecherin hat oder selbst in einem Beruf arbeitet, den sie liebt. Es ist – wie gesagt – genau dann, wenn es Ihnen am wenigsten paßt. Vorher wäre es zu früh und nachher, wenn die Kinder erwachsen und aus dem Haus sind, ist es zu spät. Denn dann gelten Sie entweder als zu alt, um es noch bis ganz nach oben zu schaffen, oder Sie haben es (auch ohne Auslandsaufenthalt!) schon sehr weit gebracht und können es sich deshalb nicht mehr leisten, längere Zeit vom Zentrum der Macht entfernt zu sein. Die Ausnahmen, in denen in den vergangenen zehn Jahren ein deutscher Manager direkt aus einer ausländischen Tochtergesellschaft in den Vorstand der Zentrale berufen wurde, können Sie an wenigen Fingern abzählen.

Kalkulieren Sie es so, daß Sie zu dem Zeitpunkt, in dem Sie ins Ausland gehen, ungefähr die Hälfte Ihrer Karriere hinter sich haben. Wenn Sie als Gruppenleiter gehen, werden Sie wahrscheinlich als Abteilungsleiter oder Hauptabteilungsleiter enden. Wenn Sie als Hauptabteilungsleiter gehen, können Sie es bis zum Direktor oder Vorstand bringen. Wechseln Sie dagegen erst als Direktor, bleiben Sie nach Ihrer Rückkehr entweder für den Rest Ihres Lebens Direktor oder – und das ist viel wahrscheinlicher – Sie bekommen nach Ihrer Rückkehr als nicht mehr integrierbarer Fremdkörper einen einigermaßen anständigen Aufhebungsvertrag angeboten.

Wohin sollte der Auslandseinsatz führen? Dorthin, wo für Ihr Unternehmen in *Zukunft* die Musik spielt! Selten dorthin, wo Sie sich besonders wohl fühlen. Immer wenn Sie spontan »Au ja« sagen, sollten Sie noch einmal darüber nachdenken. Meist sind das nämlich so »einfache« Länder wie USA, Australien, Singapur oder England, in denen Sie einen bestimmten Komfort und eine unkomplizierte Anpassung erwarten. Auch Länder, die nur wenig Umsatz beitragen, sollten ausgeschlossen werden – die Investition in ein persönliches Netzwerk, Ihre spätere Hausmacht, zahlt sich dort nicht aus. Asiatische oder südamerikanische Einsatzorte sind meist besser als »westliche« – auch wenn – oder gerade weil – Sie eine völlig neue Sprache lernen müssen. Nutzen Sie die Zeit unbedingt dazu, in diesem für Ihr Unternehmen wichtigen Markt ein Netzwerk innerhalb des Unternehmens, bei den Kunden und Lieferanten sowie in der Politik aufzubauen. Diese Kontakte werden Ihnen nach Ihrer Rückkehr dabei helfen, eine weitere Ebene hochzuklettern.

Neben dem Kriterium »künftige Wichtigkeit für das Unternehmen« gibt es allerdings eine mindestens ebenso wichtige andere Regel: Sie lautet: »Suche Dir das Land aus, in dem der potentielle Nachfolger des Vorstands seinen Auslandseinsatz absolvierte.« Warum? Weil Sie dort genau die Leute kennenlernen werden, die er kennt, die Restaurants besuchen werden, die er besuchte, in die Probleme rennen werden, in die er rannte. Und das schafft Ihnen ein hervorragendes Entree bei diesem wichtigen Mann. Ein gemeinsamer Hintergrund verbindet für gewöhnlich mehr als gemeinsame Erlebnisse, denn anders als bei gemeinsamen Erlebnissen hat man nicht die schwachen Zeiten des anderen miterlebt, die der gerne vergessen möchte.

Wie lange sollte ein Auslandseinsatz dauern?

Wenige Jahre, und das Ende sollte bereits zu Beginn absehbar sein! Die größte Gefahr, in die Sie im Ausland laufen können, ist die, daß Sie vergessen, daß der Ausflug nur ein Schritt auf der Karriereleiter sein soll. Manch einer findet nämlich an dem süßen Leben in der Fremde, in der er meist einen wesentlich höheren Lebensstil als zu Hause pflegen kann, Gefallen und bleibt viel länger draußen als geplant. Andere lassen sich von dem Lob, sie seien genau der richtige Mann für schwierige Fälle, einlullen und für einen weiteren Einsatz in einem anderen Land gewinnen. Häufig hat dabei einer der internen Wettbewerber um den nächsten Posten die Hände im Spiel! Er lobt den Auslandsmanager dahin, wo der Pfeffer wächst und er seine Kreise nicht stören kann. Irgendwann ist der dann zu alt für die Jobs in der Heimat geworden und bleibt den Rest seines Lebens auf den Positionen im Ausland hängen. Das kann auch etwas für sich haben, hat aber nichts mit Karriere zu tun.

Wer zu lange bleibt, riskiert, daß die Hausmacht, die er durch sein persönliches Netzwerk in der Zentrale hatte, nicht mehr existiert. Sei es, weil die wichtigen Leute inzwischen pensioniert sind oder weil er die Pflege vernachlässigt hat. Nie ist man mehr darauf angewiesen, daß der eigene Name in der Zentrale von anderen genannt und verteidigt wird, als zu den Zeiten, in denen man selbst nicht anwesend ist. Sie brauchen Augen und Ohren in der Zentrale, die Sie über wichtige Entwicklungen auf dem laufenden halten, und Sie brauchen Münder, die Sie – z.B. wenn eine neue Position zu besetzen

ist – ins Gespräch bringen. Vernachlässigen Sie deshalb niemals Ihr Netzwerk in der Heimat. Es verlangt mehr Pflege denn je.

Wie gesagt, Barkowsky verhielt sich absolut diesen Regeln gemäß. Er hatte auch nicht vor, länger als nötig in Brüssel zu bleiben.

Locksley würde mir dankbar für den Vorschlag sein, einen treuen Vasallen in Europa an die Spitze zu setzen. Und Barkowsky dürfte auch nichts dagegen haben, dachte ich. Wenn sich das durchsetzen ließe, hätte ich auf einen Schlag zwei mächtige Freunde. Und außerdem: Brüssel war im Augenblick ja geradezu das Gegenteil des »Zentrums der Macht«. Also kein guter Platz für mich, um mich dort lange aufzuhalten. Wenn ich also momentan nicht zum Zentrum der Macht konnte, warum nicht das Zentrum der Macht zu mir holen? Ich war von meinem Gedanken so begeistert, daß ich umgehend in den USA anrief und bei Locksleys Sekretärin um einen Gesprächstermin bat. Es wäre für den Fortschritt der Task Force sehr wichtig. Drei Tage später hatte ich einen Termin.

Diesmal nahm ich mir allerdings vor, mit dem Alten zu sprechen, bevor ich mich wieder allzu leichtfertig in Gefahr begab. Und da war noch etwas, das an mir nagte. Wenn ich vorschlug, die zweiten Geschäftsführer abzubauen, dann würde das auch Kuhn treffen. Ich hatte das Gefühl, Locksley würde sich nicht an Pauli wagen. Die Tatsache, daß er Pauli mit der Benennung der Task Force Teilnehmer beauftragt hatte, sprach für sich. Er versuchte zwar, Paulis Macht zu begrenzen wo immer möglich, doch abschießen konnte er ihn anscheinend nicht ohne weiteres. Mit Kuhn aber würde es meinen Förderer treffen, den einzigen, der mir bei den Vorbereitungen geholfen hatte. Ich hatte Skrupel. Zwar war es nicht sicher, daß Locksley meinen Vorschlag annehmen würde – je mehr ich darüber nachdachte, desto abenteuerlicher erschien mir die Idee –, aber wenn nun doch … Ich fühlte mich nicht wohl in meiner Haut. Meine Magenschmerzen, die mich fast zwei Monate in Ruhe gelassen hatten, meldeten sich wieder. Ich brütete einige Tage lang darüber, ob es einen Ausweg aus der Situation gab. Da mir keine Lösung einfiel, rief ich den Alten an.

»Herr Weiser, ich brauche Ihren Rat.«

»Oh«, antwortete er überrascht, »das klingt aber dringlich!«

»Ja, da ist eine Sache, die mich ziemlich belastet«, gab ich zu. Ich erzählte ihm, was in den letzten beiden Monaten passiert war und was ich vorhatte. »Mein Problem ist nun, daß ich, falls mein Vorschlag durchkommt, Kuhn um seinen Job bringe. Und das, obwohl er mir in den letzten Monaten sehr geholfen hat.«

»Ich kenne das«, erklärte der Alte, »das kann einem ganz schön an die Nieren gehen, zumindest das erste Mal. Hätten Sie sich vor zwei Monaten von Heegen getrennt, dann wären Sie jetzt schon etwas abgeklärter.«

»Wie meinen Sie das?« Es sah nicht danach aus, als würde der Alte überhaupt nach einem Ausweg suchen.

»Ich meine, Sie müssen da einfach durch. Wenn Sie Karriere machen wollen, dann ist da kein Platz für Mitgefühl und humanistische Wertvorstellungen. Sie wollen doch noch Karriere machen?«

»Ja«, antwortete ich automatisch. Zu oft schon hatte er mir diese Frage gestellt. »Okay, das habe ich verstanden. Aber da ist noch etwas. Abgesehen vom Mitgefühl ist das ja auch eine Frage der Loyalität. Ist es denn nicht Unsinn, jemanden abzusägen, der sozusagen auf meiner Seite steht?«

»Im Gegenteil«, erwiderte der Alte, »es ist Unsinn, darauf zu vertrauen, daß mein Bündnispartner loyal bleiben wird. Loyalität ist etwas, über das man redet. Aber wer weiterkommen will, der ist es selbst besser nicht. Das ist eine ganz wichtige Regel.«

Regel 14: Sei nicht loyal

An anderer Stelle wurde bereits einmal festgestellt, daß die Ziele des Unternehmens und die des Karrieristen häufig auseinanderklaffen. Deshalb muß jeder, der beruflich weiterkommen möchte, gelegentlich dem Unternehmen gegenüber illoyal sein. Wenn man für seine Karriere selbst dem Unternehmen gegenüber illoyal sein muß, so gilt dies allen anderen Elementen im Karrierespiel gegenüber um so mehr. Diese Elemente sind Personen, Abteilungen und Produkte.

In der Realität sieht es häufig anders aus. Viele Manager fühlen sich ihren Mitarbeitern, Kollegen, Chefs, Lieferanten, Produkten oder ihrem Verantwortungsbereich eng verbunden. – Wesentlich enger als dem Gesamtunternehmen. Das fällt vor allem in schwierigen Zeiten auf. Dann, wenn Personal abgebaut, Sortimente bereinigt oder Unternehmensbereiche verlagert werden müssen. Die Verantwortlichen wehren sich in schwierigen Situationen mit Händen und Füßen dagegen, Entscheidungen zu fällen, die ihrem unmittelbaren Umfeld schaden könnten. Statt entschlossen voranzuschreiten und die notwendigen Aktionen zu ergreifen, fühlen sie sich hin und her gerissen. »Das kann ich dem Müller doch nicht antun« oder »Alle anderen Bereiche, aber nicht meine Buchhaltung« sind Sätze, die, wenn sie nicht gesagt, so doch von vielen Führungskräften in solchen Situationen häufig gedacht werden.

Was das Personal angeht, hängen Manager oft an ihren Mitarbeitern. Fieberhaft wird nach Gründen gesucht, weshalb einem bestimmten Mitarbeiter nicht gekündigt werden soll. »Der Müller war zehn Jahre für uns im Ausland tätig. Das hat seine Ehe und seine Gesundheit ruiniert. Jetzt muß sich für ihn doch wohl ein Job im Inland finden lassen«, sagt der eine, und der andere meint: »Der Schmidt hat mich immer gefördert. Ich kann ihn doch jetzt nicht so einfach hängen lassen.« Manchmal ist es auch viel trivialer. Da ist der Schmidt einfach der Duzfreund, mit dem der Entscheider seit Jahren jeden Abend ein Bier trinken geht. Wenn man das Ganze verkomplizieren will, ist er zusätzlich ein alter Schulfreund, wohnt im Nachbarhaus und ist mit der Schwester der eigenen Frau verheiratet.

Manager können sich keine Loyalität leisten. Wenn Sie ein Manager sind, sollten Sie das beherzigen. Sie sind dazu da, für das Unternehmen die richtigen Maßnahmen zu ergreifen. Und zwar hier und jetzt. Die Vergangenheit spielt dabei keine Rolle. Nur die Zukunft zählt. Besonders in schwierigen Zeiten kommt es auf Ihren kühlen, emotionslosen Kopf an.

Um inneren Konflikten aus dem Weg zu gehen, können Sie natürlich von vornherein versuchen, Privatleben und Geschäftsleben strikt voneinander zu trennen. Ein Schmidt und ein Müller, die Sie nicht persönlich kennen, werden Ihnen kaum schlaflose Nächte bescheren. Aber diese Trennung wird meist nicht funktionieren. Denn damit würden Sie gegen die Grundregel, »gut mit Menschen zu sein«, verstoßen und schon deshalb keine Karriere machen. Es führt kein Weg daran vorbei, daß Sie lernen müssen, ein gutes Verhältnis zu Menschen zu haben und sich gleichzeitig nicht in Abhängigkeiten zu begeben. Der deutsche Volksmund hat dazu den Spruch »Dienst ist Dienst und Schnaps ist Schnaps« geprägt. Und genau darum geht es.

Der, der jetzt entlassen werden soll, wurde vom Unternehmen stets bezahlt. Er hat seine Leistungen nicht kostenfrei erbracht. Wenn seine Leistung nun nicht mehr benötigt wird, so gibt es keinen Grund, ihn weiter zu beschäftigen. Wirklich keinen.

Sofern der Betreffende ein Freund von Ihnen ist, müßte er schon deshalb von alleine gehen, denn schließlich bringt er Sie in eine unangenehme Situation. Es ist seine Schuld und nicht Ihre. Warum hat er nicht rechtzeitig die richtigen Schritte eingeleitet, um die nun notwendige Kündigung zu verhindern? Weshalb hat er es so weit kommen lassen?

Wenn Sie ihn schonen, haben Sie schnell den Ruf, nicht fair und objektiv zu sein, sondern Vetternwirtschaft zu betreiben. Damit verfällt die Motivation der Mitarbeiter, und die Moral verschlechtert sich.

Unangenehme Entscheidungen müssen ohne Ansehen der Person getroffen werden. Abgesehen von den untersten Rängen, in denen die Mechanismen der Macht weitgehend unbekannt sind, versteht es übrigens jeder im Unternehmen, wenn Sie sich nicht durch falsche Loyalitäten daran hindern lassen, Ihre Aufgabe zu tun. Bei Ihren Managerkollegen handelt es sich gemeinhin um Profis, die in Ihrer Situation genau so handeln würden wie Sie jetzt.

Auch der Umkehrschluß gilt: Verlassen Sie sich selbst niemals auf die Loyalität anderer. Denn Sie haben als bezahlter Angestellter keinen Anspruch darauf. Lassen Sie sich deshalb nie mit »in Aussicht gestellter Loyalität« bezahlen. Verlangen Sie für Ihre Leistung das, was sie jetzt wert ist, in Geld oder in Status.

Nicht loyal zu sein bedeutet nicht, daß Sie grundsätzlich illoyal sein müssen. Soweit Sie es sich leisten können, gibt es keinen Grund, weshalb man einen verdienten Mitarbeiter schlechter behandeln sollte als einen unbekannten.

Loyalität gehört auf die Beziehungsebene, auf der mit Sympathien bezahlt wird. Die Beschäftigung und die Beendigung des Arbeitsverhältnisses gehören auf die Sachebene.

Fazit: Loyalität hat in geschäftlichen Beziehungen nichts verloren. Um von der Firmenleitung als wirklicher »High-Potential« angesehen zu werden, muß diese davon überzeugt sein, daß Sie unbelastet von Abhängigkeiten zu Menschen, Produkten oder Standorten entscheiden können.

»Das heißt, daß ich mich allein durch die Tatsache, daß ich mich gegenüber Kuhn illoyal verhalte, bei Locksley für höhere Aufgaben empfehle? Ist das nicht ein wenig absurd?«

Der Alte lachte. »Stimmt, das klingt fast absurd, so wie Sie das darstellen. Aber es ist wahr. Vieles in der Welt des Karrieremachens klingt widersprüchlich oder absurd. Meistens deshalb, weil wir ein verklärtes, schönfärberisches Bild vom Arbeitsleben haben. Und weil wir unsere Wertvorstellungen, die im Privatleben sinnvoll sind, auf den Kopf stellen müssen. Das Arbeitsleben ist das Schlachtfeld. Dort tragen Männer und Frauen das aus, was Männchen im Tierreich seit Jahrmillionen austragen! Hackordnungen werden in Ritualen ausgefochten, die mal mehr, mal weniger brutal sind. Im Kampf um einen Fetzen Fleisch, der heute vielleicht durch eine Position, durch ein Statussymbol oder nur durch eine anerkennende Bemerkung vom Chef vertreten wird, schlägt man sich gegenseitig tiefe Wunden. Und wenn einer mal angeschlagen ist, stürzt sich die ganze Horde auf ihn, um das verletzte Herdenmitglied aus der Gemeinschaft zu vertreiben und sich über seine Hinterlassenschaft herzumachen.« Er lachte wieder. »Ich hoffe, ich habe Sie jetzt nicht erschreckt.«

»Ehrlich gesagt, doch ein wenig. Aber ich nehme an, Sie wollen mir damit sagen, daß ich besser tue, was notwendig ist, bevor es ein anderer mit mir tut.«

»So kann man das verstehen, ja.« Er atmete tief durch. »Und lassen Sie sich nicht von der Tatsache beeinflussen, daß ich Kuhn einmal gekannt habe. Das ist Ihr Spiel. Ich gebe Ihnen nur ein paar Spielregeln mit auf den Weg, damit Sie sich besser zurechtfinden. Was Sie daraus machen, ist Ihre Entscheidung.«

»Ich weiß«, antwortete ich. »Aber jetzt muß ich ans Werk. Ich danke Ihnen. Ich glaube, ich sehe jetzt klarer.«

Wir verabschiedeten uns.

Gut eine Woche später war ich auf dem Weg in die USA. Den gesamten Flug nach Chicago, wo unser Headquarter lag, verbrachte ich damit, meine Präsentation immer und immer wieder durchzugehen. Am Ende konnte ich sie ohne Folien auswendig halten. Auf jeden möglichen Einwand war ich vorbereitet. Ich hatte meinen Vortrag so aufgebaut, daß Locksley von selbst darauf kommen mußte, daß Barkowsky der richtige Mann für das Management von Gesamteuropa war.

Ich hatte geplant, drei Tage in Chicago zu bleiben, um so viele Leute wie möglich im Headquarter zu treffen. Mein Netzwerk in Europa war mittlerweile ausgezeichnet. Doch im wahren Zentrum der Macht kannte ich bisher noch kaum jemanden. Das wollte ich jetzt ändern. Linda Miller, eine von Locksleys Sekretärinnen, hatte für mich ein Zimmer in einem ausgezeichneten Hotel nahe der Firma gebucht. Nachdem ich dort erst einmal geduscht hatte, machte ich mich auf den Weg zum Headquarter.

Ich war zum zweiten Mal hier, wo alle Fäden zusammenliefen. Hier wollte ich hin, auch wenn mir der Gedanke, in den USA zu leben, nicht sonderlich behagte. Aber da ich mich ohnehin die meiste Zeit in meinem Büro aufhielt, war das egal. Ich wollte in das »Gehirn« der Firma.

Linda begrüßte mich mit dem obligatorischen »Hi, I'm Linda« und lächelte mich mit ihrem professionellen Empfangsdamenlächeln an. Sie war etwas jünger als ich und außerordentlich hübsch. Als ich ihr in Locksleys Büro folgte, saugten sich meine Augen an ihren Beinen fest. Die Aufregung der USA-Reise hatte wohl meinen Hormonspiegel etwas in Wallung gebracht. Doch als mir einfiel, daß in den USA schon ein zu langer

Blick auf die Beine einer Frau als »sexual harassment« betrachtet wird, schaute ich schnell wieder weg.

Ganz anders als bei unserem Treffen in Frankfurt schien es Locksley gar nicht zu interessieren, weshalb ich gekommen war. Ich nahm an, daß er bewußt mit mir Small talk machte. Er schien zunächst einmal daran interessiert, mich besser kennenzulernen. Ich spürte, wie richtig es gewesen war, ihn um diesen Termin gebeten zu haben. Egal aus welchem Grund. Er hatte mir in Frankfurt einen Ball zugespielt und dann darauf gewartet, daß ich ihn aufnahm. Und zwar dadurch, daß ich wieder mit ihm Kontakt aufnahm. Ich hätte mich ohrfeigen können, daß ich nicht schon früher daran gedacht hatte. Seine freundlich neugierige Art zeigte mir aber, daß es nicht zu spät war.

Nachdem er mich fast eine Stunde ausgefragt hatte, kam er endlich zur Sache. Er erkundigte sich nach dem Stand meines Projektes (er nannte es »your project«, bestätigte also noch einmal, daß ich der Chef war) und nach dem Projektteam. Er schien zufrieden mit dem, was ich zu berichten hatte, und wollte dann noch wissen, wie sich Barkowsky denn so machte. Ich lobte ihn in den höchsten Tönen, froh über die Gelegenheit, ihn noch einmal richtig positionieren zu können, bevor ich Locksley von meiner Idee erzählte.

Erstaunt stellte ich bei einem Blick auf Locksleys Tischuhr fest, daß bereits 90 Minuten verstrichen waren, bevor er mich nach meinem Anliegen fragte. Er schien viel Zeit zu haben. Ob nur für mich oder generell, das konnte ich nicht sagen. Nach dem ewig langen Vorspiel gab es keinen Grund mehr, große einleitende Worte zu sprechen. Und die Gesprächsatmosphäre ließ es auch nicht zu, jetzt auf einmal mit einer Präsentation anzufangen. Ich dankte Gott dafür, alle Folien auswendig gelernt zu haben, und stieg gleich ins Thema ein. In drei Sätzen hatte ich den Kern meiner Idee dargestellt. Besonderen Nachdruck legte ich auf die Tatsache, daß die Umorganisation bereits im ersten Jahr ihren Break-even-Punkt erreichen würde und von da ab ca. 3 Mio. US$ jährlich einsparen würde. Wenn administrative Funktionen konsequent zusammengefaßt würden, dann wäre sogar noch erheblich mehr drin. Daß ich Barkowsky als Chef einer europäischen Organisation im Kopf hatte, das hatte ich nicht erwähnt. Ich machte eine Pause, um zu sehen, wie die Idee auf Locksley wirkte.

Der lehnte sich tief in seinen Sessel zurück und sah für eine Minute wortlos an die Decke. Dann stand er auf und ging zum Fenster. Er sah hinaus auf den Firmenparkplatz und fing, von mir abgewandt, an zu sprechen.

»You know why we didn't implement a European headquarter so far?«

Ich überlegte einen winzigen Moment. Dann entschied ich mich für den Angriff. »Yes, I know why. You don't want to have a strong political counterpart in Europe.«

Locksley schien meine Offenheit nicht übel zu nehmen. Er sagte: »Exactly. And why do you think we should ignore that now?«

»You don't need to ignore that. Make a person you can trust Vice President Europe. Ideally an American.«

Er sah mich an. Er ging zurück zu seinem Sessel und setzte sich wieder. »How much did you say we would save per annum?«

»3 Mio US$ at least«, antwortete ich gedehnt.

»You know that in Germany Pauli would be taboo … so it means you dig Kuhn's grave with this idea?«

»Yes, I know«, sagte ich mit fester Stimme.

Locksley sah mir eine Weile in die Augen. Ich konnte fühlen, wie er mit seinem Blick danach forschte, mit welchen Emotionen ich diesen kurzen Satz gesagt hatte. Ich setzte ein Pokerface auf und lächelte dann ein »Ich-weiß-wir-sind-uns-einig«-Lächeln.

Er ging zu seinem Schreibtisch und bat Linda ins Büro. Fünf Sekunden später stand sie in der Türe. Er beauftragte sie, meine Zimmerreservierung auf zwei Wochen zu verlängern, meinen Flug entsprechend umzubuchen und Richard Barkowsky mit dem nächsten Flug ins Headquarter zu beordern. Dabei lächelte er mich an. »You know what this means?«

»Yes, I know«, strahlte ich zurück. »And I see we both think very highly of Richard.«

Linda machte kehrt und verließ mit diesem unglaublichen Gang Locksleys Büro. Der hatte meinen bewundernden Blick bemerkt. Er grinste.

»I guess you are not prepared to stay for two weeks«, sagte er mit schelmisch ernstem Blick zu mir. Er rief Linda wieder ins Büro. »Thomas is not prepared for such a long stay. Would you mind accompanying him this afternoon and showing him where he can get suits, shirts and stuff? Thomas is here on a very important mission.«

Linda gab mir ein »Oh-du-bist-eine-wichtige-Person«-Lächeln und stimmte zu.

Mit einem »Wir-Männer-helfen-uns-wo-wir-können«-Lächeln verabschiedete Locksley mich, nachdem wir uns für den nächsten Tag zum Abendessen mit Barkowsky verabredet hatten.

Wir fuhren ins Stadtzentrum, wo man laut Linda am besten Kleidung einkaufen konnte. Während der Fahrt wollte sie wissen, um was es denn bei der geheimnisvollen Mission gehe. Ich sagte es ihr, da sie als Locksleys Sekretärin ohnehin davon erfahren würde. Sie fragte mich ein bißchen über mein Privatleben aus, und ich mußte feststellen, daß es da nicht viel zu erzählen gab. Sie war nach Abschluß des College schon einmal in Europa gewesen, und sie hatte es »great« gefunden. Da sich unsere Unterhaltung während der gesamten Einkaufstour auf diesem eher uninteressanten Niveau hielt und ich anfing, den Jet-lag zu spüren, war ich überrascht, als ich mich fragen hörte, ob sie denn am Abend schon etwas vorhabe. Sie hatte. Aber übermorgen wäre sie frei. Das paßte ganz gut, da ich am nächsten Abend ohnehin für das Essen mit Locksley und Barkowsky verplant war. Also verabredeten wir uns für den übernächsten Tag zum Abendessen. »Na ja«, dachte ich mir, »ein bißchen harmlose Plauderei wird mir ganz gut tun.« Außerdem war ein direkter Kontakt in Locksleys Vorzimmer auch nicht zu verachten.

Als ich abends wieder im Hotel war und die neu gekauften Anzüge und Hemden in den Schrank sortierte, machte ich mir Gedanken über ein weiteres Anliegen, das ich Locksley noch irgendwie unterschieben wollte: ich wollte mehr Geld. Ich hatte mich bei meiner ersten Beförderung kaum darum gekümmert, und dementsprechend gering war die Gehaltserhöhung ausgefallen. Als das letzte Hemd sauber gefaltet im Schrank verschwunden war, nahm ich das Brevier des Alten zur Hand und machte es mir auf dem Bett bequem. Ich blätterte, bis ich etwas zum Thema Geld fand.

Geld und Entlohnung

Geld ist wichtig, sollte für den Karrieristen aber nicht die Hauptrolle spielen. Wer lediglich viel Geld nach Hause tragen möchte, sollte lieber eine »professionelle Position« als Makler, Broker, Investmentbanker oder Fondsmanager anstreben. Dort verdient er wahrscheinlich mehr und kann sich als hochbezahlter Facharbeiter auch wichtig fühlen.

Ein Karrierist strebt in erster Linie nach dem nächsthöheren Job – selbst dann, wenn ihm sein Chef mit ernstem Gesicht versichert, daß er durch den Schritt nach oben wahrscheinlich weniger verdienen wird als auf seiner alten Position. Das mit dem geringeren Verdienst stimmt sogar in manchen Fällen. Beispielsweise dann, wenn ein Starverkäufer ins Management wechselt. Allerdings kann man sich darauf verlassen, daß das Gehalt auf der höheren Ebene langfristig steigen wird. Dafür sorgt die Führungsriege, die alleine schon aus ihrem Selbstverständnis heraus nicht zulassen kann, daß ein Untergebener besser verdient, als sie in ihrem erlauchten Kreis. Statt die Gehälter der unteren Ränge zu senken, erhöhen sie lieber ihre eigenen Bezüge. Unnötig zu sagen, daß sie ihre einmal erhöhten Gehälter nicht mehr kürzen, wenn der Starverkäufer das Unternehmen verläßt oder die Absatzzahlen wieder von ihrem historischen Hoch in den Keller rutschen.

Geld kommt mit dem Aufstieg ganz automatisch. Was nicht bedeutet, daß man bezüglich seiner Bezüge nicht überaus hart verhandeln sollte. Da im Management selten nach festen Tarifen bezahlt wird und die von der Unternehmensleitung vorgegebenen Rahmenwerte allerhöchstens ein unterster Orientierungswert sind, ist das Gehaltsgespräch unvermeidbar.

Dabei muß der Karrierist berücksichtigen, daß das Gehalt ein spezielles, dem oberen Management sichtbares Statussymbol ist. Wer sich zu billig verkauft, verliert in den Augen der Firmenleitung Ansehen. Ein Pferd, das man für den Preis eines »Kleppers« bekommt, kann kein gutes Rennpferd sein. Für Manager gilt das gleiche. Schlimmer noch. Wenn einer nicht einmal für sich selbst gute Konditionen aushandeln kann: wie soll er es dann für die Firma können?

Die Verhandlungsposition ist besonders bei Beförderungen besonders gut. Denn wenn sich die Unternehmensführung schon einmal entschlossen hat, eine Position mit einer bestimmten Person zu besetzen, wird sie sich wegen einiger tausend Euro im Jahr mehr oder weniger nicht lange streiten.

Geld kommt mit der Karriere automatisch, es wird allerdings auch dringend gebraucht. Karrieristen müssen nämlich stets Geld in ihre Karriere stecken. Das beinhaltet all die Investitionen in Statussymbole (wie ständig aktuelle Kleidung, ein größeres Auto) und in Vereins- und Clubbeiträge. Ferner die hohen Bewirtungskosten, die die Pflege eines effizienten Netzwerkes mit sich bringt. Die meisten dieser Ausgaben sind nicht von der Steuer absetzbar und vom Karrieristen also aus dem Nettogehalt zu zahlen. Da sind schnell tausend Euro pro Monat weg. Hinzu kommen noch Kosten für Dienstleistungen. Während die normalen Kollegen um fünf Uhr nach Hause gehen und sich um ihren Haushalt kümmern, muß bei Karrieristen die Putzfrau kommen. Denn die Zeiten, in denen die Ehefrau diesen Job klaglos übernahm, sind vorbei.

Der Karrierist muß sich daran gewöhnen, daß für ihn alles teurer wird. Alles! Das betrifft nicht nur die Anzüge, sondern auch die alltäglichsten Produkte. Früher hatte er beispielsweise die Zeit, um kostenbewußt einzukaufen. Er besuchte drei oder vier unterschiedliche Geschäfte und vielleicht sogar einmal einen Fabrikverkauf und sparte bei dieser Schnäppchenjagd viel Geld. Nun jagt er dagegen abends unter Zeitdruck in den nächsten Laden und wirft die notwendigen Lebensmittel in den Einkaufswagen – gleichgültig, wieviel diese kosten. Ähnlich verhält es sich bei Kleidung. Um sicher zu sein, aktuelle und qualitativ hochwertige Ware zu bekommen läßt er sich – natürlich nur in einem, und zwar einem einfach zu erreichenden Fachgeschäft – ausschließlich die teure Ware zeigen.

Zusammenfassend läßt sich sagen, daß das Einkommen mit zunehmender Hierarchie ständig steigt und bald ein Volumen erreicht, das man sich als Student nicht hatte vorstellen können. Allerdings bleibt von diesem eindrucksvollen Gehalt am Ende des Monats auch wesentlich weniger übrig, als man sich das als normaler Mensch vorstellen kann. Karrieristen werden sich immer verwundert an ihre Studentenzeit zurückerinnern und sich fragen, wie sie »mit den paar hundert Euro im Monat« so gut hatten überleben können.

Ich nickte beim Lesen. Das war genau der Grund, aus dem ich eine Gehaltserhöhung wollte, ja brauchte. Und ich mußte zugeben, daß ich wahrscheinlich bei meiner ersten Beförderung zu lasch verhandelt hatte. Ich war einfach zu froh gewesen, den Sprung noch rechtzeitig geschafft zu haben. Ich klappte das Brevier zu und ging zu Bett.

Den nächsten Tag verbrachte ich mit Networking. Ich hatte eine lange Liste von Leuten dabei, mit denen ich schon einmal telefonisch zu tun gehabt hatte und die ich persönlich kennenlernen wollte. Ich nutzte die Zeit so gut ich konnte, da ich damit rechnete, nach Barkowskys Ankunft voll beschäftigt zu sein. So verging die Zeit bis zum vereinbarten Dinner mit Locksley im Restaurant recht schnell.

Es machte ungeheuren Spaß. Barkowsky schaute für eine Schrecksekunde lang ungläubig, als Locksley ihn fragte, ob er Lust hätte, Europa zu managen. Dann schaltete er um auf ein »Ich-bin-bereit«-Lächeln und beteuerte, daß das eine »great opportunity« wäre und er genau der Richtige für den Job sei. Es wurden einige »greats« und »excellents« ausgetauscht und, Locksley eröffnete Barkowsky, daß er schon länger mit dem Gedanken gespielt hätte, Europa unter ein einheitliches Management zu stellen. Barkowskys gutes Standing in Brüssel hätten seine letzten Zweifel daran beseitigt, daß Barkowsky der richtige Mann sei. Und überhaupt hätte Barkowsky doch wahrscheinlich ohnehin schon geahnt, um was es wirklich ginge, als er nach Brüssel geschickt wurde.

Ich war bass erstaunt, Locksley so überzeugend lügen zu hören. Aber was sollte er denn tun? Zugeben, daß einer aus dem dritten Glied seinen Job gemacht und für den Laden endlich eine vernünftige Struktur entwickelt hatte? Kurz kam mir der Gedanke, daß Locksley vielleicht wirklich der eigentliche Architekt und ich nur ein Werkzeug war. Ich beobachtete Locksley, wie er gemütlich am Tisch saß und an seinem Steak kaute, wie er sich freute, Barkowsky die gute Nachricht überbringen zu können. Und ich kam zu der Überzeugung, daß dieser umgängliche Mensch nicht der listige Stratege war, der zu einem solch langfristig angelegten und cleveren Plan imstande war. Oder etwa doch?

Als wir uns nach dem Essen und einigen Drinks verabschiedeten, hatten Barkowsky und ich den Auftrag, eine vollständige Aufstellung der Kosten zu machen, die durch den Aufbau eines europäischen Headquarters in Brüssel entstehen würden. Barkowsky sollte gemeinsam mit der Personalabteilung herausfinden, wie hoch insgesamt die Abfindungen für alle zweiten Geschäftsführer in den europäischen Ländern waren. Zum zweiten Geschäftsführer war in der Regel der Vertriebsleiter benannt worden, an den die einzelnen Geschäftsstellenleiter berichteten. Durch eine Reduzierung der Vertriebsregionen sollte es möglich sein, die Geschäftsstellenleiter direkt an die verbleibenden Geschäftsführer berichten zu lassen. Das würde natürlich Mehrarbeit für diese bedeuten, was Locksley für einen der Hauptvorteile der ganzen Reorganisation hielt.

Als Barkowsky und ich uns am nächsten Morgen in unserem eigens dafür eingerichteten Projektbüro trafen, erklärte er mir, daß er sehr wohl wisse, daß er die schnelle Beförderung zum Teil mir verdankte. Ich wiegelte ein wenig ab, widersprach aber auch nicht. Er rang sich zu einem »thanks« und einem Schulterklopfen durch, was ich sehr bemerkenswert fand. Ich machte deutlich, daß ich mich auf die Zusammenarbeit freute und wüßte, daß ich mich im entscheidenden Moment auch auf ihn verlassen könne. Damit hatten wir eine persönliche Basis für die Arbeit der nächsten Wochen geschaffen und legten los.

Mit Kuhn sägte ich ja selbst meinen momentanen Mentor ab. Und so ganz ohne ging es nicht. Locksley war noch zu weit von mir weg. Barkowsky wäre eigentlich der Richtige. Ich hatte einige Wochen zuvor in Weisers Brevier ein Kapitel dazu gelesen und ließ es Revue passieren.

Vorbilder, Mentoren und Coaches

Karriere muß man »machen«. Das bedeutet aber nicht, daß man alles selbst tun muß oder alles selbst tun kann. Im Gegenteil, manche Dinge sind für den Karrieristen selbst viel zu aufwendig, zu komplex oder zu undurchsichtig, als daß er in der zur Verfügung stehenden Zeit alleine damit zurechtkommen könnte. Nahezu alle erfolgreichen Menschen hatten deshalb zu einem bestimmten Zeitpunkt ihrer Karriere andere Menschen, die ihnen als Vorbilder, Mentoren oder Coaches dienten. Jeder ambitionierte junge Mensch ist gut beraten, sich in seinem Umfeld nach Vorbildern, einem Mentor und zumindest einem Coach umzusehen.

Mit Abstand am einfachsten ist es, ein **Vorbild** zu finden. Man benötigt nämlich nicht die Zustimmung oder gar die aktive Unterstützung der Person, von der man sich bestimmte Verhaltensweisen, Vorgehensweisen, Ausdrucksweisen abschauen will. Um ein Vorbild zu finden, sieht sich der Karrierist bevorzugt in den oberen Führungskreisen des eigenen Unternehmens um. Im eigenen Unternehmen – und nicht etwa außerhalb – deshalb, weil der Karrierist sich nur dadurch sicher sein kann, daß es im Unternehmen mit den beobachteten Eigenschaften und Mustern möglich ist, Karriere zu machen. Denn was nützt es dem Karrieristen, wenn er einen ganz tollen Typ findet, der es mit seinem Auftreten in der Politik bis zum Minister gebracht hat? Hier im Unternehmen wäre der Mann vielleicht in der Rolle des Büroboten steckengeblieben. Nicht deshalb weil er nicht gut ist, sondern weil die bestehende Unternehmenskultur solche Typen einfach nicht verträgt!

Hat man ein Vorbild gefunden, kopiert man einfach das, was es besonders gut kann. Beispielsweise die Art, wie es argumentiert, seine Arbeit plant, sich kleidet oder in der Öffentlichkeit auftritt. Man kopiert es so gut wie man kann. Am besten so, daß man absolut identisch ist. Einfach deshalb, weil es viel einfacher ist, ein erprobtes Schema zu übernehmen, als sich an einen eigenen Stil heranzuarbeiten. Keine Angst. Sie werden nicht wie ein Nachahmer wirken. Selbst, wenn Sie sich noch so große Mühe geben, jemanden zu kopieren (nicht parodieren, bitte!), werden Sie sich dank Ihrer Eigenheiten genügend unterscheiden.

Theoretisch ist die Anzahl der Vorbilder unbegrenzt. Niemand hindert den Karrieristen daran, von Herrn Direktor Müller die knallharten Fragetechniken, von Herrn Direktor Schmidt das souveräne Auftreten, von Abteilungsleiter Berthold den ungestümen Optimismus, vom Vorstand Meier das Outfit und vom Bereichsleiter Baier den eleganten Oberlippenbart zu übernehmen. Dennoch ist es gefährlich. Gefährlich deshalb, weil der Karrierist in seinem jugendlichen Leichtsinn genau die Merkmale übernehmen könnte, die weniger wichtig für die Karriere seines Vorbildes waren. Was macht Sie denn so sicher, daß der schmucke Oberlippenbart Herrn Baier in der Karriere geholfen hat? Vielleicht ist er *trotz* seines Bartes aufgestiegen und nicht wegen ihm. Es ist viel sicherer, sich eine bestimmte Person herauszusuchen und diese in allen Einzelheiten zu kopieren, also auch in den Eigenschaften, die einem selbst auf den ersten Blick als weniger attraktiv erscheinen. Nur so sind Sie sicher, daß Sie ein Winner-Konzept übernehmen. Wenn Ihr Vorbild in bestimmten Situationen immer zu brüllen anfängt, sollten Sie es auch tun. Selbst wenn Sie ein anderes Verhalten eigentlich für angemessener halten.

Im Grunde sind Vorbilder für den Karrieristen genau das, was Franchise-Konzepte für den Markt sind: Erprobte Erfolgkonzepte, bei denen man den Erfolg nicht auf eine einzige Eigenschaft reduzieren kann. Nur, daß man bei Vorbildern keine Franchise-Gebühren zahlen muß. Die absolute Kopie eines wichtigen Mannes innerhalb der Hierarchie hat für Sie einen weiteren, nicht zu unterschätzenden Vorteil: Wahrscheinlich bemerkt der Kopierte Sie ziemlich schnell, weil er gemeinsame Werte, Einstellungen und Verhaltensweisen entdeckt. Beides bringt ihn vielleicht dazu, daß er eine Vaterrolle für Sie übernimmt. Und damit haben Sie auch schon einen Mentor gefunden.

Im Gegensatz zum Vorbild benötigen Sie vom **Mentor** dessen aktive Unterstützung. Mentoren sind Menschen, die an Ihrer Karriere Interesse haben und die Ihnen durch Einsatz von Macht aktiv den Weg ebnen. Es gibt eine Vielzahl von Gründen, die einen Menschen dazu bringen können, sich für Sie stark zu machen. Wenn Sie einen Mentor finden wollen, müssen Sie diese Motivatoren finden.

Per Definition können Mentoren nur Menschen mit Macht sein. Das bedeutet, daß sie hierarchisch über Ihnen stehen müssen – und zwar möglichst weit über Ihnen! Mentoren bringen Ihren Namen ins Gespräch. Sie verteidigen Sie in Besprechungen, in denen Sie nicht anwesend sind. Sie legen Tretminen für Ihre internen Wettbewerber und bremsen diese aus. Alles Dinge, die Sie selbst nie tun könnten.

Mentoren erbringen ihre Leistungen nicht kostenlos. Der Mentor will etwas für seine Dienste. Unabhängig davon, was der Mentor noch erwartet: Er verlangt auf alle Fälle Ihre sklavische Unterordnung. Er betrachtet Sie als seine Schöpfung. Ebensowenig wie ein stolzer Vater zuläßt, daß ein weiterer Mann die Vaterschaft an seinem Kind reklamiert, läßt ein Mentor zu, daß Sie mehrere Mentoren haben. Zu einem Zeitpunkt kann es für Sie deshalb nur einen aktiven Mentor geben.

Im Laufe Ihrer Entwicklung kann sich für Sie die Notwendigkeit ergeben, Ihren Mentor auszutauschen. Beispielsweise dann, wenn Ihr bisheriger Förderer das Unternehmen verläßt oder wenn Sie selbst die Hierarchieebene erklommen haben, der er angehört. Das kann auch Enttäuschung und Krieg bedeuten, muß es aber nicht, wenn Ihr bisheriger Mentor bereit ist, in die Rolle des Coaches zu schlüpfen.

Ein **Coach** ist ebenso wie der Mentor aktiv an Ihrer Karriere interessiert, allerdings hat er nicht die Machtposition, um Ihnen intern den Weg zu ebnen. Statt mit den internen Machtstrukturen zu arbeiten, arbeitet er mit Ihnen. Der Coach bestärkt Sie in Ihren Ansichten, sagt Ihnen, wie Sie sich in bestimmten Situationen verhalten sollen, baut Sie nach Enttäuschungen wieder auf und rückt Ihnen den Kopf zurecht, wenn Sie es nötig haben.

Ein Coach kann – muß aber nicht – aus dem Unternehmen stammen. Jeder Externe, zum Beispiel auch ein Lieferant oder der eigene Lebenspartner, kann ein Coach sein. Nur Sie können wissen, wer für Sie ein Coach ist. Sie können auch mehrere Coaches nebeneinander haben. Sie können sich sogar unterschiedliche Coaches für unterschiedliche Aufgaben halten. Zum Beispiel Ihre Partnerin primär zur Bestärkung des eigenen Selbstwertgefühls und Ihren pensionierten ehemaligen Chef, um sich den Kopf waschen zu lassen, und Ihren Großvater, um Abstand zu gewinnen.

Wesentlich für einen guten Coach sind drei Dinge: die Kenntnis Ihrer Person, die Kenntnis der Mechanismen der Macht und das absolute Primat des Erfolgs. Absolut abträglich für ein gutes Coaching ist es, wenn der Coach Ihnen nach dem Mund redet oder wenn Sie nicht genügend Hochachtung vor ihm haben, um sich mit allem, was er sagt, intensiv auseinanderzusetzen.

Ein guter Coach wird immer wieder Ihre kleine geordnete Welt erschüttern müssen, um Sie weiterzubringen. Wenn er es nicht tut, sollten Sie sich dringend einen anderen suchen.

Besonders hilfreich ist ein Coach, der die handelnden Personen sowie die Machtstrukturen in Ihrem Unternehmen kennt. Ein Insider hat diesbezüglich einem externen Coach gegenüber Vorteile. Andererseits bringt ein Externer durch seine Erfahrung in anderen Umgebungen häufig neue Sichtweisen ein.

Bis vor einigen Jahren waren die Coaches der Erfolgreichen meist Verwandte, ehemalige Kollegen, Clubmitglieder, Schulfreunde oder Nachbarn. Alle waren »ehrenamtlich« tätig. Neuerdings leisten sich immer mehr Führungskräfte einen bezahlten Coach. Meist handelt es sich um Psychologen oder erfahrene Manager, die für ihre Dienste Tagessätze bis zu 2.000 Euro berechnen. Diese Beträge zahlt der Manager natürlich nicht selbst, sondern über die Firmenkonten. Manchmal sind die Beträge als allgemeines Beraterhonorar getarnt, verstärkt werden sie aber auch ganz offen als Coachingkosten in den Rechnungen ausgewiesen.

Es ist möglich, daß Vorbild-, Mentor- und Coachfunktion in einer einzigen

Person zusammenfallen. In diesen Fällen sollte der Karrierist sich über die Gefahr im klaren sein, die sich aus dem Ausfall dieser einzelnen Person für ihn ergibt. Er sollte sich zumindest noch ein oder zwei weitere Coaches zulegen, mit denen er sich regelmäßig austauscht. Sonst ist die Abhängigkeit zu groß.

Nach dieser Definition war mein Coach ganz klar der Alte, ein Mentor würde mir nach Kuhns Weggang aber fehlen. Also würde ich Barkowskys Angebot annehmen.

Als der Abend näher rückte, wurde ich zunehmend nervös. Warum hatte ich Idiot Linda nur zum Essen eingeladen? Über was sollten wir denn den ganzen Abend reden?

Wie sich später herausstellte, war meine Angst völlig unbegründet gewesen. Linda stellte sich als außerordentlich unterhaltsam heraus, sobald sie ihre professionelle Empfangsdamenfreundlichkeit abgelegt hatte. Als wir beim Dessert angelangt waren, eröffnete sie mir, daß sie ganz allgemein wichtige Männer sehr interessant fände. Sie lächelte mich an und fügte hinzu, daß das ganz besonders der Fall wäre, wenn sie so gut aussähen wie ich.

Natürlich fühlte ich mich geschmeichelt. Daß ich gut aussah, wußte ich. Aber ganz besonders gefiel mir, daß sie mich als »wichtig« einstufte. Und um mir noch mehr Honig um den Mund zu schmieren, erzählte sie mir, wie außergewöhnlich freundlich Locksley zu mir gewesen wäre. Sonst wäre er nicht so umgänglich. Diese und mehr Schmeicheleien und dazu ihr verführerischer Gang, den ich bewunderte als sie zur Toilette ging, führten dazu, daß ich binnen kurzer Zeit weichgekocht war und mit Begeisterung die Einladung zu einem Drink bei ihr zu Hause annahm. Dort nippten wir beide anstandshalber kurz an unserem Glas, bevor wir zu einem Geschlechtsakt übergingen, der mehr mit Pflichtbewußtsein als Ekstase zu tun hatte. Zu sehr war ich mit dem Gedanken beschäftigt, warum Linda jetzt wohl mit mir schlief, ob es wohl wirklich nur die Tatsache wäre, daß ich wichtig war. Außerdem verdarb mir der Gedanke daran, was Anna wohl zu meiner Eskapade sagen würde, die Lust. Nachdem sich Linda mit dem einzigen lauten Stöhnen des ganzen Abends ihrem Höhepunkt hingegeben hatte, tranken wir unsere Gläser leer und belogen uns, wie toll es doch gewesen sei. Linda gab mir noch ihre private Telefonnummer und rief mir ein Taxi. Im Lift untersuchte ich meinen Anzug nach verräterischen Haaren und hoffte im übrigen, daß ich nicht mehr allzu oft an diesen Abend erinnert würde.

Die nächsten Tage waren von harter, aber interessanter Arbeit geprägt. Zum ersten Mal hatte ich das Gefühl, am wirklich großen Rad zu drehen. Doch das euphorische Gefühl hatte einen schalen Beigeschmack. Wie schon in Frankfurt, als ich eine Weile mein Büro neben dem von Kuhn auf der Chefetage gehabt hatte, war mein Status nur temporär. Wenn Barkowsky und ich mit der Definition der neuen Struktur fertig waren und Locksley die Umsetzung befahl, dann würde ich als Nummer 2 in Brüssel sitzen und müßte erst einmal eine ganze Weile warten, bis der nächste Schritt möglich war.

Wir brauchten tatsächlich die vollen zwei Wochen dazu, ein einigermaßen stimmiges Konzept für die Umorganisation zu produzieren. Locksley schien überrascht, daß wir es überhaupt so schnell zustande brachten. Nun, ehrlich gesagt hatten Barkowsky und ich auch mehr Wert auf Tempo als auf Qualität gelegt. Wir wußten beide, daß sehr schnell etwas passieren konnte, das Locksley wieder umstimmte, und das wäre es dann gewesen. Also arbeiteten wir wie die Verrückten, und wenn wir nicht schnell genug an verläßliche Daten kamen, dann machten wir eben Annahmen und erhoben diese dann zu Fakten. »Genauigkeit interessiert ohnehin keinen«, war unser Motto. Denn wenn solch ein Projekt in die Umsetzung geht, dann kommt so viel anders als man denkt, daß es auf ein paar planerische Fehler mehr oder weniger nicht ankommt. Mein Professor für Organisationslehre an der Universität hätte mich für diese Aussage öffentlich gelyncht. Mein CEO aber war hoch zufrieden, daß schnell ein Plan vorlag, den er in die Umsetzung geben konnte und mit dem er vor den Börsen-Analysten schön Wetter machen konnte.

Obwohl wir bezüglich der Qualität unserer Arbeit sehr kompromißbereit waren, arbeiteten wir doch Tag und Nacht, um schnell zu einem Ergebnis zu kommen. Auch Barkowsky, der sonst ein Durchhaltevermögen wie ein Rhinozeros zeigte, stöhnte. Da ich, wenn ich nach Mitternacht vom Büro ins Hotel kam, oft so aufgedreht war, daß ich nicht einschlafen konnte, blätterte ich viel im Brevier des Alten. Besonders interessierte mich unter diesen Umständen das Kapitel »Arbeitszeiten«.

Arbeitszeiten

»Manager arbeiten viel und lange.«

Dieser häufig gehörte Satz enthält eine richtige und eine falsche Aussage. Richtig ist, daß erfolgreiche Führungspersönlichkeiten früher mit der Arbeit anfangen und länger im Büro bleiben, als ihre Mitarbeiter. Zusätzlich sind sie noch zu anderen Zeiten – beispielsweise an Wochenenden – für ihr Unternehmen und ihre Karriere aktiv. Untersuchungen zeigen, daß für erfolgreiche Manager die 50- bis 70-Stunden-Woche eher die Regel als die Ausnahme ist. Unrichtig dagegen – oder zumindest im höchsten Maße zweifelhaft – ist die Behauptung, daß Manager deshalb unbedingt viel arbeiten.

An dieser Stelle mußte ich laut auflachen. Ich war erleichtert zu sehen, daß auch Weiser manchmal unrecht hatte. Meine Woche bestand zu diesem Zeitpunkt eher aus hundert als aus vierzig Stunden. Ich las weiter.

Aber: Wenn Manager nicht deshalb so lange in der Firma anwesend sind um zu arbeiten – weshalb verbringen sie dann freiwillig so viel Zeit außerhalb ihrer Familie? Und weshalb ist Karrieristen dringend angeraten, es ihnen gleichzutun?

Die Antwort ist trivial: Karrieristen halten sich so lange in der Firma auf, um ihre Wichtigkeit und ihr überdurchschnittliches Engagement zu signalisieren. Wenn Ihr Chef – oder dessen Chef – Sie stets nach 19 Uhr noch im Büro antrifft, so sagt ihm das (vermeintlich) mehr über Ihre Einsatzbereitschaft aus, als tausend Schwüre. Wenn Sie zudem jeden Morgen bei seinem Eintreffen bereits am Schreibtisch sitzen, so steigert sich dieser Eindruck noch beträchtlich.

Um positiv aufzufallen muß man zu Extremzeitpunkten anwesend sein. Morgens, wenn noch keiner im Büro ist; Abends, wenn alle bereits aus dem Haus gegangen sind; am Wochenende, wenn sich nur gelegentlich jemand ins Büro verirrt. Daraus sind zwei Schlüsse zu ziehen: Erstens, es kommt nicht besonders darauf an, zu den »normalen Arbeitszeiten« anwesend zu sein. Genaugenommen könnten Sie tagsüber ins Freibad gehen oder Tennis spielen. Solange das niemand weiß, wird jeder davon ausgehen, daß »der Workaholic« irgendwo wie besessen schuftet. Der zweite Schluß, den man ziehen kann, ist der, daß lange Arbeitszeiten nichts nutzen, wenn sie nicht bemerkt werden.

Meist braucht man sich keine Sorge zu machen, daß lange Arbeitszeiten nicht bemerkt werden, denn abends und an Wochenenden befinden sich überraschend viele Menschen in einem Bürohochhaus. Und morgens sehen alle, wer schon da ist. Falls Ihr Engagement nicht bemerkt wird, müssen Sie eben dafür sorgen. Sie können es z.B. direkt sagen. Natürlich nicht so plump und wichtigtuerisch wie: »ich habe gestern wieder einmal bis 21 Uhr gearbeitet«, sondern eher beiläufig. So könnten Sie beispielsweise bei einer gemeinsamen Fahrstuhlfahrt mit Ihrem Zielsubjekt, während sie gemeinsam auf die Stockwerksanzeige über der Tür starren, erwähnen: »So bequem die Fahrstuhlfahrerei sein mag – abends gehe ich die acht Stockwerke doch lieber zu Fuß. Alleine der Gedanke, ich könnte in dem menschenleeren Gebäude die ganze Nacht im Fahrstuhl festsitzen, jagt mir Schauder über den Rücken.« Sie können sicher sein, daß der Gesprächspartner registriert hat, daß Sie zu solch späten Stunden noch im Gebäude sind. Auch Bemerkungen wie die, daß einem doch tatsächlich vorgestern abend der Werkschutz das Licht ausgeschaltet habe, oder die Aussage: »Gestern hätte ich beinahe zu Fuß nach Hause gehen müssen, weil der Pförtner bereits die Schranke zum Parkplatz verschlossen hatte«, erfüllen den gleichen Zweck.

Anstatt im nachhinein auf Ihren Einsatz hinzuweisen, können Sie dies auch im voraus tun. So könnten Sie Arbeiten von ihrem Chef entgegennehmen, einen Blick darauf werfen und sagen: »Das erledige ich gleich heute abend. Ich denke das schaffe ich bis 21 Uhr. Soll ich es Ihnen nach Hause faxen oder auf den Schreibtisch legen?« Damit unterstellen Sie Ihrem Chef, daß er ähnlich lange arbeitet, was er sich sicher gerne gefallen läßt.

Um anderen zu zeigen, zu welch exotischen Zeiten man arbeitet, gibt es jede Menge Möglichkeiten. So versenden Sie Faxe und e-mails natürlich zu den Zeiten, die Sie gerne auf den Journalen ausgedruckt haben möchten. Und wenn Sie an einem Wochenende gearbeitet haben, dann drucken Sie auch alle Dokumente mit dem Wochenenddatum aus. Das mag einige Zeit unbemerkt bleiben – aber sicher nicht zu lange. Machen Sie es sich zur Gewohnheit, e-mails als die allerletzte Aktivität des Tages zu beantworten; bevorzugt jene, die von ihrem Absender erst nach den üblichen Bürostunden abgeschickt wurden. Wie wird derjenige, der glaubt, selbst lange gearbeitet zu haben, wohl staunen, wenn er bereits am nächsten Morgen Ihre Antwort findet? Wenn Sie das über einige Zeit durchhalten, können Sie sich gegen den Ruf eines engagierten Arbeitstiers gar nicht mehr wehren.

Niemand wird demjenigen, der lange arbeitet, unterstellen, daß er ineffizient arbeitet. »Weshalb in aller Welt wäre der wohl so lange da, wenn man die Arbeit in 40 Stunden erledigen könnte?« fragen sich die Leute unbewußt. Und die Unternehmensleitung sieht es ebenso. Wer lange arbeitet, gilt als effizient und fleißig. Wer jeden Abend um 17 Uhr das Gebäude verläßt, ist faul. Damit ist eines klar: Die Unternehmensleitung legt keinen Wert auf Leute, die intelligent arbeiten und es schaffen, ihr bemerkenswertes Arbeitspensum innerhalb der normalen Bürozeit zu bewältigen. Sondern auf solche, die abends im Brustton der Überzeugung und mit einem leichten Seufzen in der Stimme sagen: »Den ganzen Tag war die Hölle los. Vor lauter Hektik bin ich zu rein gar nichts gekommen. Endlich habe ich Ruhe, den ganzen Kram abzuarbeiten.« Das sind die Leute, die tagsüber offensichtlich so gefragt sind, daß sie abends dableiben müssen, um den notwendigen Papierkram zu erledigen. Diese Leute sind wichtig. Ohne sie läuft nichts. Deshalb ist es auch für diejenigen, die ihre Arbeit locker in acht Stunden schaffen könnten, nützlich, länger dazubleiben – zumindest dann, wenn sie beruflich weiterkommen wollen.

Der zweite Vorteil langer Arbeitszeiten ist ebenso offensichtlich und trivial. Es gibt nämlich kaum eine bessere Gelegenheit, mit der oberen Managementebene und wichtigen Leuten in Kontakt zu kommen, als in diesen ruhigen Stunden.

Wenn sich abends die Büros leeren, die normalen Arbeitsbienen den U-Bahnschächten und Parkplätzen zustreben und auf den langen Gängen der Verwaltungen mit einem Male Ruhe einkehrt, bleibt nur eine kleine Gruppe Verschworener zurück. Die Krawatten werden gelockert und der ein oder andere Schuh unter den Schreibtisch gekickt. Gleichzeitig ändert sich der Umgangston. Alles wird gelöster. Und nach 19 Uhr sind beinahe nur noch Manager da und jene, die es werden wollen. Viele Leute, die Sie tagsüber kaum zu Gesicht bekommen, sind nicht nur da, sie haben auch Zeit. Es herrscht eine seltsame Kameraderie. Dienstgrade zählen nicht mehr so viel. Wenn Sie als Neuling am Tag versuchen, in die Vorstandsetage vorzudringen, enden Sie spätestens bei der Sekretärin. Ab 22 Uhr können Sie problemlos und ohne Gefahr für Leib, Leben und Karriere den Kopf in das Zimmer des Vorstands stecken und fragen, ob er zufällig noch etwas Kaffee übrig hat. Er wird wahrscheinlich nicht einmal die Beine vom Schreibtisch nehmen, wenn er sagt: »Draußen in der Thermoskanne müßte noch was sein. Bedienen Sie sich.« In dieser lockeren Atmosphäre sucht so mancher Vorstand das Gespräch mit einem jungen Gesicht, und das hat sich in den seltensten Fällen negativ für dessen Weiterkommen herausgestellt.

Nicht nur zu Vertretern der höheren Hierarchien, sondern auch zu den künftigen Stars aus der gleichen Ebene lassen sich zu diesen seltsamen Stunden hervorragende Kontakte knüpfen. Jeder, der um diese Zeit noch an seinem Schreibtisch klebt, hat nämlich das Potential für einen wichtigen Posten. Also gehen Sie mit einer Tasse Kaffee durch die Gänge und klopfen an jede Tür, hinter der noch Licht brennt. Sie strecken den Kopf hinein und sagen: »Mir fällt gerade die Decke auf den Kopf. Da dachte ich, ich schau mich mal um, welche Wahnsinnigen außer mir noch um diese Zeit schuften. Haben Sie fünf Minuten Zeit für eine Tasse Kaffee? Ich heiße übrigens ...« Und schon sind Sie im Gespräch mit dem Vertreter einer vollkommen fremden Abteilung. Mit einem Mann, den Sie normalerweise nie kennengelernt hätten, wenn Sie nicht um diese Zeit im Büro gewesen wären. Mit etwas Glück und Kontaktpflege haben Sie in fünf Jahren auf den Chefsesseln aller wichtigen Abteilungen des Hauses Bekannte sitzen.

Doch der Karrierist bleibt nicht nur deshalb so lange im Büro, um damit seine Wichtigkeit zu demonstrieren und ein Netzwerk aufzubauen. Abends passieren nämlich auch interessante Dinge. Da werden in aller Stille informelle Projekte aufgesetzt und Intrigen gesponnen. Es wird kräftig an den Stühlen der Vorgesetzten gesägt, oder es werden Fallen aufgestellt. Es ist beinahe unvermeidlich, daß jeder, der um diese Zeit noch da ist, mehr von den Handlungen hinter den Kulissen mitbekommt als sein Kollege, der seit zehn Jahren getreulich um 17 Uhr aus dem Haus geht.

Weil erfahrene Manager wissen, daß die Abendstunden die wirklich gefährlichen für ihren eigenen Posten sind, bleiben sie selbst lange da. Sie agieren viel lieber aktiv gegen jemand anderen, als zu riskieren, daß gegen sie agiert wird. Letztlich hat nur derjenige ein Gespür für aufkommende Gefahren, der sieht, wer mit wem zusammensitzt und ob dabei die Bürotür geschlossen ist oder nicht.

Teilweise bleiben Manager auch deshalb so lange da, um ihre eigenen Mitarbeiter zu motivieren und darauf hinzuwirken, daß sie möglichst länger als vierzig Stunden arbeiten. Je mehr und fleißiger die Mitarbeiter arbeiten, desto eher wird die Abteilung die gesetzten Ziele erreichen, und das ist für das Weiterkommen des Managers nicht unwichtig.

Zu diesem Zweck »lebt« der Manager seinen Mitarbeitern die langen Arbeitszeiten und die von ihm geforderte Flexibilität vor. Er kann dazu natürlich aktiv Meetings in die Abendstunden legen, aber das ist normalerweise nicht notwendig. Die Erfahrung zeigt, daß der direkte Vorgesetzte der stärkste Anreiz für längere Arbeitszeiten seiner Untergebenen ist. Arbeitet der Chef nur von 9 Uhr bis 17 Uhr, so wird es auch seine Belegschaft tun. Dort, wo der Chef von 8 bis 20 Uhr anwesend ist, werden die Mitarbeiter pünktlich kommen, und auch nach 19 Uhr werden einige seiner Mitarbeiter noch anzutreffen sein.

Andere Gesten, die zu höherem Arbeitseinsatz, verführen sind »Lebenszeichen des Chefs«. Beispielsweise mag ein Mitarbeiter um 19 Uhr eine Arbeit weitgehend abgeschlossen und die Ergebnisse seinem Chef gefaxt haben. Jetzt steht er im Mantel an der Tür und das Telefon klingelt. Es ist sein Chef. »Ihre Zusammenstellung liegt vor mir. Gute Arbeit. Allerdings habe ich einige Änderungsvorschläge. Ich faxe sie Ihnen gleich zurück.«

Was wird der Mensch tun? Das Licht löschen und das Fax seines Chefs am nächsten Morgen aus dem Faxgerät nehmen? Sicher nicht. Er wird neben dem Faxgerät warten, bis die Korrekturen eintreffen. Dann wird er sie überfliegen, seinen Mantel ausziehen, den Rechner wieder einschalten und die Korrekturen einarbeiten.

Lange Arbeitszeiten sind für einen Manager teilweise auch nötig, um den Mitarbeitern Prioritäten zu verdeutlichen. Ein Manager, der interne Besprechungen stets in die Zeit legt, in der normalerweise reger Kundenverkehr stattfindet, kann den Satz »Der Kunde ist König« so lange predigen, wie er will. Keiner wird ihm das abnehmen. Derjenige hingegen, der seine Mitarbeiterbesprechungen grundsätzlich nur dann durchführt, »wenn der letzte Kunde aus dem Haus ist«, »die Maschinen abgestellt sind«, »die letzte Reklamation abgearbeitet ist«, wird kaum noch betonen müssen, worauf er besonderen Wert legt.

Was bringt es Ihnen, wenn Ihre Mitarbeiter motiviert lange Stunden arbeiten und die richtigen Prioritäten haben? Viel! Zunächst erhöht sich die Chance, die Aufgabe zu erfüllen. Doch viel wichtiger ist, daß die Verhaltensänderung der Mitarbeiter bereits innerhalb kurzer Zeit dem oberen Management positiv ins Auge springt. Und das fällt auf Sie zurück.

Meine Arbeitsweise änderte ich nicht, nachdem ich das gelesen hatte. Denn wir arbeiteten lange genug. Allerdings achtete ich nun mehr darauf, daß Locksley unseren Einsatz auch bemerkte. So schickte ich ihm Zwischenberichte mitten in der Nacht per e-mail, so daß er sehen konnte, wann ich sie abgeschickt hatte. Uns kam zugute, daß auch Locksley gerne abends länger blieb (dafür kam er vormittags sehr spät). So tauchten Barkowsky und ich nun öfter abends bei ihm im Büro auf, um irgend etwas zu klären. Locksley gefiel das. Er verwickelte uns dann gerne in einen kleinen Plausch. So bauten wir ein ausgezeichnetes Verhältnis zu ihm auf.

Den Tag des Announcements hatte Locksley mit einem sicheren Sinn für Theatralik arrangiert. Er lud die ersten Geschäftsführer aller europäischen Länder zu einem Meeting ein. Ihn begleiteten unser CFO, also sein Finanzchef, der Vorsitzende des Board of Directors, was dem deutschen Aufsichtsrat entspricht, unser Personalchef, Barkowsky und ich. Das Meeting fand in einem kleinen Schloß nahe Brüssel statt, das Locksley zu diesem Anlaß komplett angemietet hatte, und dauerte zwei Tage. Die Nachricht, die Locksley seinen Statthaltern während dieser beiden Tage übermittelte, war klar: »Ihr, die ihr hier eingeladen seid, überlebt. Ihr seid die Gewinner dieser Reorganisation.« Natürlich war das Quatsch, denn de facto wurde den Herren mit Barkowsky doch jemand vor die Nase gesetzt. Aber wer wagte in solchem Rahmen und in solcher Runde schon wegen Kleinigkeiten zu meckern? Daß zu einem solchen Meeting Mitglieder des Board of Directors eingeladen wurden, war höchst ungewöhnlich. Damit unterstrich Locksley, wie wichtig ihm und damit der gesamten Firma die

Sache war und daß es keine Widerrede gab. Außerdem machte das den Europäern deutlich, daß sie keinen Keil zwischen Locksley und sein Board treiben konnten. Die Reorganisation war beschlossen, und das Meeting hatte reinen Informationscharakter.

Am ersten Abend nahm mich Pauli beiseite und fuhr mich scharf an: »Das ist auf Ihrem Mist gewachsen, oder?«

Ich war erschrocken ob der heftigen Reaktion, behielt aber die Fassung. »Ja, das ist es.«

»Wenn Sie sich da bloß nicht überhoben haben«, fuhr Pauli in der gleichen Schärfe fort. »Es ist nicht gut, wenn man als Dorfkicker versucht, in der Bundesliga mitzuspielen. Passen Sie gut auf sich auf.«

Das war eine klare Drohung. Ich wunderte mich, daß Pauli mich so massiv anging, obwohl ich doch ganz offensichtlich Rückendeckung von ganz oben genoß. Vielleicht hoffte Pauli, daß Locksley mich zu gegebenem Zeitpunkt genauso als Bauernopfer nutzen würde, wie er selbst kurz zuvor Brandner geopfert hatte. Ich nahm mir vor, alles zu tun, um Pauli keinen Angriffspunkt zu geben und ihn möglichst schnell aus der Firma zu drängen.

Am Abend sah ich nach, ob im Brevier des Alten etwas über *Feinde* vermerkt war. Ich schlug das Helft bei F auf und staunte. Da stand:

»FEINDE
Zwingend nötig.«

Was sollte diese Aussage wohl bedeuten? Nach einer Weile wurde es mir klar: Man muß sich nur die Frage stellen, warum manche Leute überhaupt keine Feinde haben. Ganz klar, weil sie einfach zu unwichtig sind, um von jemand anderem als potentielle Gefahr gesehen zu werden! Wer keine Feinde hat, hat etwas falsch gemacht. Daß ich ausgerechnet Pauli, die Nummer 1 in Deutschland, zum Feind hatte, ehrte mich also. »Na warte, Pauli«, murmelte ich, »die Äußerung mit dem Dorfkicker wirst du noch bereuen« Ich schlief ein und träumte die ganze Nacht von Mord und Totschlag.

Einen Monat später hatte sich ISG mit Kuhn auf eine Abfindung geinigt. Kuhn schrieb mir ein zynisches e-mail, in dem er sich bei mir für den Batzen Geld bedankte. Bei der Gelegenheit wünschte er mir, daß ich mein Spiel lange genug durchhalten würde, um ebenfalls auf eine dicke Abfindung Anspruch zu haben.

Der Alltag begann. Wir hatten uns in Brüssel eingerichtet, und Barkowsky trimmte die Geschäftsführer der Ländergesellschaften mit großer Härte darauf, sich nun wie Vertriebsleiter zu fühlen. Er ließ sie monatlich ihre Zahlen präsentieren und ließ es sich nicht nehmen, dabei Fragen zu einzelnen Projekten zu stellen. Das bedeutete für die Geschäftsführer unheimlich viel Arbeit. Und letztlich bedeutete es für Locksley, daß die Herren als Machtfaktor immer unwichtiger wurden.

Ich bekam eine Stabsfunktion. Ich war, direkt an Barkowsky berichtend, zuständig für strategische Planung und Controlling in Europa. An mich berichteten die Controller der Länder. Also auch in dieser Hinsicht hatte eine Entmachtung der Geschäftsführer stattgefunden.

Privat änderte sich für mich nicht viel. Ich hatte nach wie vor hart zu arbeiten, da das Brüsseler Headquarter sich erst einmal gegen den Willen der Ländergesellschaften etablieren mußte. Ich nutzte all die Tricks und Schweinereien, die ich in den letzten Jahren gelernt hatte, um unsere Machtposition – wenn nötig auch mit Angriffen unter die Gürtellinie – zu verteidigen.

Anna und ich hatten vereinbart, daß ich jeden Abend mindestens eine halbe Stunde berichtete, was ich in der Arbeit erlebt und getan hatte. Nachdem sie einmal meine Ausführungen mit »du Schwein« quittiert hatte, begann ich, meine Darstellungen zu entschärfen, bis sie irgendwann nicht mehr viel mit der Wahrheit zu tun hatten. Auf diese Weise hatte ich einigermaßen Frieden zu Hause. Anna hatte den Arbeitgeber gewechselt und nun einen Job bei einer PR-Agentur in Brüssel, für die sie Journalisten in Deutschland betreute. Sie hatte wohl Spaß an ihrem Beruf und ließ mich deshalb mehr als früher in Ruhe.

Locksley hatte mir in einem sehr persönlich gehaltenen Brief für die erfolgreiche Restrukturierung gedankt und mir versichert, daß ich bei ISG eine gute Zukunft hätte. Nun, natürlich ist so etwas kaum das Papier wert, auf dem es steht, aber immerhin hatte ich eine gute Ausgangsposition. Ich bemühte mich nach Kräften, sie zu nutzen, um vor allem Pauli das

Leben zur Hölle zu machen. Barkoswsky half mir dabei, indem er ihn zum bevorzugten Ziel seiner Schauhinrichtungen beim monatlichen Meeting machte. Und nach einem dieser Meetings hatte Pauli einen Herzinfarkt und fiel tot um. Immerhin hatte er die Demütigungen eineinhalb Jahre lang ausgehalten.

Barkowsky und ich mußten uns wegen des plötzlichen Todes einige unangenehme Fragen von den anderen Geschäftsführern anhören. Wir hatten keine andere Wahl, als mit gleicher Härte weiterzumachen. Alles andere wäre als Eingeständnis, zumindest teilweise Schuld an Paulis Tod zu haben, gewertet worden. Locksley kommentierte den Vorfall mit den Worten: »People get older. And one day there will be a completely new generation of managing directors in Europe. People with visions and new ideas.« Deutlicher hätte er seiner Zufriedenheit über Paulis – wenn auch etwas spektakuläre – Abdankung nicht Ausdruck geben können.

Auch sonst hatte Locksley keinen Grund zur Beschwerde. Die Reorganisation hatte die Kosten spürbar gesenkt. Und auch die Härte, mit der die monatlichen Meetings geführt wurden, verfehlte ihre Wirkung nicht. Den Geschäftsführern blieb nichts anderes übrig, als sich intensiv um ihren Vertrieb zu kümmern, wollten sie nicht massiven Ärger bekommen. Und das wirkte sich aus. Die Umsätze in Europa waren in den 18 Monaten seit der Reorganisation um über 30% gestiegen. Die Härte, die Barkowsky und ich an den Tag legten, war schließlich kein Selbstzweck. Der Erfolg bewies, daß wir den richtigen Weg gewählt hatten.

Natürlich stellte sich die Frage nach Paulis Nachfolge. Ich überlegte mir, ob ich mich auf den Job bewerben sollte. Aber Barkowsky riet mir ab. Er begründete es damit, daß es schwierig für ihn sein würde, mich aus dem monatlichen Schlachtfest herauszuhalten, ohne seine eigene Glaubwürdigkeit bei den anderen Managern zu verlieren. Das überzeugte mich. Aber wenn nicht ich, wer dann? Pauli hatte nie einen Nachfolger aufgebaut. Er war viel zu sehr damit beschäftigt gewesen, seine Position gegen andere abzuschotten. Insofern hatte er das Karrierespiel natürlich richtig gespielt. Aber wir hatten nun ein echtes Nachfolgeproblem, wollten wir nicht das Risiko eingehen, jemanden von extern einzustellen.

Abends beim Bier – Barkowsky hatte die Brüsseler Kneipenkultur liebgewonnen – sprach ich aus, was wir beide uns in den letzten Tagen schon öfter gedacht hatten: »Eigentlich wäre Kuhn der richtige Mann für diesen Job. Der ist ein klassischer Vertriebsleiter, neuen Ideen aufgeschlossen und hält es auch aus, wenn man ihn mal härter anpackt.«

Barkowsky nickte. Aber er war, wie auch ich, der Meinung, daß Kuhn wohl kaum noch einmal zu ISG zurückkehren würde. Außerdem würden wir uns ganz schön lächerlich machen, wenn wir so inkonsequent wären. Wir beendeten das Gespräch an dieser Stelle und wandten uns wieder den Brüsseler Schönheiten zu.

Als eine Woche später noch immer Ratlosigkeit über Paulis Nachfolge herrschte und die auf den Fall angesetzten Headhunter nur Schrott anlieferten, beschloß ich, den Alten anzurufen. Bisher hatte er ja noch immer Rat gewußt. Vielleicht kannte er auch jemanden. Nach ein paar erfolglosen Versuchen – ich befürchtete bereits, er wäre ebenfalls verstorben – ging er ans Telefon.

»Welch Überraschung! Ich dachte schon, Sie wären völlig von der Bildfläche verschwunden.« Obwohl leicht ironisch gefärbt, verriet seine Stimme doch Freude.

»Tut mir wirklich leid. Meine Lektion über das Pflegen von wichtigen Kontakten habe ich wohl immer noch nicht richtig gelernt. Ich hätte mich öfter mal bei Ihnen melden müssen.«

»Macht nichts«, unterbrach er ungeduldig, »erzählen Sie mir lieber, was sich bei Ihnen in den letzten – Mensch, das sind fast zwei Jahre! – in den letzten zwei Jahren getan hat! Und übrigens, ich habe letztens an Sie gedacht, als ich die Todesanzeigen gelesen habe. Schlimme Sache mit Pauli. Wissen Sie da mehr drüber?«

Ich berichtete fast eine Stunde lang. Dann fragte ich ihn, ob er nicht jemanden kenne, der für Paulis Nachfolge geeignet wäre.

»Nun, eines ist klar. Sie selbst können es nicht machen. Da hat Ihr Kollege Bar ...dingsbums ganz recht. Ehrlich gesagt kenne ich nicht viele Leute im entsprechenden Alter, die für diese Position in Frage kämen. Meine Kontakte lassen langsam auch etwas nach.«

»Einen Versuch war es wert«, sagte ich. »In unserer Verzweiflung haben wir sogar schon an Kuhn gedacht. Aber wir werden wohl weiter Anzeigen schalten und Headhuntern das Geld in den Rachen werfen müssen.«

»Was spricht denn eigentlich gegen Kuhn?« fragte er neugierig.

»Das wäre wohl reichlich inkonsequent«, erwiderte ich. »Da glaubt mir ja niemand mehr auch nur ein Wort, wenn ich den Mann erst absäge und ihn dann wieder hole. Außerdem würde er wohl kaum zurückkommen.«

»Wenn Sie sich da mal nicht täuschen, junger Mann«, erwiderte er. »Kuhn hat nämlich schon vor langer Zeit eine Regel verinnerlicht, die Ihnen scheinbar noch nicht bekannt ist und die Ihnen hier helfen könnte.«

Ich horchte auf. »Eine weitere Regel? Erzählen Sie!«

Regel 15: Sei niemals konsequent – Wechsle täglich deine Meinung

Es gibt Menschen, für die gilt: »Ein Mann ein Wort«. Sie stehen ehern zu ihren Aussagen, und jeder, der von ihnen einmal eine Zusage erhalten hat, kann sich felsenfest darauf verlassen. Aus diesem Holz sind die Visionäre und die jungen Wilden geschnitzt, die eine Idee verbissen verfolgen und sie gegen alle Widerstände durchsetzen und so die Grundsteine zu riesigen Unternehmen legen. Es sind beeindruckende Menschen mit klaren Wertvorstellungen und starkem Willen.

Sie jedoch, als einer, der in einer großen etablierten Organisation Karriere machen möchte, gehören hoffentlich nicht zu dieser Spezies.

Um in Großunternehmen erfolgreich zu sein, darf man keine eigenen festen inneren Vorstellungen haben. Darüber hinaus braucht man die moralische Flexibilität eines korrupten Politikers und die Standfestigkeit einer leicht angerosteten Wetterfahne. Je nach Windrichtung muß man imstande sein, seine Positionen, Einsichten und Aktionen ständig zu ändern.

Angestellte Manager können sich den Luxus, konsequent zu sein, nicht leisten – und diejenigen, die in der Hierarchie noch weiter aufsteigen wollen, erst recht nicht. Die Welt in der sie agieren, ist in hohem Maße politisch, und sie ist in noch höherem Maße dynamisch. Ständig ändern sich Tatbestände, neue Fakten kommen hinzu, alte entfallen oder sind neu zu gewichten. Ein aufgeweckter Mensch lernt jeden Tag neu hinzu und paßt sich den Rahmenbedingungen an. Wer im Management stur auf einmal gefaßten Meinungen beharrt, gefährdet sich mit seinem Starrsinn nicht nur selbst, sondern, wenn er genug Einfluß hat, auch das gesamte Unternehmen.

Die Geschichte ist voller Beispiele, in denen der Starrsinn des Managements ganze Firmenimperien ruinierte. Die amerikanischen Eisenbahngesellschaften wären heute prosperierende Unternehmen, wenn sie nicht stur auf der Eisenbahn als einzigem Transportmittel beharrt hätten, sondern auch Lastwagen und Flugzeuge eingesetzt hätten. Triumph Adler wäre heute noch Weltmarktführer im Schreibbüro, hätte das Management nicht auf der Feinmechanik beharrt und statt dessen die eigenentwickelten, durchaus wettbewerbsfähigen PCs und Unix-Systeme forciert.

Es irrt, wer glaubt, nur Manager, die zu ihrem Wort stehen, würden erfolgreich sein. Das Gegenteil ist der Fall. Manager, die heute nichts mehr von dem wissen wollen, was sie gestern sagten, genießen bei Vorgesetzten und Aufsichtsräten höchstes Ansehen. Die Vorgesetzten lieben Manager, die die geistige Flexibilität und den Mut besitzen, den einmal eingeschlagenen Weg zu verlassen. Die Wertschätzung hierfür ist derart groß, daß selbst die durch Kursänderung erzeugten riesigen finanziellen Verluste nicht wirklich zählen.

Der Mercedes-Benz-Manager Jürgen Schrempp kaufte, getrieben von der Vision eines deutschen Systemführers in der Luft- und Raumfahrtindustrie (und einem ehrgeizigen Vorstandsvorsitzenden Reuter), für viel Geld die beiden Flugzeughersteller Dornier und Fokker. Nachdem riesige Verluste aufgelaufen waren, änderte er seine Meinung. Er »verschenkte« Dornier und ließ Fokker in den Konkurs treiben. Das Unternehmen verlor einige Milliarden Mark. Doch statt gefeuert zu werden, wurde er seinem Vorstandskollegen Werner bei der Besetzung des Vorstandsvorsitzenden von Daimler-Benz vorgezogen. Schrempp hatte demonstriert, daß er imstande war, schnelle und unangenehme Entscheidungen zu treffen, sobald er einsah, daß er sich im Unrecht befand. Das war dem Aufsichtsrat mehr wert als die Tatsache, daß Werner mit seiner Automobilsparte immer gutes Geld verdient hatte.

Das Beispiel Schrempp zeigt auch, was unter einer »leicht angerosteten Wetterfahne« zu verstehen ist. Manager sollten nicht beim kleinsten Wind die Richtung wechseln. Das würde die Mitarbeiter, Anteilseigner und die Öffentlichkeit irritieren. Schrempp hat deshalb die Luftfahrtpläne seines Konzerns bis zum letzten Augenblick hochgehalten. Er war dabei so überzeugend, daß viele Aktionäre noch am Tag vor der Pleite Fokker-Aktien kauften. Als Schrempp dann die Richtung wechselte, tat er das wie eine angerostete Wetterfahne, wenn sie sich löst: schlagartig und um 180 Grad.

Viele Manager glauben, eine gewisse Schamfrist verstreichen lassen zu müssen, bevor sie ihre Meinung öffentlich ändern können. Das ist nicht nur unsinnig, sondern auch gefährlich. Welchen Unterschied macht es, ob man seine Meinung heute oder in einem Monat ändert? Der Tatbestand der Inkonsequenz ist derselbe. Aber es kommen zusätzliche Gefahren hinzu, wenn man nicht sofort handelt. Wer als Manager zu lange zögert, riskiert, daß andere vor ihm die geänderte Windrichtung mitbekommen und schneller reagieren. Also muß er das Ruder zu einem Zeitpunkt herumreißen, zu dem die Mehrzahl der Beobachter noch überhaupt keinen Grund dafür sieht. Die Wetterfahne darf also nur leicht angerostet sein. Stark genug, um nicht bei jedem Wind zu kippen, aber schwach genug, um bei einer kräftigen Änderung vor den anderen umzuspringen. Beherzt ein Manager dieses Ideal, kommt er in den Ruf des Visionärs und des Manns mit Gespür. Ihm wird Flexibilität und Mut attestiert. Andernfalls ist er ein Versager. Also: Wenn Sie die Notwendigkeit sehen, Ihren bisherigen Standpunkt zu ändern, dann tun Sie dies sofort. Notfalls bereits schon am nächsten Tag. Bereits Adenauer sagte: »Was interessiert mich mein dummes Geschwätz von gestern.«

Genau genommen gehört Inkonsequenz zu den Kernaufgaben des Managers. Als Manager sind Sie das destabilisierende Element im Unternehmen. Sofern Sie Karriere machen wollen, müssen Sie sich klar darüber sein, daß diese Funktion in Ihrem Aufgabenmix mit jeweils höherer Hierarchieebene immer wichtiger wird. Während die untergeordneten Abteilungen stets bemüht sind, aus einer einmal getroffenen Entscheidung auch noch die letzten zwei Prozent Effizienzsteigerung herauszuholen, müssen Sie sich stets fragen, ob Sie nicht das Bisherige umstoßen müssen, und sei es nur deshalb, um Verkrustungen zu vermeiden.

Viele Reorganisationen finden nur deshalb statt, um die Organisation beweglich und agil zu halten. Wohlgemerkt nicht deshalb, weil die alte Organisationsform den Anforderungen nicht genügte, sondern allein deshalb, weil das Management das Gefühl hat, daß sich die Belegschaft in der bestehenden Organisationsstruktur schon viel zu häuslich eingerichtet hat. Immer ist es das gleiche: Da wird verkündet, man tue etwas, damit man besser, schneller, kostengünstiger werde. Und kaum scheint die Maßnahme richtig zu greifen, wird alles wieder umgestoßen. Nur nichts verkrusten lassen!

Fazit: Die Fähigkeit des höheren Managements zur Inkonsequenz – also zum sprunghaften Wechsel von geäußerten Überzeugungen – ist für das Überleben und Prosperieren eines Unternehmens entscheidend. Wenn Sie Karriere machen möchten, sollten Sie sich deshalb tunlichst nicht als ein eherner Moralapostel aufführen, der an unabänderbare Dinge glaubt und an bestimmten Grundsätzen und Aussagen unverrückbar festhält. Alles kann sich ändern – manchmal schneller als man denkt.

»Und?« fragte ich, »glauben Sie, ich habe bereits verbrannte Erde hinterlassen? Würde Kuhn überhaupt wiederkommen wollen?«

»Das habe ich doch ganz am Anfang schon gesagt«, beruhigte er mich, »Kuhn hat diese Regel vor vielen Jahren bereits verinnerlicht. Und er weiß es zu schätzen, wenn auch andere inkonsequent sind.«

»Wie fange ich das denn nur an?« Ich war etwas ratlos, wie ich Kuhn ansprechen sollte. »Wahrscheinlich ist er stinksauer auf mich!«

Der Alte seufzte. »Noch mal: Kuhn ist ein Profi. Wissen Sie, was er momentan macht? Das ist ja nun über ein Jahr her. Wenn er keine Lust mehr hat zu arbeiten – aber wie ich ihn kenne, ist das eher nicht der Fall –, dann wird er nicht kommen. Wenn er aber keine vernünftige Alternative hat, dann wird er Ihr Angebot annehmen. Er wird wahrscheinlich irgendwelche Bedingungen stellen, um in den Augen der anderen Mitarbeiter seine Ehre wiederherzustellen. Aber die Bedingungen werden für Sie erfüllbar sein.«

»Ich habe gehört, er privatisiert momentan«, klärte ich Weiser auf. »Er soll einen anderen Geschäftsführerposten angenommen haben. Dort hat es ihm aber angeblich nicht gefallen.«

»Das sind doch optimale Voraussetzungen!« rief der Alte aus.

Ich atmete tief durch. »Ich werde es versuchen.«

»You are completely crazy. Completely.« Barkowsky lachte. Wie immer, wenn er eine meiner Ideen wirklich mochte, erklärte er mich für völlig verrückt. »I'll check with Locksley.«

Schon am nächsten Tag brachte Barkowsky gute Nachrichten. Locksley fand den Vorschlag ausgezeichnet und wollte sogar selbst bei Kuhn anrufen, um ihn zurückzuholen. Er hatte nie etwas gegen Kuhn gehabt. Im Gegenteil, er freute sich darauf, ihm ein Angebot machen zu können. Und er wußte genau, daß Kuhn »von höchster Stelle« gebeten werden mußte, um sein Gesicht wahren zu können.

Kuhn ließ sich etwas Zeit mit der Entscheidung. Er erzählte etwas von anderen Optionen, die er zur Zeit prüfe. ISG hatte ihm immer viel bedeutet, und ich war mir sicher, daß er sich über das Angebot freute. Aber wie bei vielen Vogelarten üblich, so spielten auch Locksley und Kuhn ein Balzritual durch. Kuhn stellte die Bedingung, nicht die Umsatzziele von Pauli übernehmen zu müssen, sondern ein eigenes Budget aufstellen zu dürfen. Außerdem wollte er einen Assistenten, der im Prinzip das gleiche machen sollte, wie der Controller der deutschen Organisation, der aber an ihn berichtete. Das war zwar pure Verschwendung von Ressourcen, aber Locksley stimmte zu. Nach vier Wochen Scheinverhandlungen war Kuhn wieder an Bord.

Nach zwei Jahren in Brüssel machte ich mir langsam Sorgen um mein Weiterkommen. Ich hatte mit dem Gedanken gespielt, Barkowsky im Headquarter wegen einiger Frauengeschichten anzuschwärzen, wußte aber, daß Locksley so etwas für durchaus in Ordnung hielt. Barkowsky machte auch kaum Fehler. Jedenfalls keinen, der schlimm genug gewesen wäre, um ihn darüber stolpern lassen zu können. Also war ich etwas ratlos. Ich hatte bereits mit einigen Headhuntern Gespräche geführt, aber keine Position gefunden, die mich wirklich gereizt hätte. Außerdem wollte ich immer noch bei ISG an die Spitze kommen. Locksley würde in ein paar Jahren abdanken. Das hieß, ich mußte schleunigst eine Stufe weiter kommen. Also erinnerte ich mich an meine Zeit als Vertriebsbeauftragter, als ich wie ein Wirbelwind unzählige Aktivitäten angestoßen hatte, um auf mich aufmerksam zu machen. Ich begann, wieder härter zu arbeiten und mich außerhalb meines eigentlichen Aufgabengebietes zu betätigen. Ich bombardierte Locksley mit Vorlagen zu allen möglichen Themen. Einen Schwerpunkt legte ich auf das Thema Vertrieb. Denn auch diese Regel war mir in Erinnerung geblieben: »Bewege Dich im Zentrum der Macht«. Das geographische Zentrum der Macht bei ISG Europa war Brüssel. So weit, so gut. Aber das funktionale Zentrum der Macht war der Vertrieb. Also mußte ich hier die Sporen einsetzen.

Ich half einem unserer Vertriebsleute in Brüssel beim Akquirieren eines neuen Bankkunden und riß die Lorbeeren dafür an mich. Ich betrieb die Kündigung des armen Teufels, weil er sich dagegen gewehrt hatte. Ich schrieb wieder Papiere und Präsentationen über effektivere Vertriebsstrukturen. Ich rief wieder öfter bei Locksley an, um mich in Erinnerung zu bringen.

Barkowsky entging mein wieder aufgeflammter Elan natürlich nicht. Irgendwann bei einem unserer zahlreichen Kneipenbesuche in Brüssel sprach er mich darauf an. Scherzhaft – natürlich meinte er es todernst – fragte er mich, ob ich Ambitionen auf seinen Job hätte. Ich lachte und verneinte. Ich machte ihm aber klar, daß ich weiterkommen wollte. Diese Regel des Alten hatte ich gut verinnerlicht: »Wer nicht sagt, was er will, wird es nicht bekommen.« Barkowsky bot mir an, mich zu unterstützen. Dafür bekräftigte ich noch einmal, daß ich es auf gar keinen Fall auf seine Position abgesehen hatte. Da Barkowsky wußte, daß es momentan für mich schwer sein würde, ihn auszuhebeln, glaubte er mir.

Eine Woche später nutzte Barkowsky einen Aufenthalt in unserem Headquarter, um Locksley auf meine Ambitionen hinzuweisen. Für Locksley kam das wohl nicht überraschend, da ihm mein Aktionismus der letzten Wochen nicht entgangen war. Da ihm meine Kaltschnäuzigkeit und mein Wille zur Macht gefielen, hatte er mich in den Kreis seiner High Potentials aufgenommen. Manche in der Firma behaupteten, daß Locksley zwei Listen führte, eine mit seinen Favoriten und eine mit seinen Feinden. Einmal im Monat nahm er sich angeblich die Listen vor, überarbeitete sie und überlegte sich Aktivitäten, die seinen Freunden nutzen und seine Feinde schwächen würden. Mir kam nun zugute, daß auf der Liste der Feinde gerade Jim Mantis, der Operations Manager USA stand. Das war der Mann, der für das Geschäft in den USA verantwortlich war. Wegen der Bedeutung des amerikanischen Marktes berichtete er direkt an den CEO. Entsprechend empfindlich reagierte Locksley darauf, wenn die Geschäfte in den USA einmal nicht so gut liefen. Und da Mantis nie verhehlt hatte, daß er sich für den legitimen Nachfolger Locksleys und die Zeit zum Wechsel für gekommen hielt, reagierte Locksley auf den Umsatzeinbruch in den USA nicht nur empfindlich, sondern auch erfreut. Wie verlockend erschien da doch der Gedanke, einen jungen Mann auf die Position zu hieven, der noch weit weg war von allen Ambitionen auf den Posten des CEO! Außerdem hatte Locksley noch gut in Erinnerung, wie rücksichtslos ich in Europa die Restrukturierung der maroden Vertriebsorganisation vorangetrieben hatte. Locksley genoß wahrscheinlich auch die Vorstellung von verunsicherten Verkaufsleitern der amerikanischen Vertriebsregionen, die auf einmal an einen Europäer berichten mußten. Alles paßte perfekt. Barkowsky wandte auch nichts dagegen ein, da er davon ausging, bei Locksleys geplantem Ausscheiden in eineinhalb Jahren einen Vorsprung von zwei Jahren mir gegenüber zu haben. Ich sah das natürlich anders, denn mir würde zugute kommen, daß ich dann im Zentrum der Macht saß.

Als Locksley mich anrief, um mir Mantis' Posten anzubieten, war ich der glücklichste Mensch der Welt.

Es gab da noch ein kleines Problem. Anna war im dritten Monat schwanger. Und sie hatte in den letzten Wochen immer wieder angedeutet, daß sie gerne nach Deutschland zurückkehren würde. Brüssel sei zwar eine schöne Stadt, aber definitiv nicht der Platz, an dem sie ein Kind aufziehen wollte. So weit verstand ich Anna. Die Großstadtluft und die hohe Kriminalität machten ihr Angst. Ich freute mich sehr auf unser Kind und konnte Annas Gründe nachvollziehen. Ich sagte ihr immer wieder, daß ich mich ohnehin verändern wolle und auf der Suche nach einem neuen Job wäre. Stimmte ja auch. Aber nun – USA – ich konnte mir gut vorstellen, wie sie reagieren würde. Aber diese Chance konnte ich mir einfach nicht entgehen lassen. Ich sah mich bereits in Locksleys Büro. Mit viel Geld kann man schließlich auch in den USA ganz gut leben. Mit diesem Argument in der Tasche fuhr ich nach Hause, um Anna von den Neuigkeiten zu berichten.

»Niemals!!!« Anna ließ keine Zweifel bezüglich Ihrer Einstellung zum Thema USA.

»Brüssel ist schon schlimm genug – und jetzt willst du ausgerechnet in die USA??« Sie wurde laut.

»Aber sieh mal«, versuchte ich sie zu beruhigen, »ich verdiene dort so viel Geld, daß wir uns locker ein Riesenhaus mit Garten leisten können. Sogar eine Haushälterin kannst du haben, wenn du willst.«

»Oh, ich verstehe«, unterbrach mich Anna in ihrem gefährlich zynischen Tonfall, »eine Haushälterin. Damit ich ein bißchen Ansprache habe, während du Tag und Nacht in deinem Büro in dieser widerlichen Firma verbringst! Wie wäre es denn mit einem Haushälter? Dann kannst du dir gleich ein Bett im Büro aufstellen.«

Ich wurde wütend. »Widerliche Firma? Ich verbiete dir, so über ISG zu sprechen! Du hast von nichts eine Ahnung, du kannst dir überhaupt kein Urteil erlauben! Und die Bemerkung mit dem Haushälter ist schlichtweg geschmacklos!«

Anna hatte feuchte Augen. »Nur nicht mit Heulen anfangen«, betete ich. Zu spät.

»Ich dachte, du freust dich auf unser Kind. Ich dachte, das würde deine Prioritäten wenigstens ein kleines bißchen ändern.« Anna heulte los. Seit sie schwanger war, hatte sie extrem nah am Wasser gebaut. Mich nervte das ungeheuer. Ich hatte genug Streß in der Arbeit, und nun mußte ich auch noch zu Hause ständig aufpassen, daß ich nichts Falsches sagte.

Ich machte noch einen Anlauf. »Willst du vielleicht nicht, daß unser Kind in guten Verhältnissen aufwächst? Ein Kind kostet einen Haufen Geld! Und wenn du nicht mehr arbeiten kannst, wer soll es denn dann verdienen außer mir?« Ich merkte schon während des Redens, daß das nicht sehr überzeugend war.

»Geld, Geld, Geld! Gibt es denn überhaupt noch etwas anderes für dich? Oh ja, Macht! Geld und Macht! Und dann kommt lange nichts, und dann kommen irgendwann unser Kind und ich. Oder kommt dein Auto auch noch vorher?« Da hatte ich die Quittung. Aber ich gab noch nicht auf.

»Glaubst du denn nicht, daß wir es in den Staaten auch gut haben können? Die Gegend, in der unser Headquarter liegt, ist wirklich schön.«

»Nein, nein, nein!« Anna schüttelte heftig den Kopf. »Und nochmals nein! Ich will da nicht hin! Nie und nimmer!« Sie lief ins Schlafzimmer und riß einen Koffer aus dem Schrank. »Du mußt dich entscheiden. Die Firma oder ich!« Sie warf planlos Kleidungsstücke in den Koffer. »Ich bin bei meiner Mutter zu erreichen. Ruf mich an, wenn du weißt, was du willst.« Die Tür schlug hinter ihr zu. Sie war weg. Ich lief ihr nicht nach.

Am nächsten Morgen wachte ich mit starken Kopfschmerzen auf. Ich hatte eine Flasche Whiskey getrunken und war in voller Montur auf dem Wohnzimmersofa eingeschlafen. Ich schleppte mich zum Telefon und meldete mich krank. Meine Sekretärin gratulierte mir zu meiner Beförderung und wünschte mir gute Besserung. Ich machte mir eine Tasse Kaffee, trank einen Schluck, übergab mich und legte mich wieder ins Bett. Um drei Uhr nachmittags wachte ich wieder auf. In der Wohnung herrschte eine unangenehme Stille. Ich kämpfte mit mir, ob ich die Geschichte mit Anna erst einmal verdrängen oder mir ernsthaft Gedanken machen sollte. Ausgerechnet jetzt machte sie so einen Wirbel! Wo ich doch so kurz vor dem Ziel war! Und dann noch das mit der Schwangerschaft. Ich freute mich ja wirklich auf das Kind. Aber auf den Schritt in die USA hatte ich doch so lange hingearbeitet! Das war so unfair von Anna! Ausgerechnet im entscheidenden Augenblick zu kneifen! Ich überlegte hin und her und her und hin und kam zu keinem vernünftigen Schluß. Wie so oft in solchen Situationen kam mir der Alte in den Sinn. Er wußte ja immer Rat in beruflichen Dingen. Vielleicht konnte er mir ja auch bei diesem eher privaten Problem helfen? Ich holte das Telefon und wählte seine Nummer. Eine Frauenstimme meldete sich am anderen Ende der Leitung.

»Weiser?« Aha, seine Frau. Er war verheiratet. Wie wenig ich doch über ihn wußte!

»Guten Tag, mein Name ist Thomas Wille. Kann ich bitte Ihren Mann sprechen?« Wenn er verheiratet war, dann konnte er mir sicher einen Tip geben.

»Ah, Herr Wille!« Sie schien mich zu kennen. »Mein Mann hat mir schon viel von Ihnen erzählt!«

»Ich hoffe, nur Gutes«, scherzte ich.

»Natürlich«, sagte sie, »warten Sie, ich hole ihn.

Ich hörte sie seinen Namen rufen. Nach einer Weile meldete er sich. »Herr Wille! Wie geht's?«

»Schlecht«, antwortete ich und wartete auf seine Reaktion.

»So, schlecht also … und was ist der Grund dafür?« Seine Stimme verriet keinerlei Unruhe oder Besorgnis.

»Die Gründe liegen diesmal eher im privaten Bereich. Ich dachte, ich frage Sie trotzdem einmal, ob Sie mir einen Rat geben können.«

»Aber natürlich!« Seine Stimme klang warm. »Aber nun sagen Sie mir erst einmal, wo der Hund begraben liegt.«

»Ich habe Ärger mit meiner Frau«, preßte ich heraus.

»Haben Sie Ärger mit Ihrer Frau oder Ihre Frau Ärger mit Ihnen oder Sie beide Ärger mit Ihrer Situation?« Seine Gegenfrage überraschte mich.

Ich überlegte kurz. »Alles auf einmal. Ich habe ein Angebot, in die USA zu gehen – als Operations Manager USA – und sie will nicht mit. Und schwanger ist sie auch noch.«

Er unterbrach mich. »Ist das ein Problem, daß Ihre Frau schwanger ist?«

»Nein, nein«, erwiderte ich, »das macht die Sache nur noch komplizierter.«

»Klar«, sagte er, bevor ich weiterreden konnte. »Aber wissen Sie was? Das klingt diesmal – anders als bei unseren bisherigen Unterhaltungen – nach einem wirklichen Problem. Ich glaube, wir sollten das nicht am Telefon besprechen. Warum steigen Sie nicht in das nächste Flugzeug nach Stuttgart und besuchen mich dort? Nehmen Sie sich zwei Tage frei. Wir haben hier ein Gästezimmer für Sie, und wir können uns wirklich Zeit nehmen.«

Sein Angebot jagte mir einen kleinen Schrecken ein. »Klingt es so schlimm?« scherzte ich.

»Ja«, versetzte er trocken. »Also, wie sieht es aus? Kommen Sie?«

Ich dachte nach, fand aber keinen wirklichen Hinderungsgrund. In der Firma konnte ich sagen, daß ich ein paar Dinge wegen meiner Versetzung in die USA erledigen müßte.

»Ja«, antwortete ich.

»Gut.« Er klang zufrieden. »Haben Sie meine Karte noch? Da steht meine Adresse drauf. Ich bin seitdem nicht umgezogen.«

»Ja, habe ich.« Ich blätterte nebenbei im Flugplan, der immer auf dem Kästchen in der Diele lag. »Ich könnte heute abend um ca. acht Uhr bei Ihnen sein. Wäre das in Ordnung?«

»Gut. Essen Sie vorher nichts. Meine Frau kocht gerne.« Er lachte.

»Also bis heute abend!« Ich legte auf.

Kurz vor acht setzte mich ein Taxi vor dem Haus des Alten in Untertürkheim ab. Das Haus gefiel mir. Es war ziemlich alt und bestimmt keine architektonische Meisterleistung, aber es hatte einen netten Garten und wirkte ordentlich genug, um einladend zu sein, aber auch unordentlich genug, um Gemütlichkeit auszustrahlen. Auf mein Klingeln hin öffnete der Alte die Haustür und rief mir zu, ich solle einfach hereinkommen, das Gartentor sei offen. Er kam mir einige Schritte entgegen und begrüßte mich herzlich. Seine Frau erschien in der Tür, und ich gab ihr den Blumenstrauß, den ich am Flughafen besorgt hatte. Sie wirkte deutlich jünger als Weiser, was aber auch an ihrer lässigen Kleidung liegen konnte.

Der Duft, der mir beim Betreten des Hauses entgegenschlug, bestätigte, daß sie tatsächlich für uns gekocht hatte. »Ich hoffe, Sie mögen chinesisch«, sagte Frau Weiser, die mein Schnuppern bemerkt hatte.

»Sehr gerne!« Abgesehen von meinem Mordshunger hatte sie auch meinen Geschmack getroffen.

Nach einem üppigen Mahl, das von nettem Small talk begleitet war, führte mich der Alte in sein Arbeitszimmer. Wir nahmen auf einer kleinen Sitzgruppe in der Ecke Platz, und der Alte öffnete eine Flasche Port. »Meine größte Schwäche«, lächelte er mich an. »Wenn ich mich konzentrieren will, dann geht das am besten bei einem Glas Port.«

Ich lächelte zurück. Gegen einen Drink hatte ich wirklich nichts einzuwenden.

»Nun«, begann der Alte mit nunmehr ernsterer Miene, »Sie haben gesagt, Sie haben ein Problem. Ein Problem mit Ihrer Frau. Erzählen Sie mir doch, worin das Problem Ihrer Meinung nach liegt.«

Ich erzählte ihm von der Auseinandersetzung, die Anna und ich gehabt hatten, und daß Anna jetzt bei ihrer Mutter war. Ich erzählte ihm, daß sie mich vor die Wahl gestellt hatte: sie oder die Firma.

»So etwas habe ich mir gedacht, als ich Sie am Telefon hörte«, sagte der Alte ruhig. »Irgendwann mußte dieser Punkt kommen.«

»Wieso mußte das kommen?« fragte ich erstaunt.

»Das passiert den meisten Karrieristen«, antwortete er. »Der Konflikt mit dem Ehepartner ist vorprogrammiert, weil man irgendwann zwangsläufig an den Punkt kommt, an dem er zum Werkzeug Ihrer Karriere werden muß.«

»Zum Werkzeug?« fragte ich ungläubig.

»Ja, es gibt da eine Regel, die den meisten Ehepartnern von Karrieristen überhaupt nicht gefällt. Aber wenn Sie die nicht beachten, dann ist irgendwann Schluß mit dem Aufstieg.«

Regel 16: Betrachte deine Familie als den Wurmfortsatz deiner Karriere

Der Familie kommt bei jeder Karriere eine wichtige Rolle zu. Ja, man kann sagen, daß in deutschen Unternehmen Karriere ohne eine kinderreiche Ehe, zumindest aber ohne eine etablierte Partnerschaft, kaum möglich ist. Singles sind ab einem gewissen Alter suspekt. Irgend etwas kann mit solchen Menschen nicht in Ordnung sein. Sie passen nicht in den etablierten Rahmen und stören nicht nur bei gesellschaftlichen Anlässen die Harmonie der anderen. Und wenn es Ihren Chef nicht stören sollte, daß Sie stets alleine oder immer mit einem anderen Partner zu gesellschaftlichen Ereignissen kommen, so stört es mit großer Wahrscheinlichkeit seine Ehefrau.

Nicht nur Ihre Vorgesetzten, auch Ihre Untergebenen erwarten ein bestimmtes Rollenverhalten von Ihnen. Dazu gehört nun einmal eine stabile Partnerschaft. Wie soll ein Grünschnabel, der es noch nicht einmal geschafft hat, eine Frau zum Traualtar zu schleppen und einige Kinder zu zeugen, der also seine privaten Angelegenheiten nicht im Griff hat und seiner Verpflichtung zur Sicherung der Renten nicht nachkommt, wie soll so einer komplexe geschäftliche Probleme verstehen und verantwortungsvoll ein Unternehmen führen? Wie soll er ferner Verständnis für die privaten Sorgen aufbringen können, mit denen seine Mitarbeiter gerne zu ihm kommen möchten? Mitarbeiter wollen eine Respektsperson als obersten Chef. Und dazu gehört ihrer Meinung nach eine runde, vielseitige, über die Erlebnisse im Berufs- und Büroleben hinausgehende Lebenserfahrung.

Partnerschaften sind für die Karriere wichtig, aber nicht jede Partnerschaft ist für die Karriere gleich gut. Es gibt sogar Partnerschaften, die der Karriere eminent schaden. Die Horrorvision eines jeden ambitionierten Karrieristen ist, mit einer engagierten Bremer Volksschullehrerin verheiratet zu sein. Mit einem starken Kopf und konkreten Vorstellungen über Arbeits-, vor allem aber über Freizeit ausgestattet, macht diese ihrem Mann das Leben zur Hölle. Sie versteht nicht, daß er so viel arbeiten und nahezu alle Abende und Wochenenden in den Ausbau seines Netzwerks investieren muß. Da sie in ihrem geliebten Beruf außerhalb von Bremen – geschweige denn außerhalb von Deutschland – keine Stelle findet, hat sie eine geographische Flexibilität, die nur deshalb etwas höher ist als die des Matterhorns, weil sie Gott sei Dank schwanger werden kann. So mancher Manager hat diese Karte schon gezogen, um seine Frau so von ihrem Beruf und damit vom Ort ihres Wirkens loszueisen. Dieser Schachzug ermöglicht dem Mann (Frauen ist er leider verschlossen) dann meist den nächsten Karriereschritt, zum Beispiel in einer ausländischen Tochterunternehmung, und er bringt die Frau dahin, wo sie der Karriere ihres Mannes am meisten nützt: in die Küche und an den Herd.

Es ist wichtig, daß hinsichtlich der Priorität der Karriere bei den Partnern Einigkeit herrscht, sonst ist der Ärger vorprogrammiert. Wichtig ist, daß nur eine einzige Karriere richtig verfolgt werden kann. Es ist traurige Tatsache, daß sich gleichzeitige Karrierewünsche von Partnern grundsätzlich nicht miteinander vertragen. Doppelkarrieren gehen selten gut. Deshalb scheitern Beziehungen, bei denen beide Partner beruflich ambitioniert sind, überdurchschnittlich häufig.

Neben dem Verzicht auf alle eigenen Ambitionen und Freiheiten muß der Partner lernen, mit den negativen Auswirkungen der Karriere des Lebensgefährten zu leben. Dazu gehören die häufige Abwesenheit und die durch das berufliche Weiterkommen ausgelösten Veränderungen im Charakter des Partners. Menschen, die im Berufsleben ständig gefordert werden, die schnelle und manchmal auch einsame Entscheidungen treffen müssen und diese dann dominant durchzusetzen haben, sind in der Regel im Privatleben nicht mehr jene rücksichtsvollen und sensiblen Partner, die man (oder frau) einmal geheiratet hat. Eine Frau, die plötzlich feststellen muß, daß die Geschäftsgrundlage ihrer Partnerschaft, ein »verständiger, liebenswerter« Partner, plötzlich entfallen ist, wendet sich dann von diesem Untier ab und sucht sich ihre Zuneigung und Liebe bei jemandem, der sich zumindest noch einen Hauch von Menschlichkeit bewahrt hat.

Die zweiten Ehen von Führungskräften – bei Männern oft mit ihren Sekretärinnen – funktionieren meist besser als die ersten. Zum einen deshalb, weil die Frau genau den Partner erhält, den sie kennen- und lieben lernte, und zum anderen, weil diese Frauen meist ähnliche Wertvorstellungen wie ihre Partner haben. Außerdem kommt im Falle der Sekretärin noch ein weiterer Fakt hinzu: Der Abstand in den beiden Karrierechancen ist so groß, daß die Frau genau weiß, daß sie in dem von ihr geschätzten Umfeld am besten dann weiterkommt, wenn sie die Karriere ihres Mannes fördert. Ein solcher Partner ist oft sogar noch mehr an der Karriere des Lebensgefährten interessiert als dieser selbst und treibt ihn regelrecht an, sich mehr anzustrengen.

Im täglichen Kampf um die Karriere kommen dem richtigen Partner und der richtigen Familie eine eminent wichtige Rolle zu. Der Karrierist, der sich im beruflichen Umfeld ja ständig vorsehen muß und niemandem vertrauen kann, darf zu Hause entspannen und loslassen. Das Heim ist die feste Burg, in der Kräfte aufgetankt werden und die nächste Schlacht geplant wird. Der Partner ist Beichtvater, Coach und Sparringspartner in einem. Er nimmt dem Karrieristen geduldig allen Frust von den Schultern und baut ihn dann wieder auf. Er stellt stets ein intaktes soziales Umfeld bereit und zwar unabhängig davon, wohin es den Karrieristen beruflich verschlagen hat. Gleichgültig ob heute in Tokio, nächstes Jahr in Dubai und in drei Jahren in Rio: Der Karrierist braucht sich nie um den Aufbau einer häuslichen und gesellschaftlichen Basis kümmern. Sein Partner übernimmt das für ihn. So ist er, wo immer er auch ist, stets zu Hause. Frau und Kinder bilden das soziale Umfeld, den »Mikrokosmos« und Ruhepol, der es ihm ermöglicht, sich schnell zu entspannen und für den nächsten Tag Kräfte zu schöpfen. »Zu Hause« ist Freundesland.

Fazit: Auch wenn es sich etwas negativ anhören mag, aber die Familie und die Partnerschaft sind der Wurmfortsatz der Karriere. Sie sind der Schwanz des Hundes. Ebenso schwer wie ein Hund ohne Schwanz einen Zuchtpreis gewinnen kann, ebenso schwer wird ein Mann ohne anhängende Familie Karriere machen. Aber ebensowenig wie der Schwanz mit dem Hund wedelt, darf die Familie glauben, eigene Ideen verwirklichen zu können, solange der Mann Karriere macht. Nur wenn der Partner seine Rolle akzeptiert, kann das Unterfangen, Karriere zu machen, von Erfolg gekrönt sein.

»Meinen Sie das wirklich ernst? So etwas darf man ja nicht einmal mehr im engsten Freundeskreis laut sagen!«

»Da haben Sie recht!« lachte der Alte laut. »Aber es stimmt trotzdem. Ob es Ihnen gefällt oder nicht.«

»Aber der Trick mit der Schwangerschaft funktioniert auch nicht immer«, wandte ich ein. »Anna ist schwanger und will jetzt erst recht nicht in die USA mitkommen.«

»Ja«, nickte der Alte, »bei Ihnen ist es aber auch besonders schlimm. Schließlich sind Sie ein Überflieger. So, wie Sie mir die Situation beschrieben haben, ist es erstaunlich, daß Ihre Frau überhaupt so lange bei Ihnen geblieben ist.«

»Was?? Sie meinen, *ich* bin schuld?«

»Nein«, beruhigte er mich. »Sie müssen nur akzeptieren, daß Ihre Frau recht hat, wenn sie sagt, daß Sie sich entscheiden müssen. Es gibt nur die Extreme. Entweder Ihre Frau akzeptiert, daß Sie Karriere machen und daß sie dabei eine bestimmte Rolle zu erfüllen hat. Oder Sie akzeptieren, daß Ihre Frau sich eine Ehe grundsätzlich anders vorstellt und daß Sie sich deshalb einen ruhigeren Job suchen müssen. Und dann ist Schluß mit der Karriere. Ausnahmen bestätigen auch hier die Regel. Aber in Ihrem Fall ist die Sachlage klar. Sollte Ihre Frau auf ihrem Standpunkt beharren, dann müssen Sie sich von ihr trennen, wenn Sie weiter Karriere machen wollen. Sie wollen doch noch Karriere machen?«

Er schaute mir tief in die Augen. »Ja oder nein?« bohrte er.

Um ein Haar hätte ich wieder automatisch mit »ja, natürlich« geantwortet. Doch da fiel der Groschen.

»Die Frage haben Sie mir fast jedesmal gestellt, wenn wir miteinander gesprochen haben.«

»Ja, das habe ich.«

»Ich habe darauf nie besonders geachtet. Aber Sie haben diese Frage jedesmal ganz bewußt gestellt. Oder?«

»Genau.«

»Weil es die entscheidende Frage ist.«

»Ja, weil es die entscheidende Frage ist.« Er strahlte mich an.

Ich atmete tief durch und ließ mich in den Sessel zurücksinken. Eine Weile starrte ich an die Decke und schüttelte meinen Kopf. Dann richtete ich mich wieder auf.

»Aber warum zum Teufel haben Sie das denn nicht gleich gesagt?«

Er lächelte. »Weil Sie es mir nicht geglaubt hätten.«

»Wie kommen Sie denn darauf?« fragte ich erregt. »Ich habe Ihnen doch fast alles geglaubt. Ich habe Ihnen die verrücktesten Dinge geglaubt. Und nicht nur das: ich habe auch danach gehandelt!«

»Klar«, unterbrach er mich. »Aber Hand aufs Herz: Sie haben doch kein einziges Mal, als ich Ihnen die entscheidende Frage stellte, auch nur eine Sekunde darüber nachgedacht. Das war überhaupt keine Frage für Sie. Sie zu fragen war alles, was ich tun konnte. Ich kann Ihnen Tips geben, wie Sie ein Ziel am besten erreichen. Aber ich kann Ihnen doch Ihre Ziele nicht vorgeben. Das müssen Sie schon selbst tun.« Er klang dabei keinen Augenblick so, als müßte er sich rechtfertigen.

Er fuhr fort. »Ohnehin kommen Sie langsam an den Punkt, an dem etwas Hinterfragen ganz gut tut.«

»Warum?«

»Nun, weil es notwendig ist. Die letzte Regel lautet nämlich:

Regel 17: Wenn du oben bist, stellst du dir eine Frage

Solange man noch nach oben strebt, hat man das Ziel klar vor Augen: Vorstand oder zumindest Geschäftsführer werden! Entscheidungsbefugnis haben! Ein richtig großes Rad drehen können! Eine exponierte soziale Stellung begleiten! Die ganzen Nieten rauswerfen! Und nicht zuletzt: viel Geld verdienen! All das scheint jeden Aufwand wert zu sein. Sobald man jedoch oben angekommen ist, relativiert sich das Ganze, und nahezu jeder stellt sich die Frage: Ist das alles? Hat sich dafür der ganze Aufwand wirklich gelohnt? Manch einer stellt bei der ehrlichen Auseinandersetzung mit diesen Fragen fest, daß er die ganze Zeit einem Phantom hinterher gejagt ist.

Die Vorstellung von den großen Gestaltungsmöglichkeiten des Vorstands ist Fiktion. Das Vorstandsmitglied eines großen Unternehmens hat nämlich nicht mehr, sondern eher weniger Freiheitsgrade als die Ebenen unter ihm. Als Vorstand ist er den Aktionären, den Aufsichtsräten, den Banken, den Belegschaftsvertretern, den Politikern etc. etc. Rede und Antwort schuldig. Er wird von allen Seiten – am stärksten von seinen eigenen Vorstandskollegen – stets mißtrauisch beobachtet. Er ist für alles und damit eigentlich für nichts zuständig. Sein Budget hört sich zwar beeindruckend an, aber es ist unter den ihm zugeordneten Bereichen aufgeteilt. Das Budget, über das er selbst frei entscheiden kann, ist ziemlich klein. Stets ist er auf die Hilfe anderer angewiesen. Er kann nichts mehr selbst erledigen. Alles, was er sagt und tut, hat eine politische Dimension. Auch das, was er nicht sagt und tut. Ständig beherrscht ihn die Angst vor dem Sturz, denn überall stehen Fettnäpfchen für ihn bereit. Außerdem gilt es für ihn die Stolperdrähte zu vermeiden, die ständig von Untergebenen, Vorstandskollegen und diversen Interessenvertretern gespannt werden. Große und wichtige Entscheidungen traut er sich kaum zu treffen. Teilweise deshalb, weil er auf dem Weg in den Vorstand seine Fachkompetenz verloren hat und deshalb die Vorschläge überhaupt nicht mehr richtig beurteilen kann. Vor allem aber deshalb, weil er die politischen Folgen fürchtet. Anders als bei Angestellten läuft sein Vertrag nämlich nicht unbefristet, sondern hat eine definierte Laufzeit. Und es ist gar nicht gut, wenn solch ein Vertrag nicht verlängert wird – schließlich sind die offenen Vorstandspositionen nicht so dicht gesät wie offene Stellen für Buchhalter, Abteilungsleiter oder Werksleiter. Falls sein Vertrag nicht verlängert wird, verschließen sich ihm die meisten Türen. Niemand will einen Versager haben. Ein Vorstand muß sich deshalb weit mehr Sorgen über den Verlust seines Arbeitsplatzes machen, als Otto Normalverbraucher. Deshalb verwendet er einen Großteil seiner Zeit logischerweise vor allem auf den Erhalt seines Arbeitsplatzes.

Mit dem Rest seiner Arbeitszeit kann der Vorstand wesentlich weniger bewegen, als er sich das immer vorgestellt hatte. Von seinen Entscheidungen kommen unten meist weniger als 30% an. Der Rest versickert. Versandet ohne Wirkung. In Anbetracht der Machtlosigkeit innerhalb des eigenen Apparats ist es für manchen Vorstand wesentlich einfacher, ein Unternehmen zu kaufen, das Bügeleisen produziert, als ein eigenes Werk dazu zu bewegen, diese Produkte auf den vorhandenen Maschinen mit zu produzieren.

Das Vorstandskollegium verdient das Wort »Kollegium« nur in den allerwenigsten Fällen. Ganz selten unterstützen sich die Vorstände gegenseitig. Statt dessen wird oft mit harten Bandagen gekämpft. Weniges wird offen angesprochen und diskutiert. Es gilt zwischen den Zeilen zu lesen. Wer das nicht kann, hat Pech. Es gibt eine Unzahl ungeschriebener Gesetze, die beherzigt werden müssen. Gerade der Vorstandsneuling fängt sich eine Ladung nach der anderen, weil er ständig gegen eine dieser Regeln verstößt.

Auch die Vorstellung, als Vorstand würde man für seine Dienste ein königliches Gehalt erhalten, relativiert sich, sobald man es erst einmal bekommt. Im Gegensatz zu den Vereinigten Staaten, in denen ein Vorstand schon einmal große zweistellige oder gar dreistellige Millionenbeträge pro Jahr einstreichen kann, halten sich die Bezüge der deutschen Vorstände in Grenzen. Nur die Topleute beziehen mehr als eine halbe Million pro Jahr. Mehr als die Hälfte aller Vorstände muß sich mit weniger als einer viertel Million begnügen. Das hört sich immer noch nach viel an, aber nachdem der Fiskus zugeschlagen hat und alle Ausgaben für die standesgemäße Repräsentation abgezogen sind, bleibt verhältnismäßig wenig übrig. Erfolgreiche Verkäufer erzielen häufig ein vergleichbares oder sogar höheres Gehalt. Von Investmentbankern, Fondsmanagern und Partnern in Unternehmensberatungen ganz zu schweigen. Selbst der Inhaber des kleinen Familienbetriebs mit seinen neunzehn Beschäftigten, den kaum ein Unbeteiligter in die selbe Klasse einstufen würde, hat am Jahresende wesentlich mehr auf dem Konto als der Vorstand.

Die höhere Wertschätzung, die ein Vorstand in der Öffentlichkeit – etwa im Verhältnis zum Kleinunternehmer – erfährt, ist der einzige Bereich, in dem sich die Erwartungen des Karrieristen erfüllen. Die Stellung als Vorstand bringt hohen sozialen Status und Anerkennung. Es gibt zahlreiche Annehmlichkeiten, die den Status nach außen darstellen und das tägliche Leben einfacher machen. Der große Dienstwagen mit Chauffeur, der Firmenjet, das aufwendig ausgestattete Büro, die teueren Hotelsuiten, die Flüge erster Klasse, die beiden hübschen Sekretärinnen, die tiefen Bücklinge des Pförtners. All das tut dem Ego gut. Was dem Ego weit weniger guttut – was aber Gott sei Dank keiner in der Öffentlichkeit sieht – sind die Situationen, in denen der Vorstand von seiner Wolke herunter geholt und vom Aufsichtsrat, den Vorstandskollegen oder dem Betriebsratsvorsitzenden wie ein kleines Kind vorgeführt wird.

Alle, für die eine Karriere nicht vorrangig ein Egotrip ist, kommen zwangsläufig zu der Frage: Wofür? War es das alles wert?

»Das ist die Regel für diejenigen, die sich die Frage eigentlich zu spät stellen«, sagte ich nachdenklich.

»Nein, nicht wirklich«, entgegnete Weiser. »Wenn sich jemand für die Karriere entscheidet, dann ist das ja nicht grundsätzlich falsch. Entscheidend ist nur, daß er sich die Frage überhaupt gestellt hat. Und daß er, wenn er zugunsten der Karriere entschieden hat, diese auch konsequent umsetzt.«

»Das wollte ich ja ohnehin von Anfang an«, warf ich ein. »Ich wollte hart arbeiten, einen guten Job machen und deshalb befördert werden. Ich habe es nun auf ganz anderem Weg geschafft. Mit Ihren Regeln, die meinen ursprünglichen Vorstellungen ja komplett widersprechen. Wer sagt denn eigentlich, daß man nicht auch so Karriere machen kann, wie ich es mir ursprünglich vorgestellt habe?«

»Ich!« gab der Alte trocken zurück. »Sie sind nicht alleine auf der Welt. In Ihrem Unternehmen wird es immer Wettbewerber geben, die es so versuchen, wie Sie es ja erfolgreich getan haben. Ich nenne diese Leute einmal die Wölfe. Und gegen die Wölfe hat ein Schaf keine Chance. Sie können sich als Schaf in einer Fachabteilung verstecken und dort einen guten Job machen und Ihr weißes Fell zur Schau tragen. Aber kommen

Sie dann besser keinem Wolf in die Quere. Er wird Sie einfach fressen, oder, wenn er besonders clever ist, einem anderen Wolf in die Fänge treiben. Ihre ursprüngliche Vorstellung basiert auf dem Peter-Prinzip. Sie glauben, daß Sie durch gute Arbeit automatisch aufsteigen. Aber zum Peter-Prinzip gibt es auch eine Regel.«

»Welche denn?« fragte ich neugierig.

»Es gilt nicht. – Zumindest nicht so, wie die meisten Menschen es verstehen.«

Weshalb das Peter-Prinzip nicht so gilt, wie es die meisten Menschen verstehen

Die Vorstellung, auf der höchsten Stufe würden die kompetentesten Mitarbeiter sitzen, entbehrt jeder Grundlage. Bereits der amerikanischen Pädagoge L.J. Peter erkannte das, und er formulierte das berühmt gewordene und nach ihm benannte Peter-Prinzip. Es lautet: »In einer Hierarchie neigt jeder Beschäftigte dazu, bis an die Stufe seiner Unfähigkeit aufzusteigen.« Seine Kernaussagen waren: »Wer in seinem Job gute Leistung bringt, kann sich gegen eine Beförderung kaum wehren« und »Sobald jemand nicht weiterbefördert wird, sitzt er auf einem Job, der ihn bereits überfordert«. Die Schlußfolgerung war, daß ein Großteil der Managementpositionen mit Versagern besetzt sei.

Wie wir gesehen haben, gilt die erste Prämisse, daß derjenige, der gute Leistung bringt, automatisch befördert wird, nicht – zumindest nicht so, wie sie allgemein interpretiert wird. *Fachliche* Leistung und Kompetenz ist nämlich keine gute Voraussetzung für eine Beförderung. Diejenigen, die »nur« fachlich gut sind, werden auf den unteren Ebenen im Unternehmen verbleiben. Wesentlich für eine Beförderung sind die politischen Fähigkeiten sowie der Wille, Karriere zu machen. Automatisch geschieht kaum etwas. Peters erste Prämisse gilt also ausschließlich für die politische Kompetenz und Leistung. Nicht für die fachliche.

Auch mit seiner zweiten Aussage hat Peter nur insofern recht, als jeder auf der Ebene hängen bleibt, auf der seine *politischen* Fähigkeiten nicht mehr ausreichen. Fachlich könnte er durchaus für weit höhere Stellen geeignet sein, jedoch werden die politisch Klügeren an ihm vorbeiziehen.

Damit ist eines klar: Auf der untersten Stufe des Unternehmens werden sich alle die wiederfinden, die fachlich gut und politisch unbegabt sind. Auf der obersten Unternehmensebene wird man mit Sicherheit die Frauen und Männer vorfinden, die das Handwerkszeug der Politik und der Manipulation perfekt beherrschen. Nur in den seltensten Fällen werden diese Menschen allerdings gleichzeitig auch die besten fachlichen Qualifikationen mitbringen. Im Zweifelsfall sitzen in den Vorständen Leute, die keine Ahnung von den Details ihres Geschäfts und ihres Marktes haben. Das ist auch der Grund, weshalb sich viele Vorstände dahingehend äußern, daß es eigentlich gleichgültig sei, was sie managen würden. Ob eine Bank, ein High-Tech-Unternehmen, ein Krankenhaus oder einen Energieerzeuger – sie könnten einfach alles. Damit ordnen sie sich selbst der politischen Kaste zu, in der ja auch eine Person jederzeit heute ein Umweltminister, morgen ein Außenminister und übermorgen ein Finanzminister sein kann.

Die tendenzielle Polarisierung innerhalb des Unternehmens, »oben« die Leute mit dem »politischen Wissen« und »unten« die Menschen mit dem »Fachwissen«, hat teilweise katastrophale Auswirkungen: Es herrscht eine regelrechte Sprachlosigkeit zwischen diesen Schichten. Die Vorstände verstehen nicht, was die Fachabteilungen wollen und umgekehrt.

Was geschieht also? Die Fachabteilungen optimieren die bestehenden Prozesse und Produkte so gut sie können. Sie führen alle jenen Produktinnovationen ein, die nahe genug am bisherigen Produktspektrum liegen, um keine Vorstandsgenehmigung zu benötigen. Das obere Management macht derweil Politik und klopft sich ob der Erfolge auf die Schultern.

Das klappt hervorragend – solange die Technologien oder Verfahren nicht grundsätzlich gewechselt werden müssen. Katastrophal wird das mangelnde Verständnis des Geschäfts, wenn einschneidende Entscheidungen notwendig sind. Niemand konnte von den bei Triumph Adler beschäftigten Feinwerkingenieuren erwarten, daß sie sich selbst durch Elektroniker ersetzen. Diese Entscheidung lag außerhalb ihrer Lösungsmenge. Das war Aufgabe des Vorstands. Aber der hatte anderes zu tun.

Das ist kein Einzelfall. Deutsche Unternehmen brillieren vorzugsweise in Technologien, die im letzten Jahrhundert aus der Taufe gehoben wurden – die also von den Fachabteilungen »gemanaged« werden können. Bei den meisten neuen Technologien – bei denen das obere Management gefordert wäre – spielt Deutschland in der zweiten Liga oder gar nicht. Das liegt nicht daran, daß in Deutschland nicht die Fachleute vorhanden wären. Im Gegenteil. Viele Entdeckungen wurden in Deutschland gemacht. So manches ausländische Großunternehmen verdankt seinen Aufstieg einer technischen Idee eines Deutschen – z.B. Sun Microsystems. Furore machten diese Technologien jedoch im Ausland. Im Inland waren die Manager nicht in der Lage, die Potentiale zu erkennen und entsprechend zu handeln.

Ich bat den Alten, mir noch ein Glas Port einzuschenken. Das war ziemlich viel auf einmal. Ich vermutete, daß Weiser mich ganz bewußt eingeladen hatte, weil er schon ahnte, daß der Zeitpunkt des Showdown gekommen war.

»Und was jetzt?« Ich war ratlos.

»Sie werden eine Entscheidung treffen müssen.«

Ich schüttelte den Kopf. »Ich sehe bei ISG keine Alternative. Ich mache weiter oder ich steige aus. Locksley, unser CEO, würde es mir nie verzeihen, wenn ich sein Angebot ausschlage. Und was soll sich denn in einem anderen Unternehmen ändern? Was kann ich denn eigentlich außer Karriere zu machen? – Oh mein Gott, je mehr ich darüber nachdenke, desto schlimmer kommt mir meine Situation vor.«

»Na, na!« Der Alte machte eine beschwichtigende Handbewegung. »Nun ertrinken Sie mal nicht in Selbstmitleid!« Er nahm einen kräftigen Schluck. »Es gibt Unmengen von Alternativen, man muß sie nur erkennen und ergreifen. Manchmal muß man vielleicht auch nur etwas mutig sein.«

»Welche Alternativen?« fragte ich.

Alternativen zur typischen Karriere

Wer in eine Großorganisation eintritt und sein Berufsleben bewußt gestalten möchte, hat im Grunde nur die Wahl zwischen einer Laufbahn als fleißige Arbeitsbiene oder einer Entwicklung im Management. Viel mehr wirkliche Alternativen gibt es nicht.

Derjenige, der die Position der Arbeitsbiene wählt, muß sich damit abfinden, daß er letztendlich wenig Entscheidungsbefugnisse über sein eigenes Schicksal hat. Er macht sich von den Entscheidungen anderer abhängig – liefert sich ihnen also auf Gedeih und Verderb aus. Dies kann ein ganzes Berufsleben lang gut gehen – und es ist in den letzten Jahrzehnten für den überwiegenden Teil der arbeitenden Bevölkerung auch gut gegangen. In einer Welt zunehmender Dynamik und völlig neuer Technologien sollte jedoch jeder, der sich auf eine solche »Karriere« einläßt, kräftig dafür sorgen, daß er jederzeit zu einem anderen Arbeitgeber wechseln kann. Das bedeutet, daß er in seinem Fach gut ist und darüber hinaus ein tragfähiges Netzwerk zu anderen Firmen sowie zu Verbänden aufrechterhält. So ist er gegen Desaster weitgehend gefeit, und auch eine Kündigung im Alter von 52 Jahren wird ihm keine schlaflosen Nächte bereiten.

Für jene, die sich für eine Karriere im Management entscheiden, beginnt ein Kampf, der vor allem auf der politischen Ebene ausgefochten wird. Je höher ein Karrierist in der Unternehmenshierarchie hochklettert, desto mehr kann er über sein persönliches Schicksal entscheiden. Je höher er steigt, desto besser wird auch sein Überblick über das Unternehmen. Dadurch kann er alle jene Situationen früher erkennen, die ihm bedrohlich werden können. Allerdings sind die Entscheidungskompetenz und die längere Vorwarnzeit teuer erkauft: Die Gefahr ist groß, daß ein Karrierist zum »reinen Politiker« wird, der »zu allem gut und zu nichts zu gebrauchen« ist. Auch die Persönlichkeitsveränderung und der Einfluß auf das Privatleben sind nicht zu unterschätzen. Und erst recht nicht der Effekt, der eintritt, wenn man erkennt, daß einem das Machtspiel überhaupt nicht gefällt. Oder wenn man erkennt, daß man in einer Liga spielt, in der einem alle anderen überlegen sind. Viele Magengeschwüre sind nur auf diese Erkenntnis zurückzuführen. Viele Alkoholprobleme und Medikamentenabhängigkeiten ebenfalls. Solche Manager haben jeden Tag Angst vor dem Gang ins Büro.

Nicht jedem liegen die Alternativen »abhängige Arbeitsbiene« oder »Politik-Manager«. Die meisten Studienabgänger sind sowohl von der einen als auch der anderen Vorstellung absolut entsetzt. Und tatsächlich gibt es auch andere Möglichkeiten, die jeder Berufsanfänger näher betrachten sollte, bevor er sich in das Experiment »Karriere« wirft.

Eine dieser Alternativen ist zweifellos die Laufbahn als Arbeitsbiene im Öffentlichen Dienst – in der verschärften Version als Beamter. Die praktische

Unkündbarkeit nimmt den Druck vom Berufseinsteiger. Sonst ändert sich nichts gegenüber einer Arbeitsbiene in einem Unternehmen.

Eine wirklich interessante Alternative stellt der Start in einem Klein- oder Mittelbetrieb dar. Für gewöhnlich werden sich die politischen Spielchen dort in Grenzen halten – das Unternehmen kann sie sich einfach nicht leisten. Qualifikation wird wesentlich höher eingeschätzt. Von den Beschäftigten wird verlangt, daß sie etwas vom Geschäft verstehen. »Nurpolitiker« haben kaum eine Chance. Anders als bei Großunternehmen existieren bei mittelständischen Unternehmen die klassischen Abgrenzungen der einzelnen Managementfunktionen kaum. Dort ist ein Einsteiger heute in einem Organisationsprojekt gefragt, in einem halben Jahr arbeitet er an einer Produktentwicklung mit, und einige Monate später ist er bei einem Firmenkauf mit von der Partie. Und zwar unabhängig davon, was er studiert hat. Die Aufgaben für Studienabgänger sind deshalb in der mittelständischen Wirtschaft vielseitiger, interessanter und herausfordernder als bei Großunternehmen. Oft trägt der Neue häufig von Anfang an Verantwortung. Auch der Aufstieg erfolgt schneller. Letztendlich zählt die Leistung, und die wird in einem kleinen Laden sehr schnell transparent. Natürlich ebenso das Versagen. Und auch finanziell sieht es nicht so schlecht aus. Mittelständische Unternehmen zahlen inzwischen Gehälter, die Vergleichen mit Großunternehmen standhalten. Da die kleineren Unternehmen ihre Zentralen nur selten direkt in den Ballungszentren haben und ein Karrierist hier weit weniger Geld für Repräsentation ausgeben muß, bleibt ihm am Monatsende mehr Geld zur freien Verfügung. Der einzige Nachteil, den die Arbeit für ein kleineres Unternehmen mit sich bringen kann, resultiert aus der Tatsache, daß solche Unternehmen häufig durch den Eigentümer selbst geführt werden. Da ein solcher Geschäftsführer sein persönliches Vermögen riskiert und deshalb niemals einen anderen um Erlaubnis für eine Entscheidung fragen muß, ist so mancher im Laufe der Zeit selbstherrlich geworden – vor allem dann, wenn er in den vergangenen Jahren von Erfolg zu Erfolg eilte. Allerdings sind diese Fälle nicht so häufig, wie oft dargestellt, denn gerade Leute, die ihr eigenes Geld riskieren, wissen sehr wohl, wie stark ihr eigener Erfolg von guten Mitarbeitern abhängt, weshalb sie diese in der Regel sehr pfleglich behandeln.

Gerade zum Jahrtausendwechsel bieten kleinere Unternehmen noch eine weitere Chance: Viele der Unternehmen stehen ohne einen Nachfolger da, und ein engagierter Karrierist kann diese Nachfolge antreten. So wird aus einem Beschäftigten plötzlich ein Unternehmer. Aber auch wenn das Unternehmen nicht zur Disposition steht: Mittelständler beteiligen zunehmend ihre Topmannschaft am Unternehmen, einfach deshalb, weil sie nur so wirklich gute Männer und Frauen an Bord bekommen.

Eine weitere Alternative zu einer Karriere in einem Großunternehmen ist die Arbeit in einer professionellen Dienstleistungsorganisation. Sei es als Projektleiter in einem Ingenieurbüro, als Fondsmanager bei einer Investmentgesellschaft oder als Berater in einer Unternehmensberatung. Die Möglichkeiten, die sich dem Anfänger dort bieten sind beeindruckend: zum einen erhält er – von der ersten Minute an – äußerst vielseitige, interessante Aufgaben. Politische Überlegungen spielen meist nur im Verhältnis zum Kunden eine Rolle. Unternehmensintern sind die politischen Spielchen ziemlich unwichtig. Als »Professional« kann der Anfänger während seines gesamten Berufslebens seine Fachkenntnis einbringen und mit jedem Projekt weiter erweitern. Finanziell sieht es ebenfalls weit besser aus als bei Großunternehmen – sofern man einmal einige große Wirtschaftsprüfungsgesellschaften ausnimmt, die ihre Neueinsteiger nach allen Regeln der Kunst ausnutzen. Und nicht zuletzt: Hat man erst einmal die ersten kritischen Jahre überstanden, gibt es in vielen dieser Gesellschaften die Möglichkeit, zum »Partner« zu werden. Die jährlichen Bezüge liegen dann locker über dem durchschnittlichen Einkommen eines Vorstands.

Bei einem professionellen Dienstleistungsunternehmen sind in der Regel die ersten Jahre äußerst hart. Diese Unternehmen sieben gnadenlos aus, weshalb vom Neueinsteiger riesiger Arbeitseinsatz und große Flexibilität gefordert sind. Allerdings kann man auch dies als eine Schule betrachten: Wer einmal durch sie hindurchgegangen ist, wird es sehr einfach haben, als Quereinsteiger in ein mittelständisches oder Großunternehmen einzusteigen. Deshalb kann der Start bei einer professionellen Organisation selbst für denjenigen, der eine Karriere in einem Unternehmen anstrebt, der beste Einstieg sein.

Die wohl allerbeste Alternative für jene Leute, die gerne etwas bewegen und Spuren hinterlassen möchten, ist die Selbständigkeit. In einer von Versorgungsmentalität beherrschten Gesellschaft wie der unseren wird diese Alternative leider viel zu selten geprüft. Nachdem sie 24 Jahre lang von anderen zum Kindergarten, zur Schule und zur Uni geschickt wurden und sich dabei niemals ernsthaft um ihren Lebensunterhalt Sorgen zu machen brauchten, fällt es vielen Studienabgängern schwer, sich mit dem Gedanken vertraut zu machen, nun selbst für ihr Leben verantwortlich zu sein. Sie suchen sich deshalb jemanden, der auch in Zukunft für sie sorgt. Das dürfte der Hauptgrund dafür sein, weshalb über die Hälfte aller Studienabgänger eine Position im öffentlichen Dienst anstrebt.

Direkt nach dem Studium ist die beste Gelegenheit, ein neues Unternehmen aufzubauen. Man ist jung und damit belastungsfähig. Die Familie fordert noch nicht ihr Recht, weshalb die langen Arbeitstage, die die Selbständigkeit zu Beginn mit sich bringt, auch sozial nicht über Maßen belasten. Und nicht zuletzt: Man hat sich noch nicht an ein relativ hohes Gehalt gewöhnt und kommt mit ziemlich wenig Geld über die Runden. Glauben Sie denn wirklich, daß jemand nach zehn Jahren Berufserfahrung noch eine Neugründung angeht? Vor allem dann, wenn sich seine Frau ausschließlich um die beiden Kinder im Vorkindergartenalter und das Haus kümmert, das monatliche Tilgungen von 1.500 Euro erfordert? Und wenn der Businessplan ihm für die Anfangsphase nur 1.000 Euro pro Monat für persönliche Lebenshaltung zugesteht? Sicher nicht! Für einen Studenten sind 1.000 Euro pro Monat dagegen in Ordnung. Bleibt die Frage nach dem Know-how. Sie wird meist überschätzt. Es gibt nichts, was ein intelligenter Mensch mit etwas Arbeitseinsatz nicht innerhalb kürzester Zeit lernen kann. Wichtig ist, daß die Geschäftsidee stimmt und es zahlungskräftige Kunden gibt. Man muß auch nicht der Jahrgangsbeste sein, um sich erfolgreich selbständig zu machen. Entschlossenheit und Enthusiasmus sind bessere Voraussetzungen. Ein nicht zu leugnendes Problem ist die Finanzierung. Aber auch in Deutschland gibt es zunehmend Institutionen, die Firmengründern auf die Beine helfen. Besonders einfach fällt die Firmengründung von Dienstleistungs- oder Softwareunternehmen. Hier reicht häufig die eigene Arbeitskraft aus, um sich das erste Projekt zu ergattern.

Was sollen diejenigen machen, die in Großunternehmen begonnen haben und feststellen, daß dies doch nicht ihre Welt ist? Wenn sie sich eine selbständige Tätigkeit zutrauen, sollten sie die Augen offenhalten und nachdenken, welchen Bereich sie in einem Management-Buy-out aus dem Unternehmen herauskaufen könnten. Solche Management-Buy-outs sind immer dann möglich, wenn es sich um Randaktivitäten des Konzerns handelt. Oft bekommt man für einen Apfel und ein Ei ein vollständiges Geschäft, das vor allem schon Kunden und regelmäßige Einnahmen hat. Das Risiko ist deshalb wesentlich geringer als bei einer Neugründung. Allerdings sollte sich jeder, der längere Zeit in einem Großunternehmen tätig war, sich ehrlich die Frage beantworten, ob er wirklich noch zum Unternehmer taugt. Viele Manager sind viel mehr Beamte als Unternehmer. Das mußte schon so mancher Manager lernen, der ein Manangement-Buy-out unternahm. Selbst diejenigen, die bereits vorher innerhalb eines Konzernverbunds als Geschäftsführer arbeiteten und sich ständig darüber beschwerten, daß sie von der Muttergesellschaft dauernd gegängelt würden, fielen, allein auf sich gestellt, plötzlich in ein tiefes Loch. Es erging ihnen wie dem Mann, der eine enge freitragende Wendeltreppe nach oben geht. Er ist einhundert Meter nach oben gegangen, ohne ein einziges Mal nach dem Geländer zu greifen. Doch sobald das Geländer weg ist, überkommt ihn die Angst.

Der Alte leerte sein Glas. »Und nun müssen Sie sich entscheiden. Sie wissen, daß Sie die Wahl haben. Niemand kann Sie zu etwas zwingen. Weder Ihre Frau noch Locksley. Und am allerwenigsten ich.« Mit der Bemerkung, es sei spät geworden, beendete der Alte unser Gespräch. Wir gingen zu Bett und ich schlief dank des Port schnell ein.

Am nächsten Tag frühstückten wir zusammen. Dann unternahm ich einen langen Spaziergang durch die Weinberge, die sich direkt hinter Untertürkheim die Neckarhänge hochziehen. Als ich am Nachmittag wieder beim Haus der Weisers ankam, hatte ich eine Entscheidung getroffen.

Epilog

Seither sind zwei Jahre vergangen. Die Entscheidung ist mir nicht leicht gefallen. Aber ich bin glücklich mit dem, was ich nun tue. Sie fragen, für was ich mich entschieden habe? Nun, darauf werde ich Ihnen keine Antwort geben. Denn das spielt eigentlich keine Rolle. Wichtig war, daß ich meine eigenen Prioritäten erkannte und dann entsprechend handelte.

Nein, es hat keinen Zweck nachzubohren. Nein wirklich nicht. Ich werde es Ihnen nicht sagen. Ganz bestimmt nicht. Akzeptieren Sie einfach meine Entscheidung. Ich würde Ihre auch akzeptieren.

Weshalb ich dieses Buch geschrieben habe? Nun, ich denke, es könnte Sie interessieren. Schließlich hat nicht jeder das Glück, einen Gregor Weiser zu treffen, der einem all das vermittelt, was man braucht, um wirklich eine Entscheidung treffen zu können.

Ich habe Gregor Weiser übrigens das Manuskript gezeigt. Er hat gelacht und gemeint, daß das vergebliche Liebesmühe sei. Erfahrung könne man nicht weitergeben, man müsse sie machen. Aber daran will ich einfach nicht glauben.

Wie sieht es in Ihrem Unternehmen aus? Geben Sie uns Ihr Feedback!

In einem Umschlag an die umseitig angegebene Adresse oder per Fax an 0 81 31/66 97 67

Wahnsinnskarriere beschreibt Verhaltensmuster, die man selten alle gleichzeitig in einer Person vereinigt finden wird und die auch nicht in jedem Unternehmen erfolgreich sind. Vielleicht ist ja gerade in Ihrem Unternehmen alles ganz anders. Oder doch nicht?
Denken Sie einmal an jene, die in den letzten Jahren in Ihrem Unternehmen ungeheuer schnell vorangekommen sind und geben Sie für diese Menschen (und nur für diese!) Ihre Einschätzung ab. Ihre Meinung wird natürlich streng vertraulich behandelt. Die Ergebnisse werden wir in einem »Karriereatlas Deutschland« zusammenfassen und veröffentlichen. Sie können uns Ihre Einschätzung auch im Internet, auf der Seite www.eichborn.de *mitteilen.*

Herzlichen Dank für Ihre Unterstützung!

Wolfgang Schur
Günter Weick

Als absoluter Überflieger muß man sich bei ______________________ (Unternehmen ist nicht zwingend anzugeben) scheinbar an folgende Regeln halten:

	++	+	0	–	– –
Sich von fachlichem Wissen und manuellen Tätigkeiten fernhalten					
Weit weg von der wirklichen Arbeit, dafür nahe an den Vorgesetzten sein					
In der »Kernkompetenz« des Unternehmens arbeiten					
Sein Schicksal selbst in die Hand nehmen					
Gut mit Menschen umgehen können					
Gelegentlich ganz bewußt gegen Regeln verstoßen					
Sich weitgehend sklavisch an die Vorgaben des oberen Managements halten					
Große Dynamik zeigen, ungeheuer viel anfangen					
Wenige Ergebnisse abliefern, nichts wirklich zu Ende bringen					
Vor allem an sich selbst und weniger an das Unternehmen denken					
Bereit sein, über Leichen zu gehen					
Viel Wind um sich und seine Erfolge machen					
Nicht konsequent sein – seine Meinung ständig anpassen					
Zu Extremzeitpunkten im Unternehmen anwesend sein (viele Arbeitsstunden)					
Das Privatleben ganz hintanstellen					
Ein ☐ Mann, eine ☐ Frau sein					

Ich ☐ bin / ☐ war bei diesem Unternehmen ☐ Mitarbeiter ☐ Manager ☐ Berater
Branche ☐ Banken/Versicherungen ☐ Grundstoffindustrie ☐ Fertigungsindustrie
☐ Dienstleistungsindustrie ☐ Öffentlicher Dienst ☐ sonstiges ____________
Mitarbeiter ☐ < 100 ☐ < 1000 ☐ < 1000 ☐ < 100.000 ☐ < 100.000

Ich habe das Buch mit mehr Spaß gelesen als die meisten bisherigen Bücher zu diesem Thema.					
Sofern das vollständige und ungekürzte Karrierebrevier des Herrn Weiser veröffentlicht würde, würde ich es erwerben					

Erläuterung: **++** *= trifft sehr zu;* **+** *= trifft zu;* **0** *= trifft weder zu noch nicht zu;* **–** *= trifft eher nicht zu;* **– –** *= trifft überhaupt nicht zu*

Bemerkungen:
(z. B.: Gibt es Erfolgskonzepte, die Ihrer Meinung nach in diesem Buch fehlen?)

Per Brief an:

Wolfgang Schur
Günter Weick
SofTrust Consulting GmbH
Martin-Huber-Straße 2

85221 Dachau

Absender:
(Freiwillige Angabe. Sofern Sie über weitere Bücher zu diesem Thema informiert werden möchten. Die umseitigen Informationen werden von der Adresse getrennt)

Vorname Name

Straße

Postleitzahl Ort

Email-Adresse

Gerne können Sie uns auch längere Kommentare senden. Für Beispiele und weitere Einsichten sind wir dankbar.

Warum Mitarbeiter kündigen ...

Wolfgang Schur
Günter Weick
Da waren's nur noch neun
Wie man auch
die besten Mitarbeiter vergrault
240 Seiten · geb. mit SU
€ 19,90 (D) · sFr 36,–
ISBN 3-8218-3949-X

Von »Wechsle täglich deine Unternehmensstrategie« über »Behandle Schlechtere besser als die Guten« bis »Mache falsche Versprechungen – Handeln und Reden müssen zweierlei sein«: Anhand der Geschichte von Martin Guther, Trainee in der AGATI AG, bringen Wolfgang Schur und Günter Weick in prägnant formulierten und gegen den Strich gebürsteten Regeln auf den Punkt, was die Unternehmen tun müssen, um ihre besten Mitarbeiter zu vergraulen und in die Arme der Konkurrenz zu treiben und für Betroffene geben sie wertvolle Tipps wie man Frustration und innerer Kündigung entgehen kann.